中國古文字導讀
主　編　王宇信

殷墟甲骨文

王宇信　王紹東　著

文物出版社

图书在版编目（CIP）数据

殷墟甲骨文／王宇信、王紹東著．—北京：文物出版社，2016.4（2024.9重印）
 ISBN 978－7－5010－4474－0

Ⅰ．①殷…　Ⅱ．①王…②王…　Ⅲ．①甲骨文－研究　Ⅳ．①K877.14

中國版本圖書館 CIP 數據核字（2015）第 286924 號

殷墟甲骨文

著　　者：王宇信　王紹東

責任編輯：许海意
責任印製：張　麗
封面設計：程星濤

出版發行：文物出版社
社　　址：北京市東直門内北小街 2 號樓
郵政編碼：100007
網　　址：http：//www.wenwu.com
經　　銷：新華書店
印　　刷：北京君昇印刷有限公司
開　　本：880mm×1230mm　1/32
印　　張：13.375
版　　次：2016 年 4 月第 1 版
印　　次：2024 年 9 月第 3 次印刷
書　　號：ISBN 978－7－5010－4474－0
定　　價：56.00 圓

本書版權獨家所有，非經授權，不得復製翻印

"中國古文字導讀"叢書總序

王宇信

漢字是中華民族文明的載體和民族精神的符號。中國漢字以其文化的歷史厚重性、信息量的豐富性、結構的嚴密性和藝術的雋永性,而成爲中華五十六個民族、十三億多人的書面語言和思想交流的工具。而遍布世界四面八方的華夏遊子,在漢字面前更有了血濃於水的親情。漢語、漢字成爲凝聚中華民族自立於世界榮辱與共的紐帶。

中國漢字的形成,有着悠久的歷史。如果從我國最早有系統的文字甲骨文算起,漢字至今已有三千多年的歷史。中國商朝後期(公元前13~前11世紀)使用的占卜記事文字甲骨文,與古埃及的紙草、古巴比倫的楔形文字和古印度的印章文,并稱世界四大最早文字,爲推動世界文明進程作出了巨大貢獻。但是,世界其他各最早文字都沒有被繼承下來而成了"死文字",唯有中國的甲骨文一枝獨秀,經過歷史的滄桑和書寫材料的更易,逐漸演變爲西周的金文,經過春秋時代,發展到契刻(或鑄造)和書寫在不同材質上的錢幣文字、璽印文字、兵器文字、陶文字、竹簡文字、帛書文字等。雖然從商周大一統的國家,到春秋戰國時代的"五霸""七雄"割據,華夏大地一度出現了"語言異聲、文字異形"的狀況，但各國使用的文字萬變不離其宗，即從甲骨文發展而來的宗周金文的主體結構，仍保存在不同地區和不同國家所使用的文字（書寫或者契鑄）中。而秦始皇"橫掃六合"，統一中國後，大力推進"車同軌""書同文"的文化政策，用秦國通行的小篆統一了東方各國使用的不同書體的文字，從而使書面文字得到定型化和規範化。自漢代以後，小篆爲隸書所取代，再經唐代更爲規範的楷書取代了隸書，從而使我們今天通行的漢字得以定型化。因此，我們現在使用的漢字，是自甲骨文以來長期發展的結果，雖然文字的結構有所變異，但傳承之迹可尋。因此可以說我們的漢字和漢字文化，蘊涵着華夏文明的基因。

　　隨着我國社會主義文化事業的大發展大繁榮和大力弘揚傳統文化的風清氣正大好形勢的到來，人們不僅關心着漢字的規範化和純潔性，而且還對漢字形成和發展的悠久歷史，漢字、漢字文化的深厚文化底蘊產生了濃厚的興趣和再學習的熱潮。人們在增強對漢字和漢字文化的崇敬與熱愛的同時，對漢字形成過程中，即秦篆以前不同時期使用的古文字所蘊涵的豐富古代文化訊息和民族基因，產生了深入發掘、繼承和弘揚的使命感，并努力提高自己的中國傳統文化的學養，爲建設中華民族的共同精神家園貢獻力量。

　　文物出版社出版的"中國古文字導讀"《商周金文》（王輝著）和《石刻古文字》（趙超著）頗受廣大讀者歡迎。現應廣大讀者的要求，擬繼續組織一批古文字學家，編寫一套名副其實的"中國古文字導讀"叢書，即《殷墟甲骨文字》《竹簡文字》《帛書文字》《古錢文字》《璽印文字》《古陶文字》《青銅兵器文字》等。在各古字專門學科導讀的編著中，在所收材料方面，要求把自宋代金石學形成以來，到當前科學考古發掘所獲重要成果加以

"中國古文字導讀"叢書總序

反映。而在有關文字的釋讀方面,既要各册充分反映前人的成説,也有撰寫專家自己研究心得的説解。在文字叙述方面,要求簡明扼要,深入淺出,期望對古文字有關領域感興趣的讀者通過閱讀,認識和了解該領域的研究情況之一斑,并能初步掌握所選各器的文字内容和價值。期望讀者在"導讀"的基礎上,通過進一步的努力鑽研,步入有關古文字專門領域的門徑。不寧唯是,我們還希望古文字書法愛好者,通過這套书叢有关的"導讀",將會有所收穫和裨益。不少古文字書法愛好者,欣賞的是古文字蒼涼古樸的藝術美,摹寫的是古文字的"形"似,但僅知其然而不知其所以然,即不知古人筆下(或刀下)流淌的深刻思維和寄寓的情趣究竟是什麽,可説是在依葫蘆畫瓢而已。我們相信,在讀了有關"導讀"以後,你再臨摹古文字法帖時,在知其所以然的情況下,即能通讀全篇文字并知其所表達的内容後,你的古文字功底、書法藝術水平將會在理解的基礎上,得到大幅度提高,這就是我一再倡導"回歸古文字,走出古文字",寫出有自己功力和藝術風格的無愧於偉大時代的古文字書法作品來!

古人發明和創造了中國古文字,現代大衆也需要了解和認識中國古文字。因此,古文字學家有責任,也應該把自己的研究成果,化作通俗易懂的語言,使之走出象牙之塔,并走進大衆之中,成爲人民所需釋疑解惑的精神食糧。而古文字書法家,通過自己對古文字的深刻理解,用手中的如椽之筆,寫出優秀的、爲廣大人民群衆喜聞樂見的、充滿正能量的優秀古文字書法作品來!通過古文字學家和古文字書法家的共同努力,讓文物活起來,讓古文字在培育和踐行社會主義核心價值觀的偉大實踐中作出貢獻!

2015 年 4 月 28 日

目　錄

殷墟甲骨文簡述 …………………………………… 1
甲骨拓片精選導讀 ………………………………… 17
附錄一　拓片來源表 ……………………………… 395
附錄二　著錄書、拓本簡稱全稱對應表 ………… 409
參考文獻 …………………………………………… 414
後　記 ……………………………………………… 415

殷墟甲骨文簡述

我們通常所説的甲骨文，一般是指我國歷史上商王朝（公元前 16～公元前 11 世紀）曾經使用過的刻（或寫）在龜甲獸骨上的占卜記事文字。殷墟甲骨文自 1899 年發現至今，已經經歷了 110 多個年頭。經過幾代有造詣的海内外學者的探索、開拓和繼承、創新，以甲骨文爲研究對像的專門學科——甲骨學，現已經成爲一門成熟的學科和國際性學問。

甲骨文距今已有 3000 多年的歷史，是我國目前最早的有系統的文字。雖然如此，甲骨文已經是比較成熟的文字，在其前還應有一個形成和發展的過程。雖然不少學者對近年出土的一些考古材料進行了多角度的探索，但限於材料的不足，目前尚不能對甲骨文的源頭進行合理的推斷。我國商代的甲骨文與古代埃及的紙草、古巴比倫的楔形文字和古印度的印章文一起，被列入世界四大最早文字，推動了人類文明發展的進程。但是，只有中國的甲骨文一枝獨秀，經過其後金文、篆書、隸書和楷書的傳承和發展，在繼承中保有甲骨文的造字元素，并注入了新的時代精神，逐漸规范和定形，演變成我們今天使用的漢字。而世界的其他古文字，却成爲失傳的"死文字"，直至近現代才被學者發現并加以破譯。中國文字凝聚了中華民族的智慧和創造力，是中華民族無比的堅韌力和融合力的象徵，爲中華文明的積累和傳承作出了貢獻。中國的漢字不僅是傳遞中國人民思想和凝聚民族精神的符號，而且自古以來，就對周邊國家，諸如韓國、日本等產生了巨大影響。直到今天，歷史上一些所謂"漢字文化圈"的國家和地區，為了適應愈來愈頻繁的與中國經濟和文化的交流，興起了學習漢語和漢字文化的熱潮。

一、百餘年來的甲骨文發現和研究

商王室廣泛用於占卜記事等活動的甲骨文，却在中國歷代古籍中失載。在公元前1046年的一個早上（甲子朝），商王朝被崛起於西方的周部族在牧野之戰中打敗，商紂王登鹿台自焚身死，歷史上存在了600多年的商王朝滅亡了。自周朝建立起，昔日繁華的殷都成了一片廢墟。隨着殷都宮殿、宗廟在周滅商之後盡皆焚毀，甲骨文也被深深埋在殷都廢墟的歷史泥土之下。自此以後，甲骨文再也不復為人所知。

1899年秋天，學識淵博的王懿榮在北京見到了古董商從河南帶來的甲骨片，認為骨片上刻劃的是"確在篆籀之間"的古代文字，自此有意識地開始了甲骨文的購藏。其後，又有王襄、孟定生、劉鶚、端方、羅振玉等收藏家大力搜購，甲骨文這一中國古代文化珍品愈益為世人所珍重。19世紀末發現的殷墟甲骨文，與20世紀初發現的敦煌寫經和佛畫、西陲的流沙墜簡、內閣大庫的明清檔案等合稱中國近代史料的"四大發現"，為中國古代優秀傳統文化的弘揚，提供了大批的第一手研究資料。

自甲骨文發現至今，一百多年的甲骨文不斷發現和發掘，經歷了發展道路上的"盜掘時期"（又稱"私人挖掘時期"，1899～1928年）、"科學發掘時期"（又稱公家發掘時期，1928～1937

年）和 1949 年新中國成立後至今的"繼續科學發掘時期"，110 多年來共出土甲骨 15 萬片。甲骨學研究與甲骨文發現的不同階段相適應，也有了很大發展，經歷了發展道路上的"草創階段"（1899～1928 年）、"發展階段"（1928～1937 年）和"深入發展階段"（1949 年至今）。特別是 1978 年以後，甲骨學研究進入了"全面深入發展階段"。現在的甲骨學，已從少數人研究的"絕學"，發展成爲一門國際性的顯學。甲骨學已經從傳統金石學的後起之秀，發展成爲更爲科學的現代考古學的一門分支學科。而蘊涵豐富古代社會訊息的 15 萬片甲骨文，成爲不可多得的商代社會歷史百科全書。要想了解中國古代社會燦爛的歷史文化，就必須從甲骨文開始。

二、甲骨文與我國古代傳統文化的弘揚

甲骨文的發現，推動了我國傳統學術的轉型。甲骨文作爲古代社會研究的第一手資料，推動了我國古代優秀傳統文化的全面弘揚。

（一）在我國古代典籍中，所遺留下來的有關歷史上的商王朝的史料甚少。較早的先秦時代文獻中，也就是《尚書》中《商書》五篇和《詩經》中《商頌》五篇等。《商頌》是周朝所封商人之後宋國人祭祀、追頌自己祖先的文獻，不是商朝遺留下來的第一手資料。而《尚書》中的《湯誓》成書也較晚。《高宗肜日》《西伯戡黎》《微子》等又就事論事，文章較短。只有《盤庚》篇（上、中、下）較長，但反映的僅是盤庚遷殷這一件重大歷史事件。雖然在《左傳》《國語》等古籍中，也有關於商代歷史的記載，但多語焉不詳，而且也不是商朝的當時記載。因此，

連春秋末年"入太廟，每事問"的博古通今的孔子，都感到商代歷史和禮制研究的困難，慨嘆說："殷禮吾能言之，宋不足征也，文獻不足故也，足則吾能言之。"（《論語·八佾》）有關商代歷史記述較詳的，應推《史記·殷本紀》。《殷本紀》全篇共2868字，也只是涉及歷代商王名號及個別商王的片斷活動，很難據以恢復全部商王朝的社會歷史。此外，太史公司馬遷生活在漢代，距離商朝已是時代久遠，因而對其《殷本紀》之有序排定的殷先公先王世系的可靠性，也有學者提出了質疑。商代甲骨文發現以後，著名學者王國維1917年在《殷卜辭中所見先公先王考》和《續考》中，用甲骨文的記載證明了《殷本紀》商王世系的可信性，才使人們對《殷本紀》的懷疑冰釋。不僅如此，甲骨文所保留的古代文化訊息，還證明了一些先秦古籍所載的古代典制和歷史事件，不全是後人偽造，不少還有相當史料價值和可信性。

商史刻在甲骨上。眾所周知，中國歷史悠久，自傳說時代的黃帝算起，已歷有五千餘年。而自進入奴隸制的三代王朝夏、商、周計起，也有四千多年大一統的階級社會歷史。但是，人們宗信不疑的傳統的"三皇""五帝"的古史體系，由於缺乏當時文字的記載，20世紀20年代興起的"疑古學派"大力"辨古書，疑古史"，發現"有許多偽書是用偽史作基礎的，如偽《古文尚書》《古三墳書》、今本《竹書紀年》等"，"把偽史和依據偽書成立的偽史除去"，"實在只有千年"①。這樣一來，我國自"三皇五帝"時代歷經"大道既隱"的夏商周三代王朝的悠久歷史已不復存在，僅自公元前841年共和元年以後，我國才真正進入了有文字記載的歷史時期，從而使中國古史呈現了一大段的空白。

---

① 顧頡剛：《古史辨》，第一冊，《自序》，樸社1926年版。

1899年殷墟甲骨文發現後,學者們開始利用甲骨文研究商代史。王國維1917年發表的《殷卜辭中所見先公先王考》,帶動了史學家們由"疑古"走向"考古""釋古",特別是他1925年《古史新證》提出的古史研究"二重證據法",又給一批被"疑古學派"全盤否定了的古文獻注入了新的活力。郭沫若以歷史唯物主義的方法研究甲骨文,1930年在他的《中國古代社會研究》導論中,提出了"殷代——中國歷史之開幕時期",并以殷墟甲骨文為依據,"可以斷言的是,商代才是中國歷史的真正起頭"。由於商代甲骨文的大量發現和殷墟考古學的不斷發展,不少學者堅持科學精神和在最新考古成果推動下,基本都以商朝作為中國文明史的開篇了。就是一些外國學者,在大量殷墟甲骨文的記載面前,也都紛紛承認商朝是我國第一個有文字記載的歷史王朝。自此,為甲骨文和考古發掘證實了的商朝歷史上的真實存在,成為其前的夏王朝歷史和原始社會歷史追索的起點,及其後的西周社會歷史再構的坐標。

商王朝的歷史研究,隨着甲骨文的繼續發現和新成果的不斷取得而有所深入。歷史學家在全面繼承百餘年商史研究成果和全面綜合研究新出土甲骨材料和考古發掘材料的基礎上,終於在2012年推出了11卷本的《商代史》大型專著,把商代社會的政治、經濟、文化全方位、多角度地描述出來,并為以後商代史的進一步深入研究奠定了基礎。

(二) 甲骨文對語言文字和漢語史的研究也有着重要的價值

甲骨文是一種表意文字,與世界其他民族使用的表音文字和音節文字不同,即每一個漢字既代表一個音節,又有其一定的意義。自商朝的甲骨文以來,漢字在四千多年形成的過程中,雖然經過發展變化,但基本結構并沒有什麼斷裂,對中華民族的形成起到了無比巨大的凝聚作用。

目前發現的15萬片甲骨文，共有4300多個單字。自1904年孫詒讓《契文舉例》開啟了甲骨文字的釋讀以後，1915年羅振玉出版了《殷虛書契考釋》，共考釋文字485個，從而"使甲骨文字之學蔚然成一巨觀"①。1927年羅振玉又將其《增訂考釋》，考釋文字已增至560個。甲骨文有了這個基礎，改變了"書既出，群其不可讀也"的窘境，基本上可以通讀卜辭篇章并搜集有用的史料，推動了研究的前進。繼羅振玉之後，又有王國維、郭沫若、于省吾、唐蘭、董作賓、陳夢家、胡厚宣、張政烺等，以及新一代學者裘錫圭、姚孝遂等幾代學者繼續對甲骨文字進行釋讀，共説解釋讀2000多字，但取得共識的也就1300多個。甲骨文考釋之集大成著作，有臺灣李孝定編纂的《甲骨文字考釋類編》和于省吾主編的《甲骨文字詁林》等。日本出版有松丸道雄等《甲骨文字字釋綜覽》等。

甲骨文字雖然是中國最早有系統的文字，但已是一種較爲成熟的文字，是文字的"流"而不是"源"。從甲骨文上溯中國文字起源，成爲學術界展開研究的重要課題。此外，甲骨文的發現，推動了《説文解字》和漢字結構"六書"理論的深入研究。而甲骨文語法研究，擴大了上古漢語語言研究的範圍。現代漢語的一些基本特徵，諸如名詞、代詞、形容詞、副詞、連詞、介詞、數詞、量詞等各種詞類，在甲骨文中始露端倪。而甲骨文的一些語法結構、句子形式（主—謂—賓）、句型（單句、複句）等，也都爲現代漢語所發揚光大。

（三）甲骨文與中國考古學的形成和發展也有着密切的關係

---

① 郭沫若：《中國古代社會研究》，上海群益出版社，1950年，第35頁。

由於甲骨文的發現，確定了其出土地河南安陽小屯村爲商代的晚期都城殷墟。爲了搜集更多的與甲骨文伴出的遺物和科學訊息，并以確知爲晚商都城的出土遺物作爲其他未知考古遺址的標準，前中研院開展了1928～1937年殷墟15次大規模發掘工作。中國近代考古學在殷墟發掘與研究中形成和發展，并迎來了當今的中國考古學的黃金時代。甲骨學家董作賓從殷墟的地下"挖出了"甲骨文的斷代方法，把晚商273年甲骨的"一團混沌"，按時代分別納入盤庚遷殷至商紂王滅國八世十二王晚商的早晚五個不同時期之中，從而使金石學的甲骨學研究，成爲歷史考古學的一門分支學科。而甲骨學研究的發展，也把殷墟文化分期的相對年代，納入了晚商各王世的絕對年代之中。而一些重要遺迹的考定，諸如殷墟五號墓的墓主婦好的地位及五號墓時代的推定，殷墟王陵區祭祀場的推定等等。特別是殷墟宮殿54座四合院式建築基址，其佈局左祖、右社、前朝、後寢等功能的推定，甲骨文的記載爲其論證起到了畫龍點睛的作用。現在，殷墟已被列入了世界文化遺産名錄，將完整地交給子孫後代。而甲骨文的發掘和研究，在申遺工作中立了首功。

（四）我國古代勞動人民有許多創造發明，值得我們加以弘揚和繼承。甲骨文中保留的不少古代科學技術方面資料，對發掘我國古代優秀傳統具有彌足珍貴的價值。農業是古代社會的最重要生産部門，商代已具備植物水分生理學知識，掌握了翻地、播種、栽培、管理、收穫、貯存等整套農作物管理流程。商代的畜牧業也很發達，專門設置了牧場，馴養了大批牛、羊等。商代的養馬業也很發達，改善了馬的品種和增强其任載力，執駒、相馬等技術當濫觴于商代。商代醫學也很發達，已初步達到今天醫學分科的水準。有關齲齒的記錄，當爲世界最早者。商人對氣象的觀察，爲古氣象學的研究提供了重要依據。而商人有關日食、月食的記錄，爲古天象學的研究提供了重要資料。而國家重大科研項目"夏商周斷代工程"推定的商代王年，甲骨文中幾次月食的記載就提供了最可信的依據。

綜上所述，甲骨文與中國古代優秀傳統文化的研究和弘揚有着密不可分的聯係。百餘年來出土的 15 萬片甲骨文，是中國古代文化的百科全書。百餘年來，經海内外幾代學人殫精竭慮地研究，鍥而不舍的追索，凸顯了甲骨文在探索古代社會奧秘、復原古代社會歷史的價值。雖然如此，刻在甲骨上的商代社會奧秘尚未全部懂通，還需要我們群策群力，心無旁鶩地再認識、再發掘。希望有更多的有志於甲骨文研究的年青人，能投入到甲骨文的深入研究工作中來。海闊憑魚躍，天高任鳥飛。成功之路從愛好開始！

三、學習甲骨文的入門參考著作

當您讀過這本《殷墟甲骨文字導讀》的 241 版甲骨之後，對甲骨文的内容有了初步的了解，并產生了一定的興趣，打算進一步了解一些甲骨文基礎知識再繼續前進的話，肯定會遇到不少困難。這是因爲你雖然從"導讀"一書認識了一些甲骨字，但一翻看《甲骨文合集》（1～13 册）和《小屯南地甲骨》等甲骨著錄，肯定還是"兩眼一抹黑"，讀不通，讀不懂。這是因爲甲骨學作爲一門專門的學科，本身還有一套學科自身的規律。你只有掌握了甲骨文的一定基礎知識和學科自身規律之後，才能進一步精研甲骨文。如果您是在校的歷史、考古或中文系的學生或研究生，自有老師的授課和指導，使你在學習"文字異形"和"異説

紛呈"的甲骨文課程中少走彎路，并通過自己的鑽研取得成功。然而不少愛好甲骨文的青年朋友，是不具有老師授課的條件的。但這也不要緊，有"不言"的老師，即甲骨學者的研究著作可以爲你釋疑解惑。但是，百多年來國内外學者發表的研究論著有萬種以上，這麽多的研究著作，愛好者初學甲骨文，應從哪裏入手呢？我在這裏向青年朋友介紹一些初學甲骨文的入門著作，并以此爲綫索進一步鑽研，您就一定會循序漸進地步入甲骨學的堂奧。

（一）有關甲骨學史方面的著作

研究任何一門學問，都需要了解它的過去和現在所達到的最新成就，從而才能在繼承前人研究成就的基礎上而有新的前進。這方面的著作可參閱董作賓、胡厚宣《甲骨年表》，胡厚宣《殷墟發掘》（學習生活出版社，1955年）和《五十年甲骨文發現的總結》（商務印書館，1951年），陳夢家《殷虚卜辭綜述》（中華書局，1956年），王宇信《建國以來甲骨文研究》（中國社會科學出版社，1982年），嚴一萍《甲骨學》（臺灣藝文印書館，1978年），吴浩坤、潘悠《中國甲骨學史》（上海人民出版社，1985年），王宇信《甲骨學通論》（中國社會科學出版社，1989年）、《新中國甲骨学六十年》（中國社會科學出版社，2013年），王宇信、楊升南等《甲骨學一百年》（社會科學文獻出版社，1999年）等。

（二）關於文字識讀方面的著作

文字的釋讀，是研究甲骨文的基本功。前輩學者考釋文字的論著很多，由於早年所見甲骨材料有限，因而不少文字誤釋或本人後來有所改正，并另外新解。因此，對紛紜的甲骨文字釋讀的種種"衆說"，應以最前進的一綫爲基點而出發。甲骨文字釋讀方面的著作，主要有羅振玉《增訂殷虛書契考釋》（此書出版較早，現已難見到。今有文物出版社 2008 年新出"原稿信劄"本），郭沫若《甲骨文字研究》（人民出版社，1952 年），唐蘭《殷虛文字記》（中華書局，1981 年），于省吾《甲骨文字釋林》（中華書局，1976 年）等。甲骨文字典有孫海波《甲骨文編》（中華書局，1965 年），劉釗《新甲骨文編》（福建人民出版社，2009 年），徐中舒《甲骨文字典》（四川辭書出版社，1988 年），李宗焜《甲骨文字編》（中華書局，2011 年）等。而集諸家文字考釋之大成的著作有李孝定《甲骨文字集釋》（臺灣中央研究院歷史語言研究所，1965 年），松丸道雄等《甲骨文字字釋綜覽》（日本，1993 年）和于省吾主編的《甲骨文字詁林》（中華書局，1996 年）等等。

此外，郭沫若《卜辭通纂考釋》（科學出版社，1983 年）和《殷契粹編考釋》（科學出版社，1965 年）屢創新說，初學者可以此二書作爲入門精讀，既識書中所收各片之字，又能深刻領會書中所收各版甲骨之內容。認真識讀此書，必將終生受益！而一些反映甲骨文字考釋最新成果的大型甲骨著錄的釋文，諸如胡厚宣主編《甲骨文合集釋文》、屈萬里《殷虛文字甲編考釋》、張秉權《殷虛文字丙編考釋》、肖楠《小屯南地甲骨釋文》、李學勤《英國所藏甲骨文字釋文》等，也應在搜集材料時認真精讀，這不僅使我們掌握學者的最新釋字成果，而且還幫助我們更準確認識拓片上模糊不顯的文字。

總之，初學者應先掌握權威學者的一家之言，從而避免因一字諸家說解不一，而陷入莫之所從的窘境。在精讀并認真掌握權威專家的文字說解以後，又不囿於一家之言，要拓展自己的知識面，擇善而從。

（三）關於甲骨文分期斷代研究方面的著作

衆所周知，甲骨文是盤庚遷殷以後的晚商273年之物。商代晚期的八世十二王期間，社會政治、經濟和文化都有其早晚不同發展的階段性。殷墟甲骨文，本身也有其發展不同階段特徵和時代性。1933年甲骨學大師董作賓著有《甲骨文斷代研究例》8萬餘字，創造性地鑿破晚商甲骨文273年的"一團混沌"，把甲骨文按"十項標準"分爲一至五的不同時期，從而把15萬片甲骨文置於晚商不同王世的名下，推動甲骨學研究進入了"發展時期"的新階段，使金石學的甲骨文研究，成爲歷史考古學的一門分支學科。其後，陳夢家等學者又把董作賓的分期斷代學說推向深入，在《殷虛卜辭綜述》中，又提出了"貞人"分組和"九期分法"等。

甲骨文分期斷代，是甲骨文商史研究的基礎。初學者可參閱董作賓《甲骨文斷代研究例》、陳夢家《殷虛卜辭綜述》第四章、第五章"斷代"（上、下）及島邦男《殷墟卜辭研究》序論部分。上述二書較爲精深，初學者讀起來較爲吃力，可以從較簡明通俗的入門書讀起，諸如王宇信《建國以來甲骨文研究》（中國社會科學出版社，1982年）第三章和第四章有關部分，王宇信《甲骨學通論》（中國社會科學出版社，1989年）第七章和第八章"甲骨文的分期斷代"（上、下）等部分。近年，甲骨斷代研究又有了新的深入，即李學勤等學者提出傳統的第四期"歷組卜辭"應提前至第一期武丁時期，并以此爲契機，構築成功了殷墟王卜辭演進的"兩系說"。目前，堅持傳統"五期説"和斷代"兩系"新說的學者各持己見，仍在熱烈討論中。對這一甲骨文斷代研究的新動向，甲骨初學者也不妨加以了解，可參考王宇信《新中國甲骨學六十年》（中國社會科學出版社，2013年）第十三章的介紹，并可由此搜集資料，認真思考，參與到這場討論之中。

（四）有關甲骨文例與甲骨拓片的釋讀

認識了一些甲骨文字和掌握一定的甲骨斷代分期知識，釋讀一片甲骨上文字不多的卜辭就可以做到。但甲骨文中不少完整的龜甲或獸骨上，全版密佈文字，究竟應如何讀下全版上的各條卜辭，就會使初學者如墜雲裏霧裏，不知從何處下手。但是，如果你在甲骨文例方面掌握了一定的基礎知識，此問題就可迎刃而解了。

所謂"甲骨文例"，就是刻辭在卜甲和卜骨上的刻寫部位（即分佈的情況）及刻辭行款（即左行、右行，或向左右轉行）走向是有一定規律的。甲骨文又可分爲卜辭文字和非卜辭文字，卜辭文字通常是以固定格式在甲骨上刻下的占卜記事文字，而非卜辭文字又可分爲與占卜有關的記事刻辭和一般性的記事刻辭、表譜刻辭、習刻等。

前輩學者董作賓等大師，通過對大量傳世甲骨和科學發掘所得甲骨的爬梳整理，對甲骨文例作出了創通閫奧的研究。1929年董作賓在《商代龜卜之推測》（《安陽發掘報告》第一期）文中"文例"一節，將整個"龜版分爲九部"分，再分別將殘碎龜甲依此定其部位，并進一步"取其同部位者排比之，其結果則同部位者其刻辭之例同"。1936年，董作賓又發表了《骨文例》（《史語所集刊》七本一分，1936年）專門對卜骨的卜法、鑽鑿形態及有關文例進行了考察。前輩學者所總結出的龜甲卜辭文例是：

卜甲刻辭從中縫起（即中間千里路）沿中縫而刻辭者向外，在右右行，在左左行。首尾之兩邊而刻辭者向內，在右左行，在左右行。卜辭之文例，以下行爲主，因分節段，不能不有所左右。故有下行而右、下行而左之分。其單行而完全向左或向右者，則爲變例。

卜骨刻辭文例則是：凡完全之胛骨，無論左右，間有下行及左行者。在右方，皆爲下行而右，亦間有下行及右行者。左胛骨中部如有刻辭，則下行而右。右胛骨中部如有刻辭，則下行而左，但亦有下行而右者。

胡厚宣也對卜辭文例進行了深入探索，在《甲骨學商史論叢初集》下（河北教育出版社，2002年），"刻寫卜辭，皆有定制。大體言之，除一部分特殊情形者外，皆迎逆卜兆刻辭"。

爲了把前輩學者總結出的甲骨文例具體化，便於初學者入門參考，王宇信《甲骨學通論》第六章第二節"甲骨文例"有簡明介紹，可供讀者掌握甲骨文例入門引導。

此外，有關非卜辭的記事文字，胡厚宣1944年發表了《武丁時五種記事刻辭考》（《甲骨學商史論叢》初集三册），對刻在甲骨上不同部位的五種與占卜有關，但不是卜辭的記事刻辭，諸如甲橋刻辭、甲尾刻辭、背甲刻辭、骨臼刻辭、骨面刻辭等進行了系統研究。而此五種記事刻辭之外，另有甲骨上的記事文字，諸如"義京刻辭"、一些不見"卜"和"貞"字的祭祀先祖和先妣刻辭、表譜刻辭和特殊記事的人頭刻辭、虎骨刻辭、牛頭刻辭、鹿頭刻辭、牛胛骨記事刻辭、習刻等等。此外，甲骨卜辭還有一事多卜和卜辭同文，以及一些較爲特殊的卜辭等等。關於上述各種，王宇信《甲骨學通論》第六章第二節"甲骨文例"及第三節"殷人一事多卜和卜辭同文"、第四節"特殊的卜辭舉例"等專節，把前輩學者的研究成果，以簡明扼要的方式，集中介紹給初學者入門參考。

（五）公佈甲骨材料的著錄書

認識了一定的甲骨文字，并對甲骨文分期斷代和甲骨文例等也有了一定的基礎，爲了進一步研究問題，自然就會對著錄書所公佈的甲骨拓片產生了興趣。因爲《殷墟甲骨文導讀》所收的240多片甲骨和《甲骨文精粹釋譯》所收的690多片甲骨，早已不能滿足您探尋甲骨文所蘊涵的古代社會奧秘的需要了。

自1903年第一部甲骨著錄書《鐵雲藏龜》出版以來，百餘年來出土的15萬片甲骨中的内容較爲重要者，已陸續在百餘種甲骨著錄書中公佈。由於早年出版的甲骨著錄書印數少，且歷經世事滄桑，現存世者稀如鳳毛麟角。而海外出版的甲骨著錄，一般的圖書館也很難購置齊備。因此種種，要想全面收集已出版的甲骨著錄書很爲困難。但1983年出版的郭沫若主編的《甲骨文合集》十三巨册，集八十年甲骨文出土之大成，共著錄甲骨41 956片。其後，胡厚宣主編的《合集補編》1999年出版，又收入甲骨13450版，可與《合集》互爲表裏，共收入甲骨55 000多版，囊括了15萬片甲骨的精華。而1928～1937年殷墟科學發掘所得甲骨，臺灣史語所的學者出版著錄有《殷虛文字甲編》《殷虛文字乙編》《殷虛文字丙編》等，雖然由於種種原因，傳入大陸較少，但書中不少重要甲骨，已被《合集》收錄公佈。國外收藏的甲骨，諸如加拿大、英國、法國、美國、日本等國家的大宗收藏，近年來其精華不少也已收入《合集》和《補編》之中。1949年以來殷墟繼續科學發掘所得甲骨，《小屯南地甲骨》《殷墟花園莊東地甲骨》《殷墟小屯村中村南出土甲骨》等已將其著錄。

可以説，上述幾部大書的出版，爲甲骨學研究提供了較爲齊備的資料，推動了甲骨學商史研究的全面深入發展。

(六）甲骨學研究必備的工具書

學會利用工具書，將會給您的學習和研究帶來極大的方便。

關於甲骨著作目錄方面的書有胡厚宣《五十年甲骨學論著目》，收入的海內外甲骨學目錄至1949年。王宇信《建國以來甲骨文論著簡目》，專收國內甲骨學目錄至1979年。而在《甲骨學通論》附錄中，又把國內甲骨學論著目錄續編至1986年冬。

全面反映甲骨學研究90多年研究成果的目錄有濮茅左《甲骨學與商史論著目錄》（上海古籍出版社，1991年），共收入海內外論著目錄8600多種。而宋鎮豪主編的《百年甲骨學論著目錄》（語文出版社，1999年），共收入海內外甲骨學論著目錄10900多種。甲骨学論著目錄的編纂，既全面反映了甲骨學研究的發展，也爲研究者了解有關專題的研究，掌握研究進展而再前進提供了極大的便利。

此外，王宇信等《甲骨學一百年》（社會科學文獻出版社，1999年），對百年來甲骨學研究所取得的成就和正在探討與提出的問題進行了全面系統地總結。而陳夢家《殷虛卜辭綜述》，則對60多年來的甲骨學研究"草創時期"、"發展時期"和"深入發展時期"的成就進行了總結。王宇信《新中國甲骨學六十年》，則專對甲骨學發展的"深入發展時期"（1949～1978年）和"全面深入發展時期"（1978年至今）的研究成就作了概述。通過以上各書的閱讀，研究者可以對甲骨學發展的進程有一個全面了解和認識，從而高屋建瓴，決定自己的研究方向，并取得超越前人的成功！

一些甲骨學家，以通俗易懂的文字，回答了人們經常見到的一些問題，諸如甲骨文是怎樣發現的？甲骨學是什麼？甲骨學研究又取得了哪些成果？甲骨學家本人又爲甲骨學的發展做了些什麼？臺灣藝文印書館 1978 年出版的老一輩學者嚴一萍的《甲骨學》（上、下）和臺灣編譯館 1988 年出版的張秉權《甲骨文與甲骨學》就是這樣的著作，爲宣揚甲骨文、推廣甲骨學作出了重要貢獻。但臺灣學者的著作因大陸没有再版，所以讀者較難見到。

中國大陸也出版了不少這方面的著作，諸如吴浩坤、潘悠《中國甲骨學史》（上海人民出版社，1985 年）、陳煒湛《甲骨文簡論》（上海古籍出版社，1987 年）、王宇信《甲骨學通論》、沈之瑜《甲骨文講疏》（上海書店出版社，2002 年）、王宇信《中國甲骨學》（上海人民出版社，2009 年）等。可以説，上述諸書，既便于甲骨學者掌握甲骨學研究進展時參考，也適於初學者入門閲讀。這些基本著作將會引領您在學習甲骨文基礎知識過程中方法得當，從而通過自己的再努力，邁入甲骨學的研究殿堂！

我們這部《殷墟甲骨文導讀》，顧名思義，就是引導對甲骨文這古老文明有興趣的讀者，在 15 萬朵甲骨文姹紫嫣紅的大花壇中，選取 240 多朵奇葩共欣賞。如果能使您初步了解甲骨文，初步認識甲骨文，以期在獲得甲骨文知識的過程中，引起您對甲骨文的興趣，就實現了我們編輯這本書的初衷。

世上無難事，只要肯登攀。通過您的繼續鑽研和鍥而不捨的努力，一定會在中華文化偉大復興的事業中實現您的夢想！

甲骨拓片精選導讀

凡 例

一、本書所錄拓片和摹片均選自《甲骨文精粹釋譯》，并按順序重新編排了拓片號和摹片號，还根據版面需要調整了拓片和摹片的尺寸。为了便于读者看清拓片上的甲骨文字，我們对部分摹片尺寸和一些甲骨文字进行了放大，如拓片2所示。

二、本書的正文結構是先拓片，再摹片，然後文字。文字部分的順序是：拓片號、【著錄】、【現藏】、【分期】、【釋文】、【譯文】、【字詞解析】、【價值】。其中，【著錄】、【現藏】參考《甲骨文合集材料來源表（上編）》、《甲骨文合集材料來源表（下編）》，【分期】、【釋文】、【譯文】主要參考《甲骨文精粹釋譯》、《甲骨文合集釋文》、《殷墟甲骨刻辭摹釋總集》等，【字詞解析】主要參考《甲骨文字詁林》、《甲骨文字釋林》、《甲骨文字典》等，【價值】是由我們根據辭意作出的判斷。

三、【著錄】可與附錄一《拓片來源表》相對應，所涉及著錄書、拓本均采用簡稱，其全稱可參見附錄二《著錄書、拓本簡稱全稱對應表》。

四、【分期】中，拓片1至拓片208和拓片227正至拓片241均采用董作賓先生的分期法，即：一期（武丁）、二期（祖庚、祖甲）、三期（廩辛、康丁）、四期（武乙、文丁）、五期（帝乙、帝辛）；拓片209至拓片226均選自《小屯南地甲骨》，是采用商王名號分期。爲了便於理解，我們在商王名號之後分別加上其所對應的時期，如拓片209之"武乙（四期）"，拓片210之

"康丁（三期）"等。

五、【釋文】和【譯文】中，拓片所殘缺之字均由"□"代替，殘損較甚之處均用"……"代替，如拓片2第1辭釋文："□□卜，貞衆作藉，不喪……"；因辭殘，根據辭意補全後的字詞或句子均用"[ ]"標明，如拓片16正第1辭釋文："癸酉卜，爭，[貞旬亡禍]？旬壬午允有[來艱]。……亥正（征）酋，於甲子求"；對辭中某些字詞所作的注釋或說明，均用"( )"標明；如拓片7正第1辭譯文："癸卯日占卜，貞人爭問卦，貞問下一個十天一旬之内没有災禍之事發生吧？事後所記的驗證結果是：占卜後的第二天甲辰日起了大風暴，那天晚上進行，第三天乙巳日某位商王國貴族（據殘辭互補，應名爲'疛'的人）逃亡了[十]五人（據殘辭互補，此處應缺十位的數字。但甲骨文十的倍數均'合文'，即十在下，而十的倍數在上'合書'。因此，此處可直接補爲'十'亦可）。這是五月在某地（據殘辭互補，此處應爲地名'敦'字）發生之事"；卜辭中有些假借字，也用"( )"標明，如拓片6第1辭釋文"貞今五月冥（娩）"，拓片7正第3辭釋文"……單邑豐[尿于]彔（麓）……"等；卜辭中有些通用字，亦用"( )"標明，如拓片6第7辭釋文"乎（呼）取生雛鳥"，拓片8第3辭釋文"貞多羌隻（獲）"等。

六、【字詞解析】中所解析的字詞是按其在卜辭中出現的先後順序排列的，爲了避免重複，於前面拓片中出現并解析過的字詞在後面拓片中如再出現將不再解析，同字不同義者除外。解釋中所選字詞的甲骨文字形和解釋均參考《甲骨文字詁林》、《甲骨文字典》等。限於篇幅，我們直接引用了前人的文字考釋成果，并不進一步介紹學者從形、音、義等方面所作的創造性研究考證。

　　七、【價值】是我們根據辭意對每片甲骨的學術價值所做出的理解和判斷，僅供讀者參考。對於一片上有多條卜辭者，我們只點明其中一條或幾條主要卜辭的價值。

001

拓片 1 　　　　　　　　　摹片 1

【著錄】《精粹》1,《合集》1,《簠歲》5,《簠拓》85,《續》2.28.5
【現藏】天津歷史博物館
【分期】一期
【釋文】

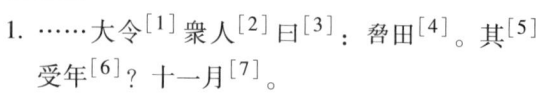

1. ……大令[1]眾人[2]曰[3]：叶田[4]。其[5]受年[6]？十一月[7]。
2. ……受年？

【譯文】

1. ……[商王]大加飭令自由民說：協力種田吧。會得到好年成麼？這是十一月占卜的。
2. 此辭殘，僅剩"受年"二字。是問"……得到好年成麼？"

【字詞解析】

[1] 大令：大加飭令。大的甲骨文字形有󰀀、󰀁等，象人之正面形，四肢分開以示大義。卜辭作大之本義。令的甲骨文字形有󰀀、󰀁等，象口在人上，示上人發號施令，下人伏坐以聽之義。卜辭作動詞，飭令、命令之義。卜辭中"令"、"命"一字。

[2] 衆人：自由民。衆的甲骨文字形有󰀀、󰀁等，象衆人操作於日下。有學者認爲是自由民，有學者認爲是商代奴隸，我們從前者。人的甲骨文字形有󰀀、󰀁、󰀂等，象人側立之形，側立故見其一臂一脛。卜辭作人之本義。

[3] 曰：説。甲骨文字形有󰀀、󰀁、󰀂等，指事字，示口音外出之義。卜辭用其本義，言、説也。

[4] 㛷田：協力耕作或種田。㛷音協，甲骨文字形有󰀀、󰀁等，象耒耜并列之形，示協力耕作之義。卜辭作動詞，通力協作之義。田的甲骨文字形有󰀀、󰀁、󰀂等，象農田中有阡陌形。卜辭作農田之義。

[5] 其：甲骨文字形有󰀀、󰀁、󰀂等，象箕形，爲"其"、"箕"之初文。卜辭作發語詞、語氣詞或代詞。

[6] 受年：得到好年成。受的甲骨文字形有󰀀、󰀁、󰀂等，象兩只手授受承盤之形，示二人相互授受之義。古文授、受一字。卜辭作得到、受到之義。年的甲骨文字形有󰀀、󰀁等，象人負禾之形，會穀熟豐登之義。卜辭指全年收成。受年即得到了全年的穀類豐收。

[7] 月：甲骨文字形有󰀀、󰀁、󰀂等，象半月形。卜辭作月份專名。

【價值】本片對研究商代社會性質和農業有重要價值。蔡哲茂將本片又與《合集補》657綴合。參見黃天樹主編《甲骨拼合集》附錄六《2004～2010年甲骨新綴號碼表》，學苑出版社，2010年，第586頁。

002

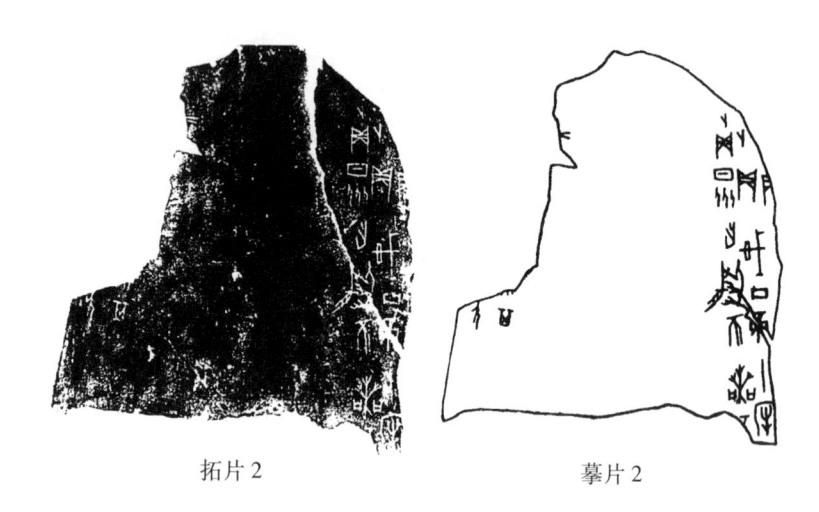

拓片 2　　　　　　摹片 2

【著錄】《精粹》2,《合集》8,《歷拓》10771

【現藏】旅順博物館

【分期】一期

【釋文】

1. □□卜[1],貞[2]眔作藉[3],不[4]喪[5]……

2. □□卜,貞肇[6]丁[7],禘(帝)[8]十牢[9]……

3. ……貞……

4. ……[不]其……年?

【譯文】

1. 某日占卜,貞問自由民去藉翻土地,不逃跑……(其後文字殘去,全辭文意不詳)麼?

2. 某日占卜,貞問肇祭名丁的先王,禘祭祀儀用十對牛……(其後文字殘缺，全辭文意不詳）麼？

3. 辭殘，全辭文意不詳。
4. 辭殘，補全後或應爲"〔不〕其〔受〕年"，即不獲得好年成麼？

【字詞解析】

［1］卜：甲骨文字形有⼘、⼘、⼘、⼘等，象龜甲上卜兆之縱橫象，用作占卜之"卜"字。占卜時燒灼龜甲或獸骨呈卜兆，視兆以判吉凶。

［2］貞：甲骨文字形有🥣、🥣、🥣、🥣等，🥣本鼎形，後省作🥣，古文"貞"、"鼎"一字。卜辭作貞問、卜問之義。

［3］作藉：藉翻土地。作的甲骨文字形有🥣、🥣、🥣等。古文"作"、"乍"一字。卜辭作建造、建作之義。藉音借，甲骨文字形有🥣、🥣、🥣等，象人持耒耕地之形。卜辭作動詞，耕作之義。卜辭之"小藉臣"爲管理農事之官。

［4］不：甲骨文字形有🥣、🥣、🥣、🥣等，🥣象植物發育期之根部，一象地面，表示植物根受阻不得出生之義。卜辭作副詞，同"否"，否定。或作語氣詞，用在句末，表示疑問。

［5］喪：甲骨文字形有🥣、🥣、🥣、🥣等，從一口、二口、三口、四口或五口，🥣象采桑之器。直釋作"桑"，卜辭假借爲"喪"，有逃跑、逃亡、喪失、失去、走失之義。

［6］肇：甲骨文字形有🥣、🥣、🥣等，象以戈破戶之形，示破戶爲破國之始義。卜辭作祭名，肇祭。

［7］丁：甲骨文字形有🥣、🥣、🥣、🥣、🥣等，象俯視所見釘頭之形，或象人之頭頂。卜辭作殷先公、先王、先妣之廟號。卜辭中共有八位名丁的商王，此"丁"名不能確指。或作十天干之一。

［8］禘：通"帝"，甲骨文字形有🥣、🥣、🥣、🥣、🥣等，是殷人想象中主宰宇宙萬物的，可向人們賜福降災的、至高無上的上帝。卜辭"禘"、"帝"一字。此辭"帝"作祭名，禘祭，祭天神之祭。

［9］牢：甲骨文字形有🥣、🥣等，象牛被養在圈內，會意字。卜辭作圈

養的專供祭祀用牛。一對牛爲一牢。

【價值】本片對研究商代農業和祭祀有重要價值。

003

拓片3　　　　　　　摹片3

【著錄】《精粹》4，《合集》67 正，《簠游》36 正，《簠拓》703 正，《續》3.37.1正

【現藏】天津歷史博物館

【分期】一期

【釋文】

1. 甲[1]辰[2]卜，爭[3]。
   二
2. 貞于[4]甲子[5]步[6]？
   二
3. 翌[7]癸[8]亥[9]王[10]步？　二
4. 貞王勿往[11]途[12]衆人？　二

【譯文】

1. 甲辰日占卜，貞人名"爭"。二爲兆序。
2. 貞問於甲子日步輦出行麼？二爲兆序。
3. 未來的癸亥日商王步輦出行麼？二爲兆序。
4. 貞問商王不要去途及自由民麼？二爲兆序。

按：2.3 辭沒有途及的地點或途及的對象，本辭有途及的對象：眾。此外，本版甲骨爲"刻辭相間"。即1辭甲辰日占卜2辭十一天後甲子日途及事，再卜3辭二十天後（翌癸亥）王途及之事。最後卜4辭不要去途及自由民之事。

【字詞解析】

［1］甲：甲骨文字形爲十，卜辭作十天干之首。

［2］辰：甲骨文字形有內、門等，象以蜃（蚌類）殼制成的農具蚌鐮形。卜辭作十二地支之一。

［3］爭：甲骨文字形有 、 等，象兩手爭奪一繩索形。卜辭作貞人名。

［4］于：甲骨文字形有干、于、 等，卜辭作介詞，於也。或作連詞，假借爲"與"。此字釋文繁體字形与甲骨字形不同，除這裡外，一律釋为繁體"於"字。

［5］子：甲骨文字形有 、 、 、 、 、 等， 象小兒側面形，即子孫之子，卜辭又用作十二地支之"巳"； 、 爲小兒正面形，卜辭又用爲十二地支之"子"。卜辭中"甲子"爲干支表之首。

［6］步：甲骨文字形有 、 、 等，象兩足一前一後，示行於道之義。卜辭作步行、行走、出行之義。

［7］翌：甲骨文字形有 、 、 等， 象鳥翼形，借作計時，爲"翊"之初文，借用爲"翌"。卜辭作未來某日解。

［8］癸：甲骨文字形有 、 等，卜辭作十天干之一。或作殷先公、先王、先妣之廟號。

［9］亥：甲骨文字形有 、 、 等，卜辭作十二地支之末。

［10］王：甲骨文字形有王、王、王、王、王、王等，象斧頭側面形，象徵王者擁有斬伐一切的權威，爲會意字。卜辭一般指當世商王。

［11］往：甲骨文字形有王、王等，從止從王，王象足形，足指向前，示前往之義。卜辭作前往之義。

［12］途：甲骨文字形有王、王、王、王、王等，卜辭作途及之義。另有釋作"坌"者，有屠戮意，本書不取此意，列此供參考。坌音途。

【價值】本片對研究商代社會性質有重要價值。

004

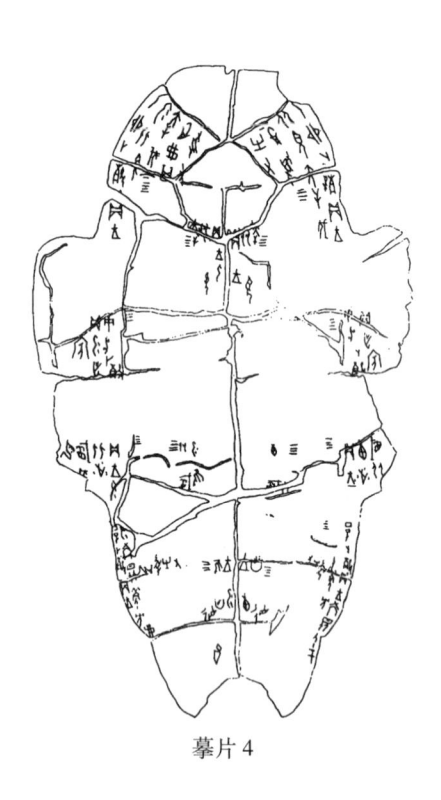

拓片 4　　　　　　　　摹片 4

【著錄】《精粹》3，《合集》32 正，《乙》1873 正 + 1884 + 1925 + 1986

+2615＋2616＋6859＋6888＋7237＋7275＋7486，《丙》22 正

【現藏】臺灣歷史語言研究所

【分期】一期

【釋文】

1. 乙[1]卯[2]卜，殼[3]，貞王從[4]望乘[5]伐[6]下危[7]，受有佑[8]？　四
2. 乙卯卜，殼，貞王勿從望乘伐下危，弗[9]其受佑？　四
3. 貞王從望乘？　四
4. 貞王勿從望乘？　四
5. 貞王叀沚䤔[10]從？　四
6. 貞王勿從沚䤔伐巴[11]？　四
7. 叀䤔從？　四
8. 勿隹從䤔？　四
9. 丁巳卜，殼，貞王學[12]眾伐於髳方[13]，受有佑？　四
10. 丁巳卜，殼，貞王勿學眾髳方，弗其受有佑？　四
11. 王叀[14]出[15]值[16]？
12. 王勿隹[17]出值？

【譯文】

1. 乙卯日占卜，貞人殼問卦，貞問商王率領大將名望乘者征伐下危方國，會受到保佑麼？四爲兆序。
2. 乙卯日占卜，貞人殼問卦，貞問商王不率領大將望乘征伐下危方國，就不會受到保佑了麼？四爲兆序。
3. 貞問商王率領大將望乘麼？四爲兆序。
4. 貞問商王不率領大將望乘麼？四爲兆序。
5. 貞問商王惟率領大將沚䤔麼？四爲兆序。

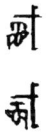

6. 貞問商王不率領大將沚甙征伐巴方國麼？四爲兆序。
7. 惟率領大將（沚）甙麼？四爲兆序。
8. 還是不率領大將（沚）甙呢？四爲兆序。
9. 丁巳日占卜，貞人殻問卦，貞問商王訓教自由民征伐𢀛方國的行動中，會受到保佑麼？四爲兆序。
10. 丁巳日占卜，貞人殻問卦，貞問商王不訓教自由民於對𢀛方國的行動中，就不會受到保佑麼？四爲兆序。
11. 商王是應該出動循徝麼？
12. 還是商王不出動循徝呢？

【字詞解析】

[1] 乙：甲骨文字形有〳、〵等，卜辭作十天干之一。或作殷先公、先王、先妣之廟號。

[2] 卯：甲骨文字形爲卯，象一物剖作兩半。卜辭作十二地支之一。

[3] 殻：音雀，甲骨文字形有殻、殻、殻等，象手執錘敲鐘之形。卜辭中常見之字，多爲武丁時貞人名。

[4] 從：甲骨文字形有从、从等，象二人相從之形。卜辭作率領、隨行、相從之義。

[5] 望乘：商代武丁時期的一名大將。望的甲骨文字形有望、望等，繁文象一人在土堆上睜目遠望之形。卜辭作人名。乘的甲骨文字形有乘、乘、乘等，象人在木頂，示升、登之義。卜辭作人名。

[6] 伐：甲骨文字形有伐、伐、伐等，象戈加項上，示殺伐之義。卜辭作征伐、討伐之義。

[7] 下危：方國名。下的甲骨文字形有一、一等，卜辭作方位詞，與"上"相對。危的甲骨文字形有危、危等，象傾敧易覆之敧器之形。卜辭作方國名。

[8] 佑：通"祐"，甲骨文字形有佑、佑、佑、佑、佑等，象單手或雙手伸向牌位之狀，示擺供品祭告神祖以求保佑之義。卜辭作保

佑之義。

[9] 弗：甲骨文字形有𢎃、𢎆等，象以繩束∥使其平直，有矯正之義。卜辭作副詞，表示否定，沒有之義。

[10] 沚馘：商代武丁時期的一員名將。沚的甲骨文字形有㞢、㞢等，卜辭作地名或方國名。馘或讀爲冒，甲骨文字形有𢍰、𢍱，卜辭作人名。

[11] 巴：甲骨文字形有𠂇、𠂉、𠂊等，象突出手之側面人形，所從小點爲扒起的碎屑。卜辭作方國名。

[12] 學：甲骨文字形有𦥑、𦥯、爻、𦥔、𦥓等，𦥑象兩手，有模仿之義。介象房屋，學堂或學校也。卜辭作訓教之義。

[13] 髳方：方國名。髳的甲骨文字形有𦣞、𦥑、𦥔等，象人戴帽子形。也有釋爲"冕"者。卜辭作方國名。方的甲骨文字形有𠃌、𠃍、𠃎等，象古農具耒耜形，古者秉耒而耕，刺土曰推，起土曰方。卜辭指方國。

[14] 叀：音惠，甲骨文字形有𠀁、𠁁等，象紡塼形。由"專"字作𤴓，象手持紡塼之形可证。卜辭作發語詞或助詞，與隹、唯、惟、維同。

[15] 出：甲骨文字形有𠂢、𠂤、𠃌等，象人足出自坎口之形。卜辭作出動、出去、出行之義。

[16] 徝：音值，甲骨文字形有彳、𢓊、𢓌、𢓏、𢓐，卜辭作循徝之義。徝常與"伐"的軍事行動連言。卜辭作循行察視或巡視徝伐之義。

[17] 隹：甲骨文字形有𠁥、𠁦、𠁧、𠁨、𠁩等，象禽鳥形，爲禽類泛形、泛稱。卜辭用作發語詞或語助詞，無實際意義。同"唯"、"惟"或"維"。

【價值】本片對研究商代戰爭和社會結構有重要價值。

005

拓片 5 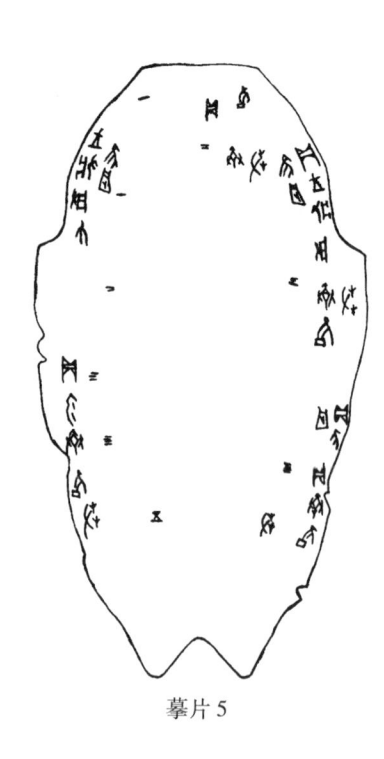   摹片 5

【著録】《精粹》5,《合集》122,《乙》5224
【現藏】臺灣歷史語言研究所
【分期】一期
【釋文】

1. 貞王夢[1]啓[2]佳禍[3]？
2. 王夢啓不佳禍？　一　二
3. 貞佳禍？　四
4. 貞疾[4]雛[5]芻？　一　二
5. 貞勿疾雛芻[6]？　三　四　五

6. 㚔雔芻？

7. 貞㚔雔芻？

【譯文】

1. 貞問商王夢見天氣晴好是有灾禍麽？

2. 還是商王夢見天氣晴好没有灾禍呢？一、二是兆序。

3. 貞問是有灾禍麽？四爲兆序。

4. 貞問抓捕雔地的芻牧奴隸麽？一、二是兆序。

5. 貞問還是不抓捕雔地的芻牧奴隸呢？三、四、五是兆序。

6. 抓捕雔地的芻牧奴隸麽？

7. 貞問抓捕雔地的芻牧奴隸麽？

【字詞解析】

[1] 夢：夢見。甲骨文字形有𣎼、𣎽、𣎾、𣎿等，象人依床而卧，手在舞動，或被杖擊打之狀，均會夢魘之義。卜辭用其本義，寐而有覺也。

[2] 啓：甲骨文字形有啓、啓、啓、啓、啓、啓等，ㄑ象手形，𠬝爲半扇窗户形，◐和▢爲日，象以手開户之形，示雲開見日之義。卜辭作天氣晴好或晴天之義。

[3] 禍：甲骨文字形有🦴、🦴、🦴、🦴、🦴、🦴、▢、🦴等，🦴象一塊牛肩胛骨，骨面上的爲兆痕，示爲卜骨，省作▢或🦴，晚期繁作🦴，從犬，卜骨被犬咬，寓灾禍之義。

[4] 㚔：音幸，通"執"，甲骨文字形有🦴、🦴、🦴、🦴等，象人戴有手梏之形。卜辭作動詞，抓捕、執捕之義。

[5] 雔：甲骨文字形有🦴、🦴、🦴、🦴、🦴等，象鳥足繫有連環之形。卜辭作地名。

[6] 芻：甲骨文字形有🦴、🦴、🦴、🦴等，象以手斷草之形。卜辭作芻牧奴隸或畜牧奴隸。

【價值】本片對研究商代社會結構有重要價值。

006

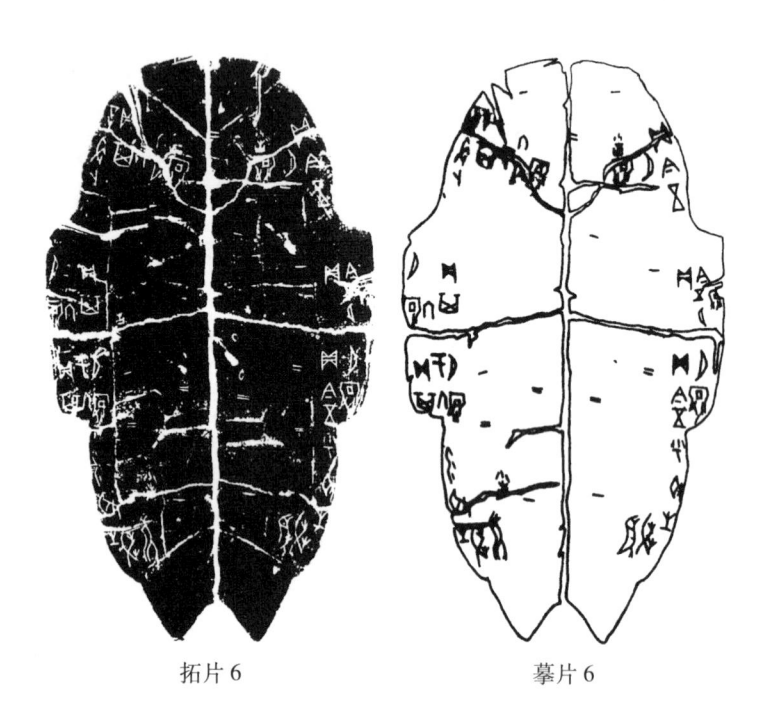

拓片 6　　　　　　　摹片 6

【著錄】《精粹》7,《合集》116 正,《乙》1052 正
【現藏】臺灣歷史語言研究所
【分期】一期
【釋文】
1. 貞今[1]五月冥[2]（娩）？　一　二　小告
2. 辛丑卜，貞其於六月冥（娩）？　一
3. 貞今五月冥（娩）？　一
4. 貞其六月冥（娩）？

5. 貞今五月冥（娩）？　二
6. 貞其於六月冥（娩）？　一　二
7. 乎[3]（呼）取[4]生雛鳥[5]？　一　二
8. 勿取生雛鳥？　一　二　小告

【譯文】
1. 貞問今年五月分娩麼？一、二爲兆序，小告爲兆記。
2. 辛丑日占卜，貞問還是在六月分娩呢？一是兆序。
3. 貞問今年五月分娩麼？一爲兆序。
4. 貞問還是六月分娩呢？
5. 貞問今年五月分娩麼？二爲兆序。
6. 貞問還是於六月分娩呢？一、二爲兆序。
7. 命令征取活的雛豢鳥類麼？一、二爲兆序。
8. 還是不征取活的雛豢鳥類呢？一、二爲兆序，小告爲兆記。

【字詞解析】

[1] 今：甲骨文字形有Ａ、Ａ、Ａ等，卜辭作是時之義。

[2] 冥：甲骨文字形有♀、♀等，象兩手拉窗幔遮日，表示使室內冥暗之義。卜辭同音假借作"娩"，分娩、生子之義。

[3] 乎：通"呼"，甲骨文字形有ヂ、ヂ、ヂ等，卜辭作動詞，命令、召喚之義。

[4] 取：甲骨文字形有⋈、⋈、⋈、⋈等，象手執耳朵之形，示割取戰俘的耳朵之義。卜辭作動詞，取征、取得、獲取之義。

[5] 生雛鳥：活的雛豢鳥類。生的甲骨文字形有丫、丫、丫等，象草生地上或土上。卜辭作活着的、鮮活之義。甲骨文中有"生鹿"、"生豕"、"生麂"，"生"均有鮮活意。雛的甲骨文字形有⋈、⋈等，小雞也。卜辭作小雞或小鳥之義。鳥的甲骨文字形有⋈、⋈、⋈等，象鳥形，爲鳥類通稱，與"隹"通。卜辭作鳥之本義。

【價值】本片對研究商代醫學和貢納有重要價值。

007 正

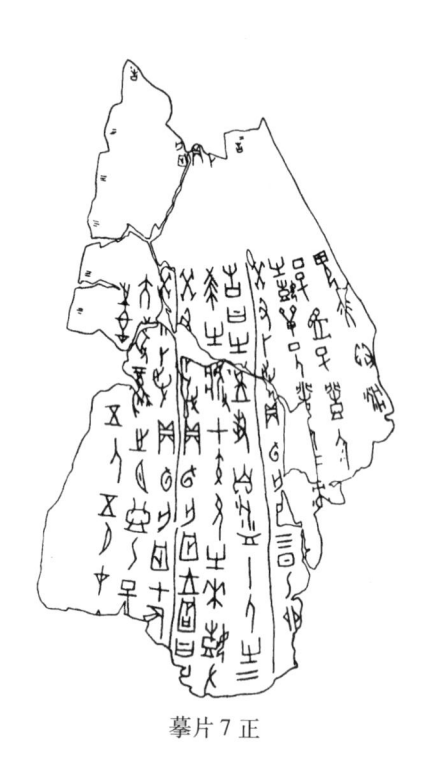

拓片 7 正　　　　　　　　摹片 7 正

【著錄】《精粹》8 正，《合集》137 正，《菁》5.1 正，《歷博拓》179 正，《通》430（縮小）正
【現藏】中國歷史博物館（現中國家博物館）
【分期】一期
【釋文】
1. 癸卯卜，争，貞旬亡禍[1]？甲辰大驟風[2]，之夕[3]𢘗[4]（皿）乙巳□𠦪[5]□五人。五月在[6]□。
2. 癸丑卜，争，貞旬亡禍？王固[7]曰：[有] 祟[8]，有夢。甲寅[9]允有[10]來艱[11]。左[12]告[13]曰：有祟[14]芻自[15]益[16]，十人又二。

3. 癸丑卜，爭，貞旬亡禍？三日乙卯［允］有艱。單邑[17]豊[18]［尿][19]於］彔[20]（麓）……丁巳狸子[21]豊尿……鬼[22]亦[23]得疾[24]……

4. □□卜，□，貞［旬］亡禍？

5. 三 三 三 三 三 小告 二告

【譯文】

1. 癸卯日占卜，貞人爭問卦，貞問下一個十天一旬之內沒有災禍之事發生吧？事後所記的驗証結果是：占卜後的第二天甲辰日起了大風暴，當晚舉行垔燒之祭，第三天乙巳日（或釋爲"當晚向乙巳日臨界之時"）某位商王國貴族（據殘辭互補，應名爲"疛"的人）莩執到了［十］五人（據殘辭互補，此處應缺十位數的數字。但甲骨文十的倍數均"合文"，即十在下，而十的倍數在上"合書"。因此，此處可直接補爲"十"亦可）。這是五月在某地（據殘辭互補，此處應爲地名"敦"字）發生之事。

2. 癸丑日占卜，貞人爭問卦，貞問下一個十天一旬之內沒有災禍之事發生吧？商王也看卜兆進行判斷説：有祟害，有兇夢。事後所記的驗証結果是：占卜之後的第二天甲寅日果然發生了災禍。貴族左卜報告説：從益地芻牧奴隸逃跑了十二個人。

3. 癸丑日占卜，貞人爭問卦，貞問下一個十天一旬之內沒有災禍之事發生吧？事後所記的驗証結果是：占卜後的第三天乙卯日果然就有禍事發生。先是單邑這個地方舉行禮祭時在山麓處出現了異常……第五天丁巳日貴族狸子舉行禮祭時又出現了異常……一位名鬼的貴族也得了疾病……

4. 某日占卜，某貞人問卦，貞問下一個十天一旬之內沒有災禍之事發生吧？（"旬"字殘去，據殘辭補全）。

5. 諸"三"字均爲兆序，小告、二告爲兆記。

【字詞解析】

[1] 旬亡禍：下一旬十天之内没有灾禍之事發生。旬的甲骨文字形有𠣗、𠣻等，卜辭作時稱，從甲日至癸日十天爲一旬。亡的甲骨文字形有𠃊、𠂆等，卜辭用作"無"，没有之義。

[2] 大驟風：大風暴。驟的甲骨文字形有𠃊、𠂆等，象兩手捂耳之形。卜辭作形容詞，急也。風的甲骨文字形有𠃊、𠂆、𠃊、𠂆、𠃊等，象有毛冠長尾之鳥形，與孔雀相似。卜辭中"風"、"鳳"一字。卜辭多用作風雨之風。

[3] 夕：甲骨文字形有𠃊、𠂆等，象半月形。卜辭作夜裏、晚上之義。

[4] 㽞：甲骨文字形有𠃊、𠂆、𠃊等，象無蓋罍壺形，隸定作"㽞"，此爲舊釋。卜辭作祭名，㽞燒之祭。或作用牲法，㽞燒以祭。近人新釋爲"皿"，有向意，即臨界之時段。本辭從舊釋。

[5] 䇂：甲骨文字形有𠃊、𠂆等，卜辭爲䇂執到之義。

[6] 在：甲骨文字形有𠃊、𠂆、𠃊、𠂆等，象草在地下才出地上之形。卜辭中"才"、"在"一字。卜辭作在之本義。

[7] 固：音占，甲骨文字形有𠃊、𠂆、𠃊、𠂆、𠃊、𠂆等，卜辭中"固"、"占"一字，皆占卜之義。卜辭作根據卜兆判斷和預測吉凶之義。

[8] 祟：通"蔡"，甲骨文字形有𠃊、𠂆、𠃊等，卜辭作祟害、灾害、禍祟之義。

[9] 寅：甲骨文字形有𠃊、𠂆、𠃊、𠂆、𠃊、𠂆等，卜辭作十二地支之一。

[10] 允：甲骨文字形有𠃊、𠂆等，象人點頭，似有允許之義。其義爲"信"。卜辭作可以、果然之義。常用在驗辭中。

[11] 艱：甲骨文字形有𠃊、𠂆、𠃊、𠂆等，或釋爲"嬉"、"偟"、"囍"，卜辭作灾禍、灾害之義。

[12] 左：甲骨文字形有𠃊、𠂆等，象左手之形。卜辭作人名，即貴族左卜。

[13] 告：甲骨文字形有𠃊、𠂆、𠃊、𠂆、𠃊等，卜辭作動詞，報告、禀

告、禱告、祭告之義。

[14] 屰：音亡，甲骨文字形有 ✶、✶、✶ 等，胡厚宣謂卜辭作逃亡、逃跑之義。

[15] 自：甲骨文字形有 ✶、✶、✶ 等，象人之鼻形，如今人自指其鼻，以示自己之義。卜辭中"自"、"鼻"一字。卜辭作從、由之義。

[16] 益：甲骨文字形有 ✶、✶、✶ 等，象器皿中水滿外溢之形，本爲"溢"之本字，引申爲"益"。卜辭作地名。

[17] 單邑：地名。單的甲骨文字形有 ✶、✶、✶、✶ 等，丫象獵叉，爲了鋒利頭部戴上或縛有尖銳之物，遂成了 ✶ 狀；爲了投擲後便於收回，又在柄部縛上繩索，故又成了 ✶ 形。古文中"干"、"單"一字。卜辭作地名。邑的甲骨文字形有 ✶、✶ 等，囗象城郭，✶ 象下蹲之人，示城郭爲人安息之地。卜辭作城邑之義。

[18] 豊：甲骨文字形有 ✶、✶、✶、✶ 等，象器中盛玉之形，示禮器之義。卜辭作祭名，以禮器祭祀。

[19] 尿：甲骨文字形有 ✶、✶、✶ 等，象人撒尿之形。卜辭作尿之本義。

[20] 录：甲骨文字形有 ✶、✶、✶、✶ 等，象汲水之轆轤形，干象桔橰，◊ 象汲水之器具，✶ 象水滴。卜辭借"录"爲"麓"，山麓之義。

[21] 狸子：狸的甲骨文字形有 ✶、✶ 等，卜辭作貴族名。

[22] 鬼：甲骨文字形有 ✶、✶、✶、✶ 等，象人身頭異之鬼怪。卜辭作貴族名。

[23] 亦：甲骨文字形有 ✶、✶、✶ 等，✶ 象人形，以 ✶ 指明其腋部，本爲"腋"之初文。卜辭假借爲"亦"或"夜"。在此用作"也"，有重復之義。

[24] 疾：甲骨文字形有 ✶、✶、✶、✶ 等，象人在床上出汗之形，示疾病之義。或作矢射腋下，示受了箭傷，亦有病來之疾快之義。卜辭作疾病之義。

【價值】本片對研究商代氣象和社會結構有重要價值。

007 反

拓片 7 反　　　　　　　　摹片 7 反

【著錄】《精粹》8 反,《合集》137 反,《菁》6.1 反,《歷博拓》179 反,《通》(縮小) 513 反

【現藏】中國歷史博物館(現中國國家博物館)

【分期】一期

【釋文】

1. 四日庚[1]申[2]亦有來艱自北。子㓞[3]告曰：昔甲辰方[4]征於

蚘[5]，俘[6]人十又五人。五日戊[7]申方亦征，俘人十又六人。六月在□。

2. 王固曰：有祟，有夢，其有來艱。七日己[8]丑[9]允有來艱自［西］，［長］戈化[10]乎（呼）［告曰］：□方征於我[11]示［籈田][12]……

3. 甲子允有來自東……亡於亏[13]。

【譯文】

1. 在甲骨反面繼續記應驗之事說：四天後的庚申［按：此應爲第7號（正）之第3辭的"丁巳"的第四日，此條驗辭當是正面第3辭未記完者］日還有壞消息來自北方。貴族子㛥報告說：昔時的甲辰那一天（距庚申已過去十六天了）方方國侵犯蚘地，俘去我們十五個人。甲辰日才過五天的戊申日方方國又來侵擾，又俘去了十六人。這是六月在某地（字殘去，不可得知）發生的。

2. 商王看了卜兆以後判斷説：有祟害，有兇夢，應有禍事發生。在甲骨反面記應驗之事説：占卜日後的第七天己丑日（此卜應爲癸未日所卜）果然有禍事發生在西方［此據《殷虛書契精華》第1片所補，因辭中之"長"、"示籈田"均爲西方，故此版作如此補。此外，8（反）上第1辭有北，第3辭有東，此第2辭自應是"西"可無疑］，貴族長（此字亦據《菁》1補，請看摹本上之半字"止"即明）地首領名戈化者命人報告說：某方國（據《菁》1應爲舌方）征略了我們的示籈田（亦據《菁》1所補）……

3. 在甲骨反面記應驗之事説：甲子這一天果然有來自東方的（其下殘去，所記之事不可知）……逃亡（或喪失）於亏這個地方。

【字詞解析】

[1] 庚：甲骨文字形有 、 、 、 等。卜辭作十天干之一，或作殷先公、先王、先妣之廟號。

［2］申：甲骨文字形有㇆、㇆等，象閃電形，由於閃電伸縮變化大，故用作"申"，爲"申"、"伸"之初文。卜辭作十二地支之一。

［3］子嬿：嬿或音豺，甲骨文字形爲㸚，卜辭作貴族名。

［4］方：方國名。見"拓片4【字詞解析】13"。

［5］蚁：音又，甲骨文字形有㇆、㇆、㇆等，卜辭作地名。

［6］俘：甲骨文字形有㇆、㇆、㇆等，象雙手或單手抓人形。卜辭作動詞，俘獲之義。

［7］戊：甲骨文字形有㇆、㇆等，象斧鉞形。卜辭作十天干之一。或作殷先公、先王、先妣之廟號。

［8］己：甲骨文字形有㇆、㇆等，象綸索之形，示約束自己之義。卜辭作十天干之一。或作殷先公、先王、先妣之廟號。

［9］丑：甲骨文字形有㇆、㇆等，象手有指甲形。卜辭作十二地支之一。

［10］長戈化：貴族名，長地首領名戈化者。長的甲骨文字形有㇆、㇆、㇆、㇆、㇆等，象長髮老人拄杖形，示長久、長者之義。卜辭作地名。戈的甲骨文字形有㇆、㇆、㇆等，象古代兵器戈形。卜辭作人名。化的甲骨文字形有㇆、㇆等，象一人上下翻騰，以示變化。卜辭作人名。

［11］我：甲骨文字形有㇆、㇆、㇆等，象長柄有齒之兵器形。卜辭借作"我"，爲商王自稱。

［12］示箅田：箅或音晋，甲骨文字形爲㇆，卜辭作地名。

［13］亏：或音孽，甲骨文字形有㇆、㇆、㇆、㇆等，卜辭作地名。

【價值】本片對研究商代戰爭有重要價值。

008

拓片 8　　　摹片 8

【著錄】《精粹》11，《合集》156，《續存下》107，《歷拓》2398

【現藏】清華大學

【分期】一期

【釋文】

1. 貞翌甲寅其雨[1]？
2. 貞翌甲寅不雨？
3. 貞多羌[2]隻[3]（獲）？
4. 貞多羌不其隻（獲）？
5. 貞侑[4]羌［十］？
6. 貞圼[5]乎（呼）來[6]？

【譯文】

1. 貞問未來的甲寅日下雨麼？
2. 貞問還是未來的甲寅日不下雨呢？
3. 貞問衆多羌奴有所捕獲麼？
4. 貞問還是衆多羌奴没有捕獲呢？
5. 貞問行侑求之祭時以〔十名〕羌奴爲獻麼？
6. 貞問命令貴族名罕者來朝覲見麼？

【字詞解析】

〔1〕雨：甲骨文字形有𠕒、𠕀等，象雨從天降之形。卜辭用雨之本義，下雨、降雨之義。

〔2〕多羌：衆多羌奴。多的甲骨文字形有𠃌、𠂆、多等，象重肉之形，會多之義。卜辭作衆多、諸多之義。羌的甲骨文字形有𦍙、𦍒、𦍗、𦍓、𦍎等，卜辭作羌族人或羌奴，用作祭牲。

〔3〕隻：通"獲"，甲骨文字形有𨾏、𨾐、𨾑等，象以手抓鳥之形，引申爲抓獲、捕獲之義。卜辭用作動詞，抓獲、捕獲、獵獲之義。

〔4〕侑：甲骨文字形有屮、㞢、𠂇等，卜辭用"屮"或"又"作"侑"，爲同音假借。卜辭作祭名，侑求之祭。

〔5〕罕：音禽，甲骨文字形有𢆉、𢆊、𢆋、𢆌、𢆍等，象長柄網。古文"禽"、"擒"通用。卜辭作貴族名。

〔6〕來：甲骨文字形有𣏟、𣏜、𣏝等，象麥形。卜辭作來朝覲見之義。

【價值】本片對研究商代氣象和社會結構有重要價值。

009

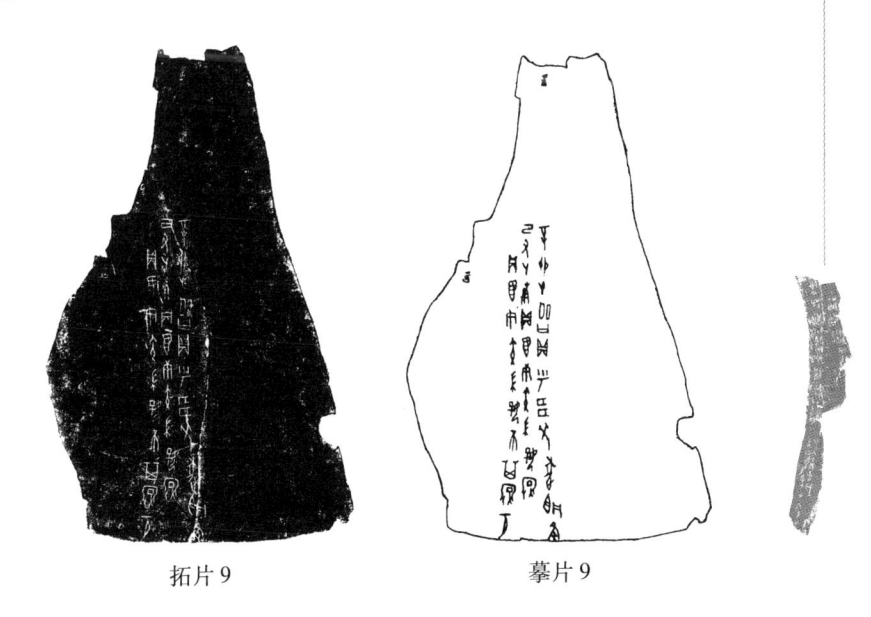

拓片 9　　　　　　摹片 9

【著錄】《精粹》10,《合集》154,《簠人》59 +《簠典》116,《簠拓》398,《續》4.29.2

【現藏】天津歷史博物館

【分期】一期

【釋文】

1. 己丑卜,殷,貞翌庚寅婦好[1]冥(娩)?

2. 貞翌庚寅婦好不其冥(娩)? 一月。

3. 辛卯卜,𠙵[2],貞乎(呼)多羌逐[3]麋[4],隻(獲)?

【譯文】

1. 己丑日占卜,貞人殷問卦,貞問未來的庚寅日(己丑日的第二天)商王之妻婦好要分娩麼?

2. 貞問還是未來的庚寅日婦好不分娩呢? 這是在一月占卜的。

3. 辛卯日占卜，貞人㠯問卦，貞問命令衆多羌奴去追獵麋鹿，有所捕獲麼？

【字詞解析】

[1] 婦好：商王武丁之妻，商代著名女將。婦的甲骨文字形有★、★等，象扎某種植物成掃帚形，爲"帚"之初文。卜辭中"帚"多用作"婦"，表示某些婦女之身份。好的甲骨文字形有★、★等，象母抱子形，示母子關係之好。卜辭作人名。1977 年河南安陽殷墟發現一座中型貴族墓，出土銅器 460 多件，并多有銘文"婦好"字樣。學者根據出土銘文和甲骨文，對墓主及下葬年代展開了熱烈討論，并基本論定爲武丁晚葉。以婦好墓的討論爲契機，李學勤據這類卜辭的婦好應爲武丁時期，提出了記有婦好的"曆組卜辭"應爲"武丁至祖庚時期"，其時間應提前。而持傳統看法的學者，認爲此婦好與一期武丁時婦好是"異代同名"。可參見王宇信等《甲骨學一百年》第五章"甲骨文的分期斷代"第四節"曆組卜辭'謎團'的提出及討論"。

[2] 㠯：可讀爲品，甲骨文字形有㠯、㠯、㠯、㠯等，卜辭作貞人名。

[3] 逐：甲骨文字形有★、★、★、★、★、★、★等，從豕或鹿等，從止（止），止象足形，足指向獸，示人追趕野獸之義。卜辭作追獵或追逐野獸之義。

[4] 麋：甲骨文字形有★、★等，象麋鹿形。卜辭作獸名，麋鹿。

【價值】本片對研究商代醫學、社會結構和田獵有重要價值。

010

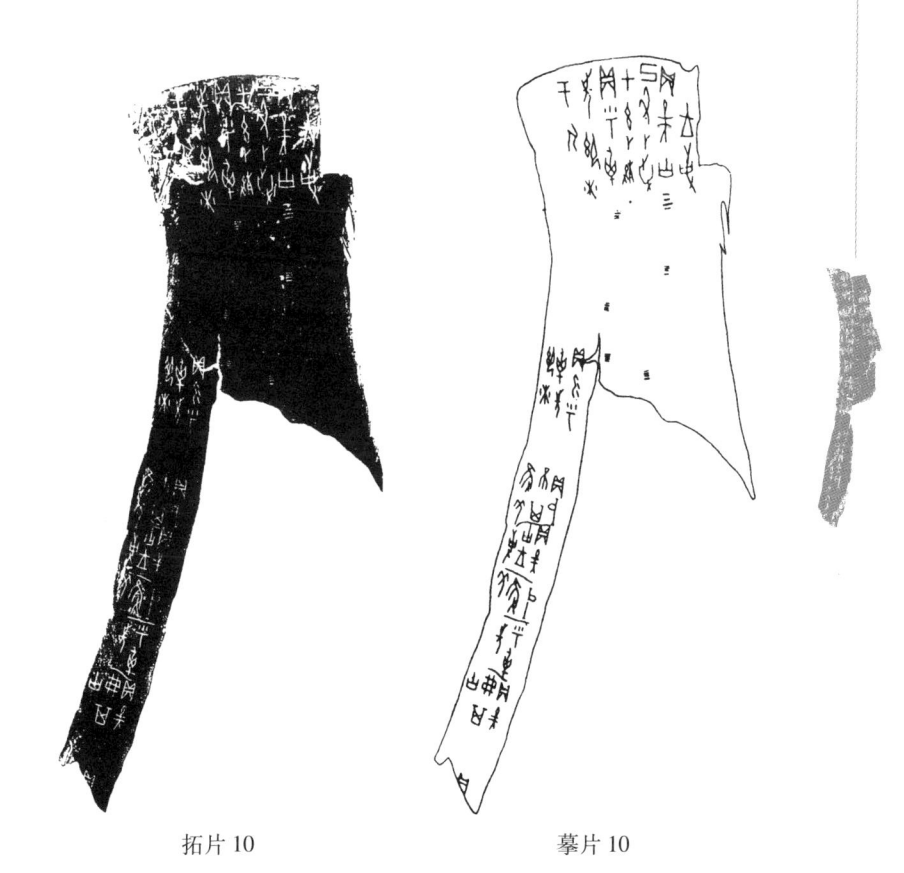

拓片 10　　　　　　　　摹片 10

【著錄】《精粹》13,《合集》177,《甲》3338
【現藏】臺灣歷史語言研究所
【分期】一期
【釋文】
1. 己丑卜,爭,貞吳[1]叶[2]王事?　四　四
2. 貞吳弗其叶?

3. 貞吳叶王事？

4. 甲午[3]卜，殼，貞乎（呼）㠯[4]先[5]御[6]、燎[7]於河[8]？　四　四

5. 乎（呼）㠯先？

6. 貞勿[9]乎（呼）㠯先御、㠯？　四

7. 戉[10]隻（獲）羌？

8. 貞戉不其[11]隻（獲）羌？

9. 貞……

【譯文】

1. 己丑日占卜，貞人爭問卦，貞問貴族名吳者能勤勞王事麽？四爲兆序。

2. 貞問貴族名吳者没有勤勞王事麽？

3. 貞問還是貴族名吳者能勤勞王事呢？

4. 甲午日占卜，貞人殼問卦，貞問命令貴族名㠯者先舉行御除灾殃之祭、燒燎之祭於河神（或先祖神）麽？四爲兆序。

5. 貞問命令貴族名㠯者先舉行祭祀麽？

6. 貞問還是不命令貴族名㠯者先舉行御除灾殃之祭與燒燎之祭呢？

7. 貴族名戉者會抓捕到羌奴吧？

8. 貞問還是貴族名戉者不會抓捕到羌奴呢？

9. 貞問……

【字詞解析】

[1] 吳：甲骨文字形有 ,   、   、   、   等，均象某種爬行動物。卜辭作貴族名。

[2] 叶：音協，也有釋爲"甾"者，甲骨文字形有   、   、   、   、 等，卜辭作動詞，勤勞、處理、辦理之義。

[3] 午：甲骨文字形有   、   等，象杵形。卜辭作十二地支之一。

[4] 㠯：音禽，甲骨文字形有   、   等，卜辭作貴族名，爲商代將領。

[5] 先：甲骨文字形有?、?、?等，?是足形，足趾向前，示前進之義。卜辭作率先之義。

[6] 御：甲骨文字形有?、?、?、?、?、?、?等，卜辭作祭名，御除災殃之祭。

[7] 尞：音燎，甲骨文字形有?、?、?、?等，從木在火上，木旁小點象火焰上騰之狀，爲"尞"，乃"燎"之初文。卜辭作祭名，燒燎之祭。

[8] 河：甲骨文字形有?、?、?、?等，卜辭中的"河"一般指黃河，此辭之"河"作神祇名，爲河神或殷先祖神。楊升南教授認爲"河"即"勤其官而水死"的殷先祖冥。

[9] 勿：甲骨文字形有?、?等，象弓弦振動之形。否定詞無形可象，只得借音作"勿"了。卜辭作否定詞，同"不"。

[10] 戉：甲骨文字形爲?，象古兵器戉形，爲"戉"，爲"鉞"之初文。卜辭作貴族名。

[11] 不其：不會。

【價值】本片對研究商代社會結構和祭祀有重要價值。

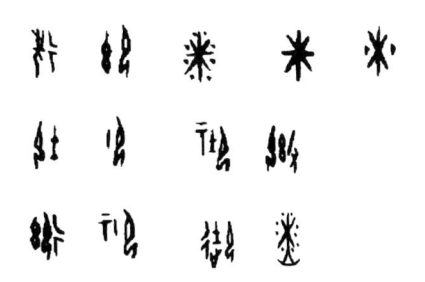

011

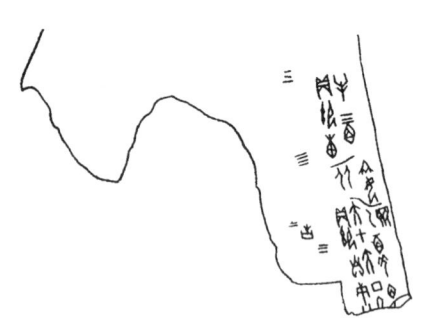

拓片 11　　　　　　　　摹片 11（有字部分）

【著錄】《精粹》17，《合集》300，《簠帝》26＋《簠人》5，《歷拓》10150，《續》1.10.7，《佚》873

【現藏】天津歷史博物館

【分期】一期

【釋文】
1. 貞御自唐[1]、大甲、大丁、祖乙百[2]羌百牢[3]？ 三 二告
2. 貞御叀牛[4]三百？ 三 四
3. 從妟[5]？

【譯文】
1. 貞問舉行御除災殃之祭自先王大乙（又名唐）、先王大甲、先王大丁、先王祖乙用一百個羌奴和一百對羊爲祭牲麼？三爲兆序，二告爲兆記。
2. 貞問還是行御除災殃之祭用牛牲三百頭呢？三、四爲兆序。
3. 率領竹國之女貴族名妟者麼？

【字詞解析】

[1] 唐：甲骨文字形有🅰、🅱、🅲、🅳等，卜辭作商代開國君主之私名，唐即湯，或稱成湯、商湯，廟號大乙，乃殷人直系先王。

[2] 百：甲骨文字形有🅰、🅱、🅲、🅳、🅴、等，從一從白，多爲一、白合文。卜辭作數詞。🅰爲一百，🅱爲二百，🅲爲三百。

[3] 牢：音勞，甲骨文字形有🅰、🅱等，象羊養在圈内，會意字。卜辭作專供祭祀用的圈羊，一對羊爲一牢。

[4] 牛：甲骨文字形有🅰、🅱等，象牛頭形，以牛頭代牛。卜辭多用作祭牲。

[5] 婎：甲骨文字形有🅰、🅱等，卜辭作貴族名，商代孤竹國之女。

【價值】本片對研究商代社會結構、先祖崇拜和祭祀有重要價值。

012

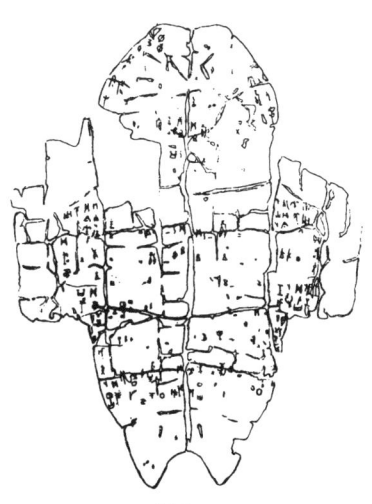

拓片 12　　　　　　　摹片 12

【著錄】《精粹》15,《合集》248 正,《乙》2139 正＋（6719＋7016＋7201＋7509）正,《丙》41 正

【現藏】臺灣歷史語言研究所

【分期】一期

【釋文】

1. 丙[1]子卜,殻,貞來羌率[2]用[3]？　六

2. 丙子卜,殻,貞來羌勿用？　五　二告

3. 貞今來［率］用？

4. 來羌率用,侑於妣己[4]？　二　三

5. 戊寅卜,古[5],貞我永[6]？

6. 貞我永,勿侑於妣己？　二　三

7. 翌乙酉[7]侑伐[8]自咸[9]？

8. 翌乙酉侑伐五示[10]：上甲[11]、咸、大丁、大甲、祖乙？

9. 貞咸允佐[12]王？　二　四

10. 貞咸弗佐王？　一　二　三　四

11. 貞祖乙孼[13]王？　一　二

12. 貞祖乙弗孼王？　一　二

13. 貞祖乙孼王？　四　五

14. 貞祖乙弗其孼[13]？　四　二告

15. 壬[14]戌[15]卜,争,貞旨[16]伐䇂[17]（孼）,𢦏?[18]　三

16. 貞弗其𢦏？　三

17. 貞共人[19],乎（呼）伐䇂（孼）？　一　二告　三　四　五

18. 勿乎（呼）伐䇂（孼）？　三　五

19. 弓[20]𠭯於𢦏[21]？　三　四

【譯文】

1. 丙子日占卜,貞人殻問卦,貞問致進來的羌奴率殺用作祭牲麼？六爲

兆序。

2. 丙子日占卜，貞人殷問卦，貞問致進來的羌奴不用作祭牲麼？五為兆序，二告為兆記。

3. 貞問今天致進來的（羌奴）率殺用作祭牲麼？

4. 致進來的羌奴率殺用作祭牲，行侑求之祭於先妣名妣己者麼？二、三為兆序。

5. 戊寅日占卜，貞人㕥問卦，貞問我（商王）吉利永長麼？

6. 貞問我（商王）吉利永長，不行侑求之祭於先妣名妣己者麼？二、三為兆序。

7. 未來的乙酉日行侑求之祭和伐頭之祭自先王大乙始麼？

8. 未來的乙酉日行侑求之祭和伐頭之祭於五位神主：先公上甲、先王大乙、先王大丁、先王大甲、先王祖乙麼？

9. 貞問先王大乙果然會佐助商王麼？二、四為兆序。

10. 貞問還是先王大乙不佐助商王呢？各數字為兆序。

11. 貞問先王祖乙會給商王造成孽害麼？一、二為兆序。

12. 貞問還是先王祖乙不給商王造成孽害呢？一、二為兆序。

13. 貞問先王祖乙會給商王造成孽害麼？四、五為兆序。

14. 貞問先王祖乙不會給商王造成孽害吧？四為兆序，二告為兆記。

15. 壬戌日占卜，貞人爭問卦，貞問貴族名旨者征伐𢎑方國，對其有所戈戕吧？三為兆序。

16. 貞問對其（指𢎑方國）沒有戈戕麼？三為兆序。

17. 貞問召集人衆為兵，命令征伐𢎑方國麼？各數字為兆序，二告為兆記。

18. 不命令征伐𢎑方國麼？三、五為兆序。

19. 貴族名弓者芻牧於𢦏地麼？三、四為兆序。

【字詞解析】

[1] 丙：甲骨文字形有⋂、⋒、⋔等。卜辭作十天干之一，或作殷先公、先王、先妣之廟號。

[2] 率：甲骨文字形有▨、▨、▨、▨等，▨象一股絲，▨乃絲之斷頭，▨含治亂之義。率之本義是導順亂絲，遵循軌道。卜辭作用牲法，率殺犧牲以祭。

[3] 用：甲骨文字形有▨、▨、▨、▨等，象桶形。卜辭作使用、用作之義。

[4] 妣己：商王先妣名妣己者。妣的甲骨文字形有▨、▨、▨等，象人作揖或匍匐在地之側面形。釋爲"匕"，卜辭中用作"妣"，先祖之配偶。妣爲商代祖輩婦女之通稱，後世專指去世之母親。己見"拓片7反【字词解析】8"。卜辭作殷先公、先王、先妣之廟號。

[5] 古：音古，甲骨文字形有▨、▨等，象置兵器盾於▨上，示大事發生，爲"古"，乃"故"之初文。卜辭作貞人名。

[6] 永：甲骨文字形有▨、▨、▨、▨等，象人在水中游泳形，爲"永"、"泳"之初文。卜辭作吉利永長之義。

[7] 酉：甲骨文字形有▨、▨、▨等，卜辭"酉"、"酌"通用。卜辭酉爲十二地支之一。或用作"酌"，祭名，以酒祭祀。

[8] 伐：見"拓片4【字词解析】6"。原殺伐之義，卜辭作祭名，殺頭之祭。

[9] 咸：甲骨文字形有▨、▨、▨等，卜辭作殷先王大乙之私名。

[10] 示：甲骨文字形有▨、▨、▨、▨、▨等，象祭天、拜神、敬祖用的牌位，引申爲神祖或神主之泛稱。

[11] 上甲：甲骨文字形爲▨，卜辭爲殷先公上甲微之專名，爲殷人祭祀對象。

[12] 佐：甲骨文字形有▨、▨等，象左手伸向牌位擺放祭品之狀，以求神祖佐助之義。卜辭作動詞，護佑或佐助之義。

[13] 孽：甲骨文字形有▨、▨、▨、▨等，卜辭作動詞，孽害、危害之義。

[14] 壬：甲骨文字形爲▨，卜辭作十天干之一。或作殷先公、先王、先妣之廟號。

[15] 戌：甲骨文字形有𠀁、𠀂、𠀃等，象斧鉞類兵器。卜辭作十二地支之一。

[16] 旨：甲骨文字形有𠀄、𠀅、𠀆等，卜辭作貴族名。

[17] 䖒：音虐，甲骨文字形有𠀇、𠀈、𠀉等，可隸定爲"𠩕"，卜辭此處作方國名。

[18] 戈：音災，甲骨文字形有𠀊、𠀋、𠀌等，卜辭作動詞，打擊、傷害、殘毀之義。

[19] 共人：召集衆人。共的甲骨文字形有𠀍、𠀎等，象兩手相向，拱揖之狀。本義爲拱手，假借爲"共"、"供"。卜辭作動詞，徵召、召集之義。

[20] 弓：甲骨文字形有𠀏、𠀐、𠀑等，象弓形。卜辭作貴族名。

[21] 𠭯：音勃，甲骨文字形有𠀒、𠀓等，卜辭作地名。

【價值】本片對研究商代社會結構、先祖崇拜、祭祀、戰爭等有重要價值。

013

【著錄】《精粹》19，《合集》779 正，《續存下》182 正，《歷拓》10292，《甲零》17 正

【現藏】天津歷史博物館

【分期】一期

【釋文】
1. 壬寅卜，爭，貞豊[1]妣庚[2]，叀[3]？
2. 貞垂？[4] 二
3. 貞侑豕[5]於父甲[6]？
4. 貞煑於土[7]三小宰，卯[8]一牛，沉[9]十牛？
5. 丙辰卜，爭，貞師[10]侑，剢[11]？
6. □巳卜，賓[12]，貞旬亡禍？

拓片 13

【譯文】

1. 壬寅日占卜，貞人爭問卦，貞問行㶉砍之祭於先妣名妣庚者，用𠬝奴爲人牲麼？
2. 貞問還是用垂奴呢？二爲兆序。
3. 貞問行侑求之祭用豬爲獻牲於商王之父輩陽甲麼？
4. 貞問行燒燎之祭於社壇用三對羊，對剖一頭牛，沉祭於水裏十頭牛麼？
5. 丙辰日占卜，貞人爭問卦，貞問在阜堆行侑求之祭，用被閹的豬爲祭牲麼？
6. 某巳日（天干殘缺，丙辰日後爲丁巳日，因此所殘或爲"丁"字）占卜，貞人賓問卦，貞問下一個十天一旬之内沒有灾禍之事發生吧？

【字詞解析】

[1] 㶉：音册，甲骨文字形有䇂、䇂、䇂等，卜辭有作典册解者，亦有作㶉伐解者。本辭之"㶉"作祭名，㶉砍之祭。

[2] 妣庚：商王先妣名庚者。

[3] 𠬝：音服，甲骨文字形有𠬝、𠬝、𠬝等，象以手抓住一跪地人之形。古文中"𠬝"、"服"一字。卜辭中"𠬝"通"俘"，即奴或俘虜，祭祀用作人牲，地位同祭祀用的牛、羊、豕相當。

[4] 垂：甲骨文字形有䇂、䇂、䇂等，象果木低垂倒掛之形，爲會意字，即垂頭聽命之人。卜辭作祭祀用人牲。

[5] 豕：甲骨文字形有䇂、䇂等，象豕形。卜辭作豕，用作祭牲。

[6] 父甲：即商王之父輩陽甲。

[7] 土：甲骨文字形有䇂、䇂、䇂、䇂等，象地上有土塊形，其旁小點爲土粒。卜辭用作"社"，爲社壇或社神（也即土地神）。商代方國亦應有"社"壇，考古發現之江蘇銅山丘灣大彭國之石"社"

摹片13

遺迹即其证。土用爲地祇，或指殷先公相土。
[8] 卯：見"拓片4【字词解析】2"。此辭作用牲法，對剖祭牲以祭。
[9] 沉：甲骨文字形有（）、（）、（）等，象沉牛、羊於水中之形。卜辭作用牲法，沉牛、羊於水以祭。
[10] 師：甲骨文字形有（）、（）、（）等，此辭作阜堆之義，即高阜之地。如屯軍於阜，則借爲軍隊之師（自）。
[11] 剢：音聘，甲骨文字形有（）、（）等，卜辭作被閹割的豕，用作祭牲。
[12] 賓：甲骨文字形有（）、（）、（）、（）等，繁文象人在屋中，所從之（）爲足形，足指向屋，示屋中人爲外來之賓客。後世從貝，乃來賓重禮，帶有財物也。此辭作貞人名。

【價值】本片對研究商代社會結構、先祖崇拜和祭祀有重要價值。

014

【著錄】《精粹》22，《合集》563，《簠人》18＋32＋33＋96，《簠拓》486
【現藏】天津歷史博物館
【分期】一期
【釋文】

1. 貞勿令王？
2. 貞令王隹黄[1]？
3. 貞泳[2]？
4. ［貞］泳？
5. 貞來[3]丁酉侑於黄尹[4]？
6. 貞侑於黄尹，二羌？
7. 戠[5]僕[6]？

拓片 14

【譯文】

1. 貞問商王不命令麽？
2. 貞問商王命令的是貴族黄吧？
3. 貞問還是命令貴族泳呢？
4. ［貞問］是命令貴族泳吧？
5. 貞問於未來的丁酉日行侑求之祭於名臣黄尹麽？
6. 貞問行侑求之祭於名臣黄尹，用兩名羌奴爲祭牲麽？
7. 把僕奴砍頭作祭牲麽？

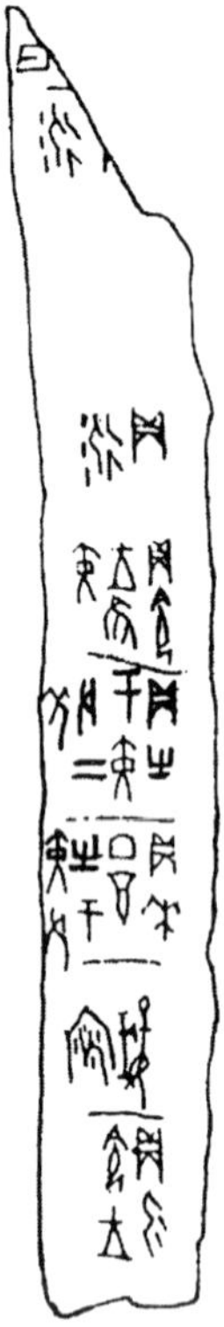

摹片 14

【字詞解析】

［1］黄：甲骨文字形有、等，象一人佩有玉璜之形，假借作“黄”。卜辭作地名或人名，此辭之“黄”爲貴族名。

［2］泳：甲骨文字形有、、、等，象人在水中游泳之形，爲“永”、“泳”之初文。卜辭作貴族名。

［3］來：见“拓片 8【字词解析】6”。卜辭作未來、將來之義。

［4］黄尹：殷名臣。尹的甲骨文字形有、等。黄尹在卜辭中作殷名臣名，爲祭祀對象。

［5］㜎：音奚，甲骨文字形有、、、等，會以兵器殺奚奴之義。卜辭作用牲法，砍頭以祭。

［6］僕：甲骨文字形有、、等，象有人在室中有所操作之形。也有釋爲“隸”者。卜辭作奴僕、奴隸之義。地位猶如俘虜、罪隸，任人驅使和宰割。

【價值】本片對研究商代社會結構有重要價值。

015

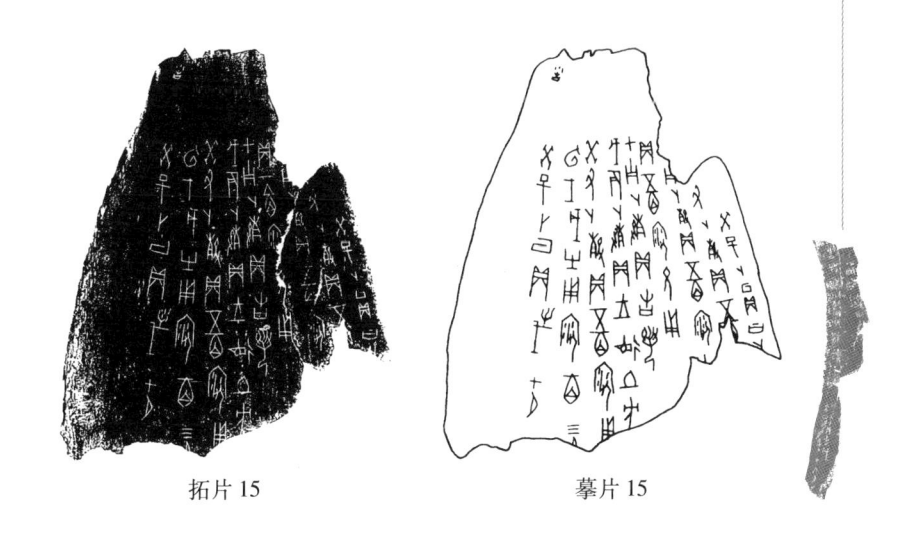

拓片 15　　　　　　　摹片 15

【著錄】《精粹》20,《合集》599,《續存上》1084
【現藏】不明
【分期】一期
【釋文】
1. 癸巳卜,亙[1],貞𢦔?七月。
2. 癸巳卜,亙,貞曰……
3. 癸丑卜,𣪊,貞五百僕用?旬壬戌侑用僕百。三月。
4. □丑卜,𣪊,貞五[百僕]□?
5. 甲子卜,𣪊,貞告若[2]?
6. □子卜,𣪊,貞五百僕□?
7. 貞五百僕?允用[3]。
8. 戊辰卜,𣪊,貞王徝土方[4]?

【譯文】

1. 癸巳日占卜，貞人亘問卦，貞問有災傷之事麼？這是在七月所卜。
2. 癸巳日占卜，貞人亘問卦，貞問説……
3. 癸丑日占卜，貞人㱿問卦，貞問用五百名僕奴爲人牲祭祀麼？事後所記的驗証結果是：一旬内的第九天壬戌日行侑求之祭時只用掉僕奴一百名。這是三月所記。
4. 某丑日占卜（天干字殘，似爲"癸"），貞人㱿問卦，貞問五百名僕奴（後字殘，似爲"用"字）……
5. 甲子日占卜，貞人㱿問卦，貞問告禱順若麼？
6. 某子日占卜（天干字殘，似爲"甲"），貞人㱿問卦，貞問五百名僕奴（後字殘，似爲"用"字）……
7. 貞問是用五百名僕奴麼？事後所記應驗結果是：果然用了（五百僕）。
8. 戊辰日占卜，貞人㱿問卦，貞問商王去征伐土方方國麼？

【字詞解析】

[1] 亘：音環，甲骨文字形有󰀀、󰀀等，象亘回曲轉之形。卜辭作貞人名。

[2] 若：甲骨文字形有󰀀、󰀀、󰀀、󰀀等，象女子跪着雙手理髮，示順從之義。卜辭作順若之義。或用作"諾"，許諾、同意之義。

[3] 允用：果然用了。允的甲骨文字形有󰀀、󰀀等。卜辭作果然之義，常用在驗辭中。用，見"拓片12【字词解析】3"。

[4] 土方：方國名。

【價值】 本片爲甲骨文用僕奴最多者，對研究商代社會結構和戰爭有重要價值。

016 正

【著錄】《精粹》24 正，《合集》583 正，《寧》2.28 正 + 2.30 正，《歷拓》3894 正

【現藏】清華大學

【分期】一期

【釋文】

1. 癸酉卜，爭，［貞旬亡］禍？旬壬午允有［來艱］……亥正[1]（征）䇂[2]，甲子求[3]。

2. 癸亥［卜］，囗，［貞旬亡禍？］……戊辰允……

3. 囗囗［卜］，爭，［貞］旬［亡］禍？

【譯文】

1. 癸酉日占卜，貞人爭問卦，［貞問下一個十天一旬之內沒有灾禍之事發生吧？］（貞辭殘，據殘辭互補）。事後所記的應驗結果是：在十天之內的壬午日果然有不好的事情發生了。某亥日（天干殘）去征伐䇂地，并在甲子日舉行了求祭儀式。

2. 癸亥日占卜，（以下辭殘，應爲某位貞人問卦，貞問在下一個十天一旬之內有無灾禍之事發生？）事後所記應驗的結果是：戊辰日果然發生了（其後殘，所發生之事不可得知）……

3. 某日占卜，貞人爭問卦，貞問下一個十天一旬之內沒有灾禍之事發生吧？

【字詞解析】

[1] 正：甲骨文字形有 、 、 、 等。 爲

拓片 16 正

摹片 16 正

人足形，足指向口以示正。卜辭用作"征"，征伐之義。卜辭中"征"、"正"、"足"一字。

[2] 䇂：可讀爲豺，甲骨文字形有🐾、🐾、🐾等，從二獸，或從口，示陳牲於禮器之中。卜辭作地名。

[3] 求：甲骨文字形有🐾、🐾等，或釋爲"拜"，卜辭作祭名，祈求之祭。

【價值】 本片對研究商代戰爭有重要價值。

016 反

【著錄】《精粹》24 反，《合集》583 反，《寧》2.29 反 + 2.31 反，《歷拓》3894 反

【現藏】 清華大學

【分期】 一期

【釋文】

1. 王固曰：有祟，叙光[1]其有來艱。氣[2]（迄）至六日戊戌允有［來艱］。有僕在曼[3]，宰[4]在……薅[5]，亦（夜）焚[6]廩[7]三。十一月。

2. 王固曰：有祟，其有來艱。

3. 癸酉……

【譯文】

1. 商王看了卜兆以後判斷說：有祟害之事，貴族叙光那兒會發生災禍之事。事後所記應驗的結果是：到了第六日戊戌那一天果然有災禍之事發生了。有僕奴在曼地，宰奴在某地（辭殘，地名不可得知）從事薅除田間雜草勞動時，在夜晚焚燒了三座國家存儲糧食的倉廩。這是十一月發

拓片 16 反

生的事情。

2. 商王看了卜兆以後判斷説：有祟害，將有災禍之事發生。

3. 癸酉日……

【字詞解析】

[1] 叔光：貴族名。叔音尋，甲骨文字形有🖐、🖐、🖐等，卜辭作人名。光的甲骨文字形有🖐、🖐等，象人頭上有火，示光明顯貴之義。卜辭作人名。

[2] 氣：甲骨文字形有三、三等，象漂浮之氣體。卜辭假借爲"乞"、"迄"或"訖"。有到、終止、最終之義。

[3] 曼：甲骨文字形有🖐、🖐、🖐、🖐、🖐、🖐、🖐等，卜辭作地名或方國名。

[4] 宰：甲骨文字形爲🖐，卜辭作宰奴之義。

[5] 薅：甲骨文字形有🖐、🖐、🖐等，象手持辰（蚌殼類）農具除掉或割取草木之形。卜辭指薅除田間雜草。

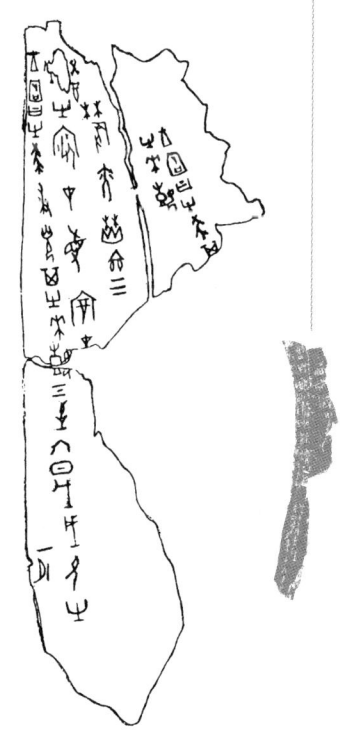

[6] 焚：甲骨文字形有🖐、🖐、🖐等，象火焚草木之形。卜辭作動詞，縱火焚燒之義。

[7] 廩：甲骨文字形有🖐、🖐、🖐、🖐等，象谷堆形。釋爲"亩"，即"廩"。卜辭作倉廩、糧倉之義，爲國家存儲糧食之所。

【價值】本片對研究商代社會結構和階級鬥爭有重要價值。

摹片 16 反

017

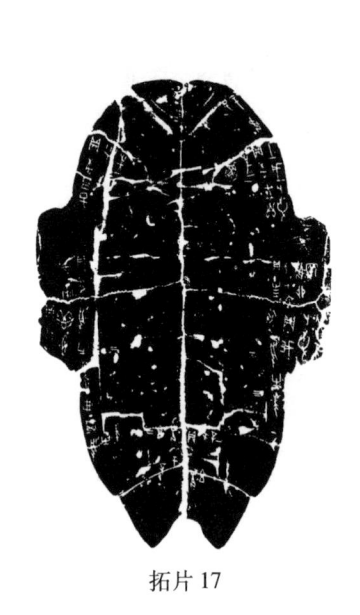

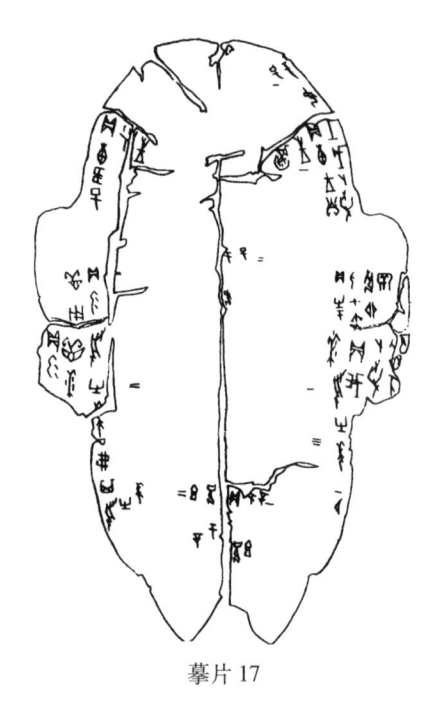

拓片 17　　　　　　　　摹片 17

【著錄】《精粹》25,《合集》787,《乙》7750
【現藏】臺灣歷史語言研究所
【分期】一期
【釋文】
1. 壬戌卜，爭，貞叀王自往陷[1]？
2. 貞叀多子[2]乎（呼）往？
3. 癸亥卜，爭，貞我黍[3]，受有年？一月。　一
　　　三
4. 貞勿黹黍，受有年[4]？　二

5. 貞侑於妣甲垂、𠬝,卯宰？
6. 貞勿蕭[5]用？　二
7. 於女子[6]？　一
8. 於女子？　二
9. 貞兄[7]（祝）於祖辛[8]？
10. 兄（祝）於祖辛？　二

【譯文】
1. 壬戌日占卜，貞人爭問卦，貞問是商王親自前往參加陷獵活動麽？
2. 貞問還是命令諸位王子去參加這次活動呢？
3. 癸亥日占卜，貞人爭問卦，貞問商王的王田裏種植黍子，會得到好年成麽？這是一月占卜的。一、三爲兆序。
4. 貞問還是不種植黍子，會得到好年成呢？二爲兆序。
5. 貞問行侑求之祭於先妣名妣甲者，用垂奴、𠬝奴爲人牲敬獻，并對剖一對羊麽？
6. 貞問還是不行用牲爲祭呢？二爲兆序。
7. 對王室已故的男女貴族子弟們祭祀麽？一爲兆序。
8. 對王室已故的男女貴族子弟們祭祀麽？二爲兆序。
9. 貞問行祝禱之祭於先王祖辛麽？
10. 行祝禱之祭於先王祖辛麽？二爲兆序。

【字詞解析】
[1] 陷：甲骨文字形有 ☒、☒、☒、☒等，象陷獸於阱之形，也有釋爲"阱"者。卜辭作陷獵活動之義。
[2] 多子：諸位王子。
[3] 黍：甲骨文字形有 ☒、☒等，象多穗并下垂之黍子形。所從之水示黍子好水之義。卜辭作穀物名，即黍子。
[4] 受有年：得到好年成。有的甲骨文字形有 ☒、☒、☒、☒、☒、☒、☒等，☒象牛角形，爲牛（☒）之省文。☒象右手，當是同音假借。卜

辭作有之本義。年，見"拓片1【字词解析】6"。卜辭指全年收成。

[5] 蕭：甲骨文字形有🜚、🜚、🜚、🜚、🜚、🜚、🜚等，卜辭作虛詞用。"勿蕭用"即"勿用"。

[6] 女子：王室已故的男女貴族子弟們。女的甲骨文字形有🜚、🜚、🜚等，象兩手相交，席地而坐之婦女側面形。卜辭"女"、"母"、"每"通用。卜辭作女子之義。

[7] 兄：甲骨文字形有🜚、🜚等，象一人下跪祝告祈禱之形。卜辭用作"祝"，祭名，祝禱之祭。

[8] 祖辛：殷先王。祖的甲骨文字形有🜚、🜚、🜚、🜚、🜚等，🜚象宗廟中之靈牌，即神主，常藏於神龕之中，爲"祖"之專字。辛的甲骨文字形有🜚、🜚、🜚等，象曲刀形。卜辭辛作殷先公、先王、先妣之廟號，或作十天干之一。

【價值】本片對研究商代田獵、農業和社會結構有重要價值。

018

拓片 18

摹片 18

【著錄】《精粹》26,《合集》540,《簠征》4,《簠拓》777,《續》3.2.3（不全）

【現藏】天津歷史博物館

【分期】一期

【釋文】

1. 癸酉卜，殼，貞乎（呼）多僕伐舌方[1]，受有[佑]？
2. □□卜，殼，貞乎（呼）多僕伐舌方，受有佑？
3. □辰卜，殼，貞翌辛未[2]令伐舌方，受有佑？一月。

【譯文】

1. 癸酉日占卜，貞人殼問卦，貞問命令衆多僕奴去征伐舌方方國，會受到保佑麼？
2. 某日占卜，貞人殼問卦，貞問命令衆多僕奴去征伐舌方方國，會受到保佑麼？
3. 某辰日占卜，貞人殼問卦，貞問在未來的辛未日命令去征伐舌方方國，會受到保佑麼？這是在一月占卜的。

【字詞解析】

[1] 舌方：方國名。舌音工，甲骨文字形有 吕、咼、𠮷、啚 等，對於該字的考釋，學者們有不同意見，分別釋作昌、吉、古、鬼、苦、共、邛等，迄今無定論，但爲方國名則無異議。

[2] 未：甲骨文字形有 ᛉ、ᛉ、ᛉ 等，象多枝條之木形。卜辭作十二地支之一。

【價值】本片對研究商代社會結構和戰爭有重要價值。

019

拓片 19　　　　　摹片 19

【著録】《精粹》29,《合集》850,《南輔》24,《歷拓》1412

【現藏】北京師範大學

【分期】一期

【釋文】

1. 貞州臣[1]得[2]？　不玄冥[3]
2. 貞州臣不［其］得？
3. 貞州臣［得］？
4. ……州……

【譯文】

1. 貞問州臣這種奴隸得到了麼？不玄冥爲兆記。
2. 貞問還是州臣這種奴隸沒有得到呢？
3. 貞問州臣這種奴隸得到了麼？
4. 州字前後辭句均殘，應是貞問州臣這種奴隸得到與否。

【字詞解析】

[1] 州臣：奴隸的一種，州臣爲州地之臣，即受殷人奴役之州地人。州的甲骨文字形有州、州等，象水中有高土之形。卜辭作地名。臣的甲骨文字形有臣、𦣞等，象豎目形，郭沫若謂："以一目代表一人，人首下俯時則橫目形爲豎目形，故以豎目形象屈服之臣僕奴隸。"卜辭作奴隸或臣僚之義。

[2] 得：甲骨文字形有得、𠭖、𠬪、𠭁等，象以手持貝（貝）形，貝爲古時錢幣，𠬪爲𠭖之省，會道上得貝之義。卜辭作得到之義。

[3] 不玄冥：爲兆記，即記卜兆不模糊。玄的甲骨文字形有玄、𢆶、𠄞等，冥的甲骨文字形有冥、𡨄等，卜辭中"玄冥"即模糊、不清楚之義。而"不玄冥"即不模糊、清楚。

【價值】本片對研究商代社會結構有重要價值。

020

拓片 20　　　摹片 20

【著錄】《精粹》33，《合集》1136，《簠天》44 +《簠帝》1 +《簠雜》

124,《簠拓》94,《續》5.14.2

【現藏】天津歷史博物館

【分期】一期

【釋文】

1. 貞炎[1]聞[2],有從雨[3]?
2. 貞勿炎聞?
3. 貞……有……雨?
4. 貞商[4]其敗[5]?
5. 貞商不敗?

【譯文】

1. 貞問行焚燒名聞的巫奴之祭,有雨降下麼?
2. 貞問還是不行焚燒名聞的巫奴之祭呢?
3. 辭殘,全辭文意不詳。從餘字可知,當爲貞問有雨之事。
4. 貞問商地有不祥之事發生麼?
5. 貞問還是商地無不祥之事發生呢?

【字詞解析】

[1] 炎:音焦,甲骨文字形有 、 、 、 等,從人在火上,示焚人之義。卜辭作祭名,焚人祈雨之祭。

[2] 聞:甲骨文字形有 、 、 、 、 等,象耳朵凸出的人形,又象以手附耳聳耳聽形。卜辭作巫奴名,身份相當於奴隸,爲祭祀用人牲。

[3] 從雨:從,見"拓片4【字詞解析】4"。卜辭用作"縱",大也。縱雨即雨量很大的雨。

[4] 商:甲骨文字形有 、 、 、 、 、 等,始爲部族名,繼之爲國邑名、朝代名。卜辭作地名或王都名。

[5] 敗:甲骨文字形有 、 、 等,象以棒擊鼎或貝,示擊毀、敗壞之義。卜辭指不祥之事。

【價值】本片對研究商代社會結構和祭祀有重要價值。

021

【著錄】《精粹》46,《合集》1824 正,《前》1.35.1 正 +1.51.1,《甲綴》2

【現藏】不明

【分期】一期

【釋文】

1. 丁巳卜,賓,貞尞於岳[1]?
2. 貞侑於高妣己[2]?
3. 貞侑於祖丁?
4. 貞於益用?
5. 貞於益用?
6. 貞奵[3]?茲用[4]。
7. 敗[5]牛?
8. 亡灾?

【譯文】

1. 丁巳日占卜,貞人賓問卦,貞問行燒燎之祭於岳神麼?
2. 貞問行侑求之祭於先王之配高妣己麼?
3. 貞問行侑求之祭於先王祖丁麼?
4. 貞問在益地用祭牲麼?
5. 貞問在益地用祭牲麼?
6. 貞問以奵巫爲祭牲麼?這一問施行了。
7. 殺牛爲獻牲麼?
8. 沒有灾禍吧?

【字詞解析】

[1] 岳:甲骨文字形有、、等,卜辭作神祇名,自然神山嶽之神。

拓片 21

摹片 21

[2] 高妣己：殷先王之配偶。

[3] 妐：音才，甲骨文字形有 𠂤、𠂤 等，卜辭疑女巫名，用作祭牲。

[4] 兹用：爲用辭，即此卜使用、施行或按占卜内容行事了。兹的甲骨文字形有 𢆶、𢆶 等，象兩根絲綫。卜辭作此、這之義。用的甲骨文字形有 用、用、用、用 等，象桶形。卜辭作使用之義。學者有專文考證《釋"兹用""兹御"》，可參看。

[5] 敗：見"拓片20【字词解析】5"。卜辭作殺牲獻祭之義。

【價值】本片對研究商代先祖崇拜和祭祀有重要價值。

022

拓片 22　　　　　　摹片 22

【著録】《精粹》55，《合集》2496，《寧》2.37，《歷拓》3944

【現藏】清華大學

【分期】一期

【譯文】

癸巳卜，争，貞侑白彘[1] 於妣癸[2]，不 [左][3]？王固曰：

吉[4]，勿左。

【譯文】

　　癸巳日占卜，貞人争問卦，貞問行侑求之祭於先妣名癸者用白色的野豬，吉利吧？商王驗看卜兆以後判斷説：吉利，不必擔心有不利之事發生。

【字詞解析】

[1] 白豕：白色的野豬。白的甲骨文字形爲⊖，卜辭中"百"字作⊖，爲一、白合文。或曰象拇指，拇指爲手足之首位，故爲伯仲或王伯之"伯"。卜辭作顔色名，白色。豕的甲骨文字形有、、等，象豕身著矢，示豕爲野豕，非射不可得也。卜辭用作祭牲。

[2] 妣癸：殷先妣名癸者。

[3] 左：見"拓片7正【字詞解析】12"。卜辭作不吉利之義，不左即不"不吉利"，否定之否定，也即吉利。

[4] 吉：甲骨文字形有、、、、等，象一斧一砧之形。斧頭所劈之物爲吉祥之物，牛羊是也。卜辭用其本義，吉利。

【價值】本片對研究商代先祖崇拜和祭祀有重要價值。

023

拓片 23　　　　　　摹片 23

【著錄】《精粹》56，《合集》2530 正，《乙》1281 正 +（1926 + 2560 + 2701 + 7130）正，《丙》267 正

【現藏】臺灣歷史語言研究所

【分期】一期

【譯文】

1. 乙卯卜，永[1]，貞隹母丙[2]祟[3]？ 一 二 不玄冥 三 四 五 六 七

2. 貞不隹母丙祟？ 一 二 三 四 五 二告 六

3. 貞母丙允有蠱[4]？ 一 二 不玄冥 三 四 五 六 七 二告 八

4. 貞母丙亡蠱？ 一 二 三 ［四］ 五 六 七 八

【譯文】

1. 乙卯日占卜，貞人永問卦，貞問是商王母輩名丙者作祟麼？各數字（一至七）爲兆序，不玄冥爲兆記。

2. 貞問不是商王母輩名丙者作祟吧？各數字（一至六）爲兆序，二告爲兆記。

3. 貞問商王母輩名丙者果然作蠱害麼？各數字（一至八）爲兆序，不玄冥、二告爲兆記。

4. 貞問還是商王母輩名丙者不作蠱害呢？各數字（一至八）爲兆序。

【字詞解析】

[1] 永：貞人名。

[2] 母丙：商王母輩名丙者。

[3] 祟：音駝，甲骨文字形有󰀀、󰀁、󰀂等，象蛇咬足之形。卜辭作動詞，（神鬼）爲害、作祟害之義。

[4] 蠱：甲骨文字形有󰀃、󰀄、󰀅等，卜辭作動詞，蠱害、禍害、祟害之義。

【價值】本片對研究商代先祖崇拜有重要價值。

024

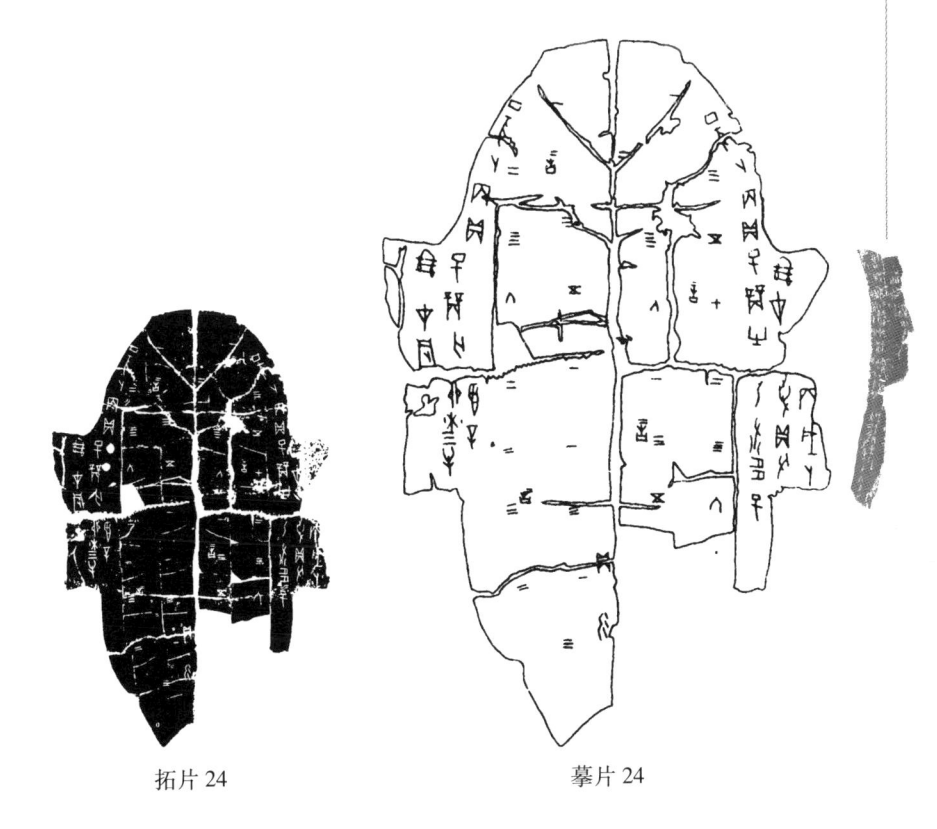

拓片 24　　　　　　　摹片 24

【著錄】《精粹》63，《合集》2940，《乙》4952＋5655＋5657＋8370，《丙》552
【現藏】臺灣歷史語言研究所
【分期】一期
【釋文】
1. 丁亥卜，內[1]，貞子𦟽[2]有斷[3]在[禍]？　一　二　三　四　五　六　七　二告

2. 丁亥卜，内，貞子𠦪亡斷在禍？ 一 二 二告 三 四 五 六
3. 丙戌卜，争，貞父乙术[4]多子？ 一 二 三 二告 四 五 六
4. 翌辛卯賣三牛？ 一 二 一 二 三 三 二告
5. 貞勿？ 一 二 三

【譯文】

1. 丁亥日占卜，貞人内問卦，貞問商王之子名𠦪者有斷（祭品）在禍地麼？各數字（一至七）爲兆序，二告爲兆記。
2. 丁亥日占卜，貞人内問卦，貞問商王之子名𠦪者没有斷（祭品）在禍地吧？各數字（一至六）爲兆序，二告爲兆記。
3. 丙戌日占卜，貞人争問卦，貞問是先王父乙（即武丁之父小乙）祟害於諸位王子麼？各數字（一至六）爲兆序，二告爲兆記。
4. 未來的辛卯日對剖并燒焚三頭牛爲獻牲麼？各數字（一至三）爲兆序，二告爲兆記。
5. 貞問不行祭吧？一、二、三爲兆序。

【字詞解析】

[1] 内：甲骨文字形有內、𠆢、𠆢等，象一人入室之形，示自外入内之義。卜辭作貞人名。

[2] 子𠦪：商王之子名𠦪者。𠦪音商，甲骨文字形有𠦪、𠦪等，卜辭作人名。

[3] 斷：甲骨文字形有𢇍、𢇍等，象二束中間斷絶、不連體之絲形。爲"斷"、"絶"之初文。卜辭作某種祭品。

[4] 术：甲骨文字形有术、术等，卜辭有祟害之義。

【價值】本片對研究商代社會結構有重要價值。

025

【著錄】《精粹》67,《合集》2972,《前》5.44.4

【現藏】不明

【分期】一期

【釋文】

1. 貞勿［乎（呼）］子漁[1]於侑［祖乙］?
2. 貞乎（呼）子漁侑於祖乙?

【譯文】

1. 貞問不命令商王之子名漁者行侑求之祭於先王祖乙麼?
2. 貞問還是命令商王之子名漁者行侑求之祭於先王祖乙呢?

【字詞解析】

[1] 子漁：商王之子名漁者。漁的甲骨文字形有 ❋、🐟、🐠 等，卜辭多作人名。子漁之墓已在殷墟婦好墓附近發現，編號爲 M18，墓内出土青銅禮器頗多，不少銘"子漁"二字。亦爲罕見完整未被盜掘之墓。

【價值】本片對研究商代社會結構和祭祀有重要價值。

拓片 25

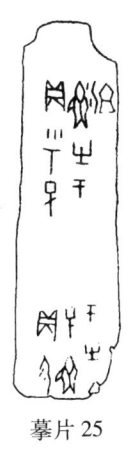

摹片 25

026

拓片 26 　　　　　摹片 26

【著録】《精粹》69,《合集》3250,《龜》2.25.9（不全）,《珠》304
【現藏】東京大學 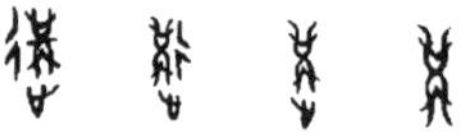
【分期】一期
【釋文】
　　丙子卜,貞多子其延[1]學[2],疾,不冓[3]（遘）大雨?
【譯文】
　　丙子日占卜,貞問商王的諸位王子延遲上學,[腹部]有疾病,不會遇到大雨吧?
【字詞解析】
[1] 延:甲骨文字形有 、 、 、 等,會意字。卜辭作延遲之義。
[2] 學:見"拓片4【字詞解析】12"。卜辭作上學之義。
[3] 冓:通"遘",甲骨文字形有 、 、 等。 ,卜辭隸定作"冓",有遘會、遇到之義。
【價值】本片對研究商代社會結構和教育制度有重要價值。

027

拓片 27　　　　　　摹片 27

【著錄】《精粹》70,《合集》3266,《錄》794 + 795 + 849
【現藏】臺灣歷史博物館
【分期】一期
【釋文】
1. 己卯卜，貞今夕小子[1]侑[2]，雪[3]？
2. 貞翌庚辰小子侑，雪？五月。
3. ……小子侑，雪？

【譯文】
1. 己卯日占卜，貞問今天夜裏商王室小王子舉行侑求之祭，會下雪麼？
2. 貞問還是未來的庚辰日（即第二天）商王室小王子舉行侑求之祭，會下雪呢？這是五月占卜的。（按：五月卜雪，甚不可解。）
3. ……商王室小王子舉行侑求之祭，會下雪麼？

【字詞解析】
[1] 小子：商王室小王子。
[2] 侑：甲骨文字形有出、虫、㞢、又等，卜辭用"㞢"或"又"作"侑"，爲同音假借。卜辭作祭名，侑求之祭。
[3] 雪：甲骨文字形有羽、彡、羽、羽、雨、雨、雨、雨等，羽象羽毛形，示雪片似羽毛。卜辭作動詞，下雪之義。

【價值】本片對研究商代社會結構和氣象有重要價值。

028

【著録】《精粹》94，《合集》4570，《前》3.20.3 + 《合集》3286 正

【現藏】不明

【分期】一期

【釋文】
1. 今丙午不其延雨[1]？
2. 貞今丙午延雨？
3. 貞不其御？
4. 長[2]其有禍？
5. ……隻（獲）……

【譯文】
1. 今天丙午日雨不會連綿不斷了吧？
2. 貞問還是今天丙午日雨連綿不斷呢？
3. 貞問不舉行御除災殃之祭麼？
4. 邊塞長地（或長地首領名）發生災禍之事了麼？
5. 辭殘，全辭文意不詳。

【字詞解析】

[1] 延雨：雨連綿不斷。見"拓片26【字词解析】1"。卜辭作連綿不斷之義。雨，見"拓片8【字詞解析】1"。

[2] 長：地名或首領名。

【價值】本片對研究商代氣象和方國地理有重要價值。

拓片 28

摹片 28

029

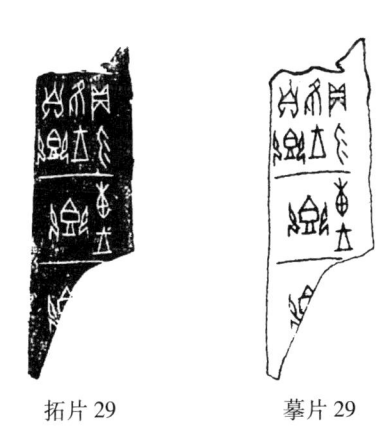

拓片 29　　　摹片 29

【著錄】《精粹》101，《合集》5245，《前》4.21.6，《歷拓》6495

【現藏】山東博物館

【分期】一期

【釋文】

1. 叀王饗[1]？
2. 貞勿隹王自饗？
3. ……［饗］？

【譯文】

1. 是商王饗宴麼？
2. 貞問商王不獨自饗宴麼？
3. 辭殘，全辭文意不詳。

【字詞解析】

[1] 饗：甲骨文字形有 、 、 、 、 、 等，象兩人圍着食物相向而
　　食之形，爲"饗"、"飧"、"卿"、"向"之初文。卜辭作饗宴之義。

【價值】本片對研究商代飲食禮制有價值。

030

拓片 30 　　　　　　　　摹片 30

【著録】《精粹》74，《合集》3286 正，《續存上》667 正 +《合集》4570 正，《外》458 正

【現藏】元嘉造像室

【分期】一期

【釋文】

1. 丙戌卜，亘[1]，貞𠂤[2]？兹［用］。 一

2. 貞𡇡侯虎[3]其御？ 二

3. 貞長亡禍？

4. 貞……其……

【譯文】

1. 丙戌日占卜，貞人亘問卦，貞問🖻發生麼？此卜施行了。一爲兆序。
2. 貞問西方的冒侯名虎者行御除災殃之祭麼？二爲兆序。
3. 貞問（商王國的西北邊境）長地沒有禍事吧？
4. 辭殘，全辭文意不詳。

【字詞解析】

[1] 亘：音環，卜辭作貞人名。

[2] 🖻：甲骨文字形有🖻、🖻、🖻等，象立杆懸首之狀。此字不識，出現在甲骨文中多爲殘辭，其義亦不明。從下辭對貞行御除災殃之祭看，似應與不祥之事有關。或作梟首之義。

[3] 冒侯虎：冒方國首領名虎者，爲商代名將。冒可讀爲倉，甲骨文字形有🖻、🖻、🖻等，卜辭作方國名。侯的甲骨文字形有🖻、🖻等，象張布着矢之形。卜辭作地方首領或長官。虎的甲骨文字形有🖻、🖻、🖻、🖻等，爲象形字。此辭作人名，冒侯名虎者。

【價值】本片對研究商代方國地理有重要價值。

031

拓片 31　　　摹片 31

【著録】《精粹》76，《合集》3397，《後下》4.11，《通》551

【現藏】不明

【分期】一期

【釋文】

1. 東畫[1]告曰：兒伯[2]……
2. 貞侑於學戍[3]？

【譯文】

1. 東方的畫地［來人］報告說：兒方國的首領……
2. 貞問行侑求之祭於名臣學戍麼？

【字詞解析】

［1］東畫：地名。東的甲骨文字形有㪔、㪔、㪔等，象兩端無底以繩束之囊形，借作"東"。卜辭作方位名。畫的甲骨文字形有㪔、㪔、㪔等，象人執筆畫圖之形。卜辭作地名，商王國東方的畫地。

［2］兒伯：兒方國首領。兒的甲骨文字形有㪔、㪔，象囟門未合之嬰兒形。卜辭作方國名，兒方是商王國的屬國。"伯"通"白"，甲骨文字形爲㪔，象拇指形。拇指爲手足之首位，故卜辭借用爲伯仲之伯或王伯之伯。《史記·殷本紀》說，西方的周文王曾被紂封爲"西伯"，得專征伐，成爲西方諸侯首領。此兒伯，亦爲方國首領，或在東方。因辭殘，兒伯具體情況已不可得知。

［3］學戍：殷名臣名。

【價值】本片對研究商代方國地理有重要價值。

032

拓片 32　　　　　　摹片 32

【著錄】《精粹》84,《合集》4059 正,《前》5.4.6 正(不全),《歷拓》7149 正,《通》471 正(不全),《續存下》72 正

【現藏】山東博物館

【分期】一期

【釋文】

1. 乙巳卜,賓,貞翌丁未酌[1],臬歲[2]於丁,尊[3]侑珏[4]?　二　二告

2. 貞翌丁未勿酌歲?　二

【譯文】

1. 乙巳日占卜,貞人賓問卦,貞問未來的丁未日舉行酒祭,貴族名臬者劇剖犧牲於名丁的先王,奉獻尊酒并用雙玉爲祭品行侑求之祭麼?二爲兆序,二告爲兆記。

2. 貞問還是未來的丁未日不舉行酒祭及劇剖犧牲之祭呢?二爲兆序。

【字詞解析】

[1] 酌:甲骨文字形有 、 、 、 等,象以酒澆地,爲酒祭之專用

字。卜辭作祭名，酒祭。

［2］歲：甲骨文字形有𣥺、𢧐、𢧕、屮、屮等，屮象斧鉞形，屮象人足形，會人牲被肢解之義。𢧕中的小點或爲斧鉞之透孔。卜辭作祭名，歲祭之"歲"用作"劌"，乃劌殺犧牲之祭。

［3］尊：甲骨文字形有𠃋、𠃋、𠂆、𥳑、𥳑等，象雙手或單手捧酒器向上進獻之狀。卜辭作祭名，奉獻尊酒之祭。

［4］珏：甲骨文字形有玨、玨、玨、玨等，象兩串玉形。二玉相合爲珏，卜辭作祭品名。

【價值】本片對研究商代祭祀及玉制有重要價值。

033

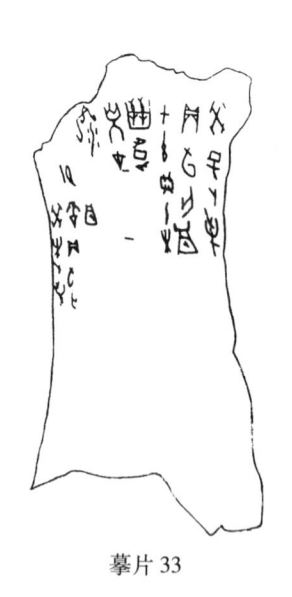

拓片 33　　　　　　摹片 33

【著錄】《精粹》86，《合集》3755，《簠地》4 +《簠貞》31，《簠拓》739

甲骨拓片精選導讀

【現藏】天津歷史博物館

【分期】一期

【釋文】

1. 癸未卜，爭[1]㱿[2]，貞旬亡禍？ 一
2. 癸巳卜，爭，貞旬亡禍？甲午皿[3]乙未箙[4]衛[5]㠯[6]，在瀧[7]十月。 一

【譯文】

1. 癸未日占卜，貞人爭和貞人㱿二人共同問卦，貞問下一個十天一旬之內沒有災禍之事發生吧？一爲兆序。（此爲貞人共卜例。）
2. 癸巳日占卜，貞人爭問卦，貞問下一個十天一旬之內沒有災禍之事發生吧？事後記應驗的結果是：甲午日向乙未日臨界的時段，善射的貴族名箙者防衛了㠯地，這是十月在瀧（地名或水名）所記的。一爲兆序。

【字詞解析】

[1] 爭：貞人名。

[2] 㱿：可讀爲才，甲骨文字形有 、 等，卜辭作貞人名。

[3] 皿：舊釋爲"亞"，謂爲祭名。近人新釋爲"皿"，有向意，即臨界之時段。新舊字釋解釋文義之不同，可與前拓片7正第1辭之舊釋相比對。

[4] 箙：甲骨文字形有 、 、 等，象盛矢於器中之形，有備用之義。爲"備"之初文，後通作"箙"。卜辭作貴族名。

[5] 衛：甲骨文字形有 、 、 、 、 等，商代連年不斷與方國進行戰爭，防衛乃國家大事，所以卜辭衛字造型也就很多，可謂一字一幅圖畫。卜辭作防衛、保衛之義或指防衛之地。

[6] 㠯：字不識，卜辭作地名。

[7] 瀧：甲骨文字形有 、 等，卜辭作地名或水名。

【價值】本片爲爭、㱿二人共占，對研究商代占卜制度和社會結構有重要價值。

034

拓片 34　　　　　摹片 34

【著錄】《精粹》90,《合集》4284,《寧》2.52＋2.55,《歷拓》3893

【現藏】清華大學原寧滬甲骨集（胡厚宣藏）

【分期】一期

【釋文】

1. 辛亥卜,殼,貞乎（呼）戍往於沚[1]？
2. 貞我在沚亡其剢[2]？
3. 辛亥卜,殼,貞乎（呼）歈[3]☐畫[4],不☐[5]？六月。
4. 貞翌甲申步？　一　一　二　小告　一　小告　二　三　小告
5. 貞勿隹甲申步？

【譯文】

1. 辛亥日占卜,貞人殼問卦,貞問命令貴族名戍者去往邊塞沚地麽？
2. 貞問我在邊塞沚地亡失了被闍的猪麽？
3. 辛亥日占卜,貞人殼問卦,貞問命令歈賞貴族名☐畫者,不☐麽？這是六月占卜的。

4. 貞問未來的甲申日步輦出行麽？諸數字爲兆序，小告爲兆記。
5. 貞問還是不在甲申日步輦出行呢？

【字詞解析】

[1] 沚：甲骨文字形有󰀀、󰀀等，卜辭作地名或方國名。

[2] 剢：甲骨文字形有󰀀、󰀀等，卜辭作被閹割的豕，祭牲。

[3] 歙：甲骨文字形有󰀀、󰀀、󰀀、󰀀、󰀀、󰀀等，󰀀象一人張口伸舌飲向酒器之形。卜辭作動詞，飲賞之義。

[4] 󰀀畫：貴族名。

[5] 不󰀀：在卜辭中常見"不󰀀"、"其󰀀"。如據《合集》113 甲反"……其󰀀，其隹乙出吉"可理解其󰀀與吉事有關。但《合集》20654"商其󰀀，不其受年"，又爲不吉之意。因此，本辭中之"不󰀀"意終不可明。

【價值】本片對研究商代社會結構和地理有重要價值。

035

拓片 35　　　　　　　　　摹片 35

【著録】《精粹》105,《合集》5445 正,《乙》4923 正 +（5100 + 5955 + 6230 + 6315）正,《丙》583 正

【現藏】臺灣歷史語言研究所

【分期】一期

【釋文】

1. 丁酉卜,亘,貞舌方叶王事[1]？ 一 二 三 四 二告 五 六 七

2. 貞王曰舌來？ 二 三 二告 四 五 六

【譯文】

1. 丁酉日占卜,貞人亘問卦,貞問舌方方國［服從商王國并］勤勞王事麼？各數字（一至七）爲兆序,二告爲兆記。

2. 貞問商王說舌方方國要來朝覲見麼？各數字（一至六）爲兆序,二告爲兆記。

【字詞解析】

[1] 叶王事：勤勞王事。事的甲骨文字形有 、 、 、 等,象手持徽幟之狀。卜辭作事情之義。卜辭中"事"、"史"、"使"、"吏"通用。

【價值】本片對研究商王國對外關係有重要價值。

036

【著録】《精粹》107,《合集》5520,《鐵》23.1 +《歷拓》8110

【現藏】青島博物館

【分期】一期

【釋文】

1. 貞勿使人[1]於岳？

2. 使人於岳？

拓片 36　　摹片 36

3. 貞使人於岳？
4. 其亦（夜）出？
5. 貞舌方不亦（夜）出？

【譯文】
1. 貞問不用派人去祭山嶽之神吧？
2. 派人去祭山嶽之神吧？
3. 貞問派人去祭山嶽之神吧？
4. 晚上出動吧（據下辭，應爲舌方）？
5. 貞問舌方方國晚上不出動吧？

【字詞解析】
［1］使人：派人。使，与"事"相同，甲骨文字形有 ᐁ、ᐁ、ᐁ、ᐁ 等，卜辭有派出之義。

【價值】本片對研究商代祭祀和方國地理有重要價值。

037

拓片 37　　　　摹片 37

【著錄】《精粹》112，《合集》5574，《前》7.7.2

【現藏】不明

【分期】一期

【釋文】

1. ……气[1]自嵒[2]廿[3]屯[4]。小臣中[5]示[6]。
2. ……兹[7]……

【譯文】

1. 從嵒地征收二十對牛胛骨。小臣官名中的貴族檢視驗收。
2. ……兹……（辭殘，全辭文意不詳）

【字詞解析】

[1] 气：見"拓片16反【字詞解析】2"。此辭之"气"用爲乞求、乞取，作征收之義。

[2] 嵒：音岩，甲骨文字形有 、 、 等，示山有岩石之義。卜辭作地名。

[3] 廿：甲骨文字形有 、 、 等，爲"二十"合文。卜辭作數詞。

[4] 屯：甲骨文字形有 、 、 、 、 等，卜辭作量詞，一對骨版爲一屯。

[5] 小臣中：小臣官名中的貴族。小臣爲職官名。

[6] 示：見"拓片12【字詞解析】10"。此處假"示"爲"眎"、爲"視"，用作動詞，檢視驗收、檢查驗看之義。

[7] 兹：或釋爲"系"，甲骨文字形有 、 、 、 等，象手持相聯之絲形。卜辭或作祭名，祭獻品物之祭。或作人名，爲史官。或作地名。

【價值】本片爲記事刻辭，對研究商代貢納和職官有重要價值。

038

拓片 38　　　　　摹片 38

【著錄】《精粹》109,《合集》5468 正,《歷拓》4792 正

【現藏】故宮博物院

【分期】一期

【釋文】

1. 貞翌己巳宜[1]？
2. 貞翌己巳宜？　一　二　不玄冥　三
3. 貞亡⚐[2]？
4. 貞亡⚐？　一　二告
5. 癸酉卜，㱿，貞師般[3]叶王事？　三　五
6. 貞……
7. ……勿……於……步[4]？

【譯文】

1. 貞問未來的己巳日行宜祭麼？
2. 貞問未來的己巳日行宜祭麼？一、二、三爲兆序，不玄冥爲兆記。

3. 貞問沒有👁麼？
4. 貞問沒有👁麼？一爲兆序，二告爲兆記。
5. 癸酉日占卜，貞人酉問卦，貞問貴族名師般者勤勞王事麼？三、五爲兆序。
6. 貞問……
7. 辭殘，全辭文意不詳。

【字詞解析】

[1] 宜：甲骨文字形有🔲、🔲、🔲等，象肉在且上之形，且爲肉幾，即俎也。"宜"、"俎"爲同源之字。卜辭作祭名，宜祭，即把半牲之體放置於案俎之上陳祭。或作用牲法。

[2] 👁：或釋爲"𣪊"，此字常與"有"、"亡"連言，但均因辭殘，意不可確知，或與灾禍、不祥之事有關。唯用作地名時，其義方明。

[3] 師般：貴族名。般的甲骨文字形有🔲、🔲、🔲等，卜辭作人名。

[4] 步：此辭作祭名，步脯之祭。

【價值】本片對研究商代政治制度和祭祀有重要價值。

039

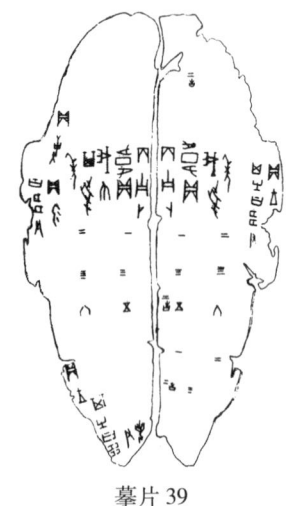

拓片 39　　　　　　摹片 39

【著錄】《精粹》116,《合集》5611 正,《乙》867 正

【現藏】臺灣歷史語言研究所

【分期】一期

【釋文】

1. 貞王其有曰[1]多尹[2]?

2. 貞勿曰多尹?

3. 貞王其有曰多尹若[3]?

4. 丙子卜,韋[4],貞我受年? 一 二 三 四 五 二告 六

5. 丙子卜,韋,貞我不其受年? 一 二 三 四 五 六

【譯文】

1. 貞問商王曾說及多位尹官麼?

2. 貞問還是沒說及多位尹官呢?

3. 貞問商王曾說及多位尹官会吉利順若麼?

4. 丙子日占卜,貞人韋問卦,貞問我(商王國)會得到好年成麼?各數字(一至六)爲兆序,二告爲兆記。

5. 丙子日占卜,貞人韋問卦,貞問我(商王國)不會得到好年成麼?各數字(一至六)爲兆序。

【字詞解析】

[1] 曰:此辭爲曾說及之義。

[2] 尹:甲骨文字形有ㅂ、ㅂ等,此辭作職官名,爲文官。多尹即多位尹官。

[3] 若:見"拓片15【字词解析】2"。卜辭作吉利順若之義。

[4] 韋:甲骨文字形爲ㅂ,卜辭作貞人名。

【價值】本片對研究商代政治制度和職官有重要價值。

040

拓片 40　　　　　　　　　摹片 40

【著録】《精粹》115,《合集》5647 正,《歷拓》6044 正
【現藏】北京大學
【分期】一期
【釋文】
　　壬辰卜,亙,貞侑酓巫[1],乎(呼)取氏[2]? 一 二
【譯文】
　　壬辰日占卜,貞人亙問卦,貞問行侑求之祭和酓砍之祭用巫覡爲人牲,命令將其征收貢致而來麼? 一、二爲兆序。

【字詞解析】
[1] 巫:甲骨文字形有𐎖、𐎗等,卜辭作巫覡,祭祀用人牲。
[2] 氏:甲骨文字形有𐤟、𐤟,象人提物之形,有貢致、致進、致送、帶領、帶來之義。

【價值】本片對研究商代祭祀和貢納有重要價值。

041

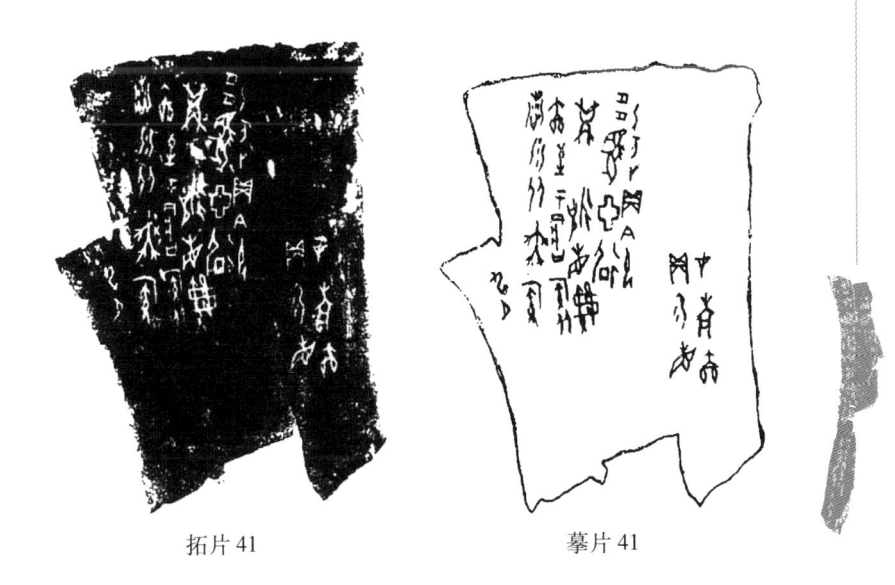

拓片 41　　　　　　　摹片 41

【著錄】《精粹》118,《合集》5708 正,《續存上》66 正

【現藏】元嘉造像室

【分期】一期

【釋文】

1. 乙亥卜,貞令多馬亞[1]🔲[2] 轟[3]（遘）🔲[4],省[5]🔲[6]廩,至於冒侯[7],從泲水[8]從垂侯[9]? 九月。

2. 貞勿省在南廩[10]?

【譯文】

1. 乙亥日占卜,貞問命令多位管馬的武官中名🔲者與貴族名🔲者會合,巡視省察🔲地之倉廩,一直到達冒侯之地,再沿泲水出發率領垂侯麼? 這是在九月占卜的。

2. 貞問不必巡視省察南方（或南地）的倉廩了吧?

【字詞解析】

[1] 多馬亞：多位司馬的武官。亞的甲骨文字形有🅰、🅱、🅲等，象四屋相連之形，爲建築物之平面圖。卜辭作武官名。馬亞是司馬之官。

[2] 〇：字不識，卜辭作司馬武官之私名。

[3] 冓：見"拓片26【字詞解析】3"。

[4] 㹱：甲骨文字形有🅰、🅱、🅲等，卜辭作貴族名，見於爲商王駕車。

[5] 省：甲骨文字形有🅰、🅱、🅲等，卜辭作巡視、省察之義。

[6] 〇：字不識，卜辭作地名。

[7] 舃侯：舃地首領，代稱所在之地。見"拓片30【字詞解析】3"，卜辭作地名或方國名。

[8] 㳄水：水名。㳄的甲骨文字形爲🅰，卜辭作水名。水的甲骨文字形有🅰、🅱、🅲等，均象水流之形，旁之小點爲水滴。卜辭作水之本義，江河之水。

[9] 垂侯：垂地首領。

[10] 南廩：南方或南地的倉廩。廩，見"拓片16反【字詞解析】7"。卜辭作倉廩、糧倉之義，爲國家存儲糧食之所。

【價值】本片對研究商代政治制度和農業經濟有重要價值。

042

【著錄】《精粹》119，《合集》5663，《簠雜》58，《簠拓》727

【現藏】天津歷史博物館

【分期】一期

【釋文】

1. 貞多［犬］[1]其及[2]長？

2. 貞多犬及畀[3]、長？
3. 貞多犬弗其及畀、長？
4. 勿燎？
5. ……牛……

【譯文】
1. 貞問多位犬官到達長地了吧？
2. 貞問多位犬官到達畀地、長地了吧？
3. 貞問還是多位犬官沒有到達畀地、長地呢？
4. 不舉行燒燎之祭麼？
5. 辭殘，全辭文意不詳。

【字詞解析】
[1] 多犬：多位犬官。犬的甲骨文字形有 、 等，象犬之側面，腹瘦、尾長而翹爲其特徵。卜辭作武官名，爲主管防衛、狩獵之官。多犬指多位參與田獵和戰爭之武官。

[2] 及：甲骨文字形有 、 、 、 、 等，象一人下肢被人抓住，會追及之義。卜辭作追及、到達之義。

[3] 畀：可讀爲變，甲骨文字形有 、 、 、 等，象雙手捧器物狀。卜辭作地名或方國名。

【價值】本片對研究商代政治制度和地理有重要價值。

摹片 42　　拓片 42

043

拓片 43 　　　　　　摹片 43

【著錄】《精粹》124，《合集》5994，《前》4.32.8
【現藏】不明
【分期】一期
【釋文】
……有……劓[1]……
【譯文】
辭殘，僅可知所問當與施以割鼻之刑有關。
【字詞解析】
[1] 劓：隸作"劓"，甲骨文字形有 ![字] 、![字] 等，象以刀割鼻之形。卜辭作割鼻之刑罰，即劓刑。
【價值】本片對研究商代刑罰有重要價值。

044

拓片 44 　　　　　　摹片 44

【著錄】《精粹》126,《合集》5997,《後下》15.7
【現藏】不明
【分期】一期
【釋文】
……椓[1]……
【譯文】
施以割去男根之刑麼?
【字詞解析】
[1] 椓：或釋爲"劓"，甲骨文字形有 ⿰刂⿱、⿰刂⿱、⿰刂⿱ 等，象以刀去男根之形。卜辭椓爲宮刑，即割去男根之刑罰。
【價值】本片對研究商代刑罰有重要價值。

045

拓片 45　　　摹片 45

【著錄】《精粹》127,《合集》6002 正,《粹》257 正,《善》942 正,《京》749 正
【現藏】北京圖書館（現中國國家圖書館）
【分期】一期

【釋文】
1. 戊寅卜，争，貞於羌甲？　小告
2. 勿侑於多介父[1]犬[2]？
3. 乙酉卜，貞刖[3]？

【譯文】
1. 戊寅日占卜，貞人争問卦，貞問祭於先王羌甲麼？小告爲兆記。
2. 還是不以犬爲祭牲行侑求之祭於商王的諸位父輩呢？
3. 乙酉日占卜，貞問施行殘斷肢骨的刖刑麼？

【字詞解析】

[1] 多介父：諸位父輩先王。介的甲骨文字形有 、 、 、 等，卜辭中之"多介"爲頌稱或敬稱。父的甲骨文字形有 、 等，象手持石斧操作之形，因操斧者爲男性，遂引申爲父，是父輩的通稱。卜辭作父輩通稱，指父輩先王。

[2] 犬：此辭作牲畜名，用作祭牲。

[3] 刖：甲骨文字形有 、 、 等，象以刀鋸斷人足或下肢形。卜辭作殘斷肢骨之刑罰，即刖刑。

【價值】本片對研究商代刑罰有重要價值。

046

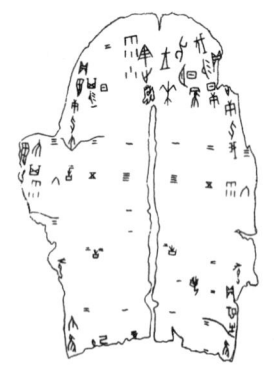

拓片 46　　　　　　摹片 46

甲骨拓片精選導讀

【著錄】《精粹》129，《合集》6037正，《乙》6419正

【現藏】臺灣歷史語言研究所

【分期】一期

【釋文】

1. 貞〔翌〕庚申我伐[1]，易日[2]？庚申明[3]霧[4]，王來途首[5]，雨小。 一 二 三 四 五 六

2. 貞翌庚申不其易日？ 一 二 三 四 五 六 二告

3. 雨？

4. 翌乙囗不其雨？ 一 二

5. 㞢？ 二告 二

6. 㞢？ 一 二 二告

7. 貞祀有若？ 一 二 一 二

8. 隹…… 一

9. 不隹妣已？ 一 〔二告〕 二

【譯文】

1. 貞問未來的庚申日我（商王）行殺伐犧牲之祭，天氣陰蔽麼？（接著第2辭又從反面問卦。）事後所記應驗的結果是：庚申日那一天天明時有大霧，商王途及首地而來，并下起了小雨。各數字（一至六）爲兆序。

2. 貞問未來的庚申日天氣不陰蔽麼？各數字（一至六）爲兆序，二告爲兆記。

3. 下雨麼？

4. 還是未來的乙某日不下雨呢？一、二爲兆序。

5. 有祟害吧？二爲兆序，二告爲兆記。

6. 有祟害吧？一、二爲兆序，二告爲兆記。

7. 貞問舉行祭祀會順若吉利吧？各數字爲兆序。

8. 唯…… 一爲兆序（辭殘，全辭文意不詳。但從對貞之辭看，所問

應是先妣名妣己者。）

9. 不是先妣名妣己者吧？一、二爲兆序，二告爲兆記。（雖殘，但據殘痕可補齊。）

【字詞解析】

[1] 伐：見"拓片4【字詞解析】6"。原殺伐之義，卜辭作祭名，殺犧牲之祭。

[2] 易日：天氣陰蔽。易的甲骨文字形有 、 、 、 等，繁文象雙手執壺倒酒於酒器之中，示賜予之義，引申作更易之義。日的甲骨文字形有 、 、 等，象日形，因便於契刻，故或作方形。卜辭作日之本義，天體名。易日即天氣陰蔽。殷人迷信，認爲自然現象是由神靈暗中安排的，陰暗天氣時，希望出太陽，所以易日多與風雨并提。

[3] 明：甲骨文字形有 、 、 等，從日從月，當爲天才明時，即日始出月尚未落之義。卜辭作時稱，天方明之時或天剛亮之時。

[4] 霧：甲骨文字形爲 ，卜辭作霧之本義。

[5] 途首：途及首地。見"拓片3【字詞解析】12"。首的甲骨文字形有 、 、 等，象人頭形，髮、目、口可見。此辭作地名。

【價值】本片對研究商代氣象有重要價值。

047 正

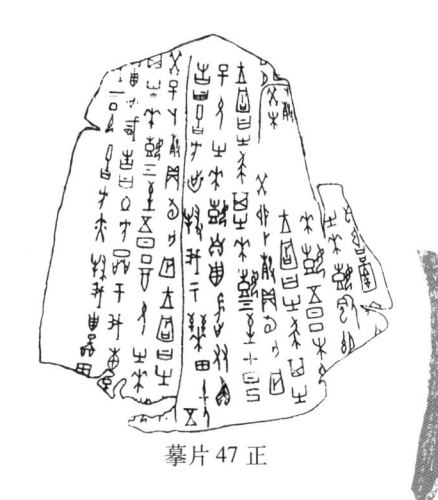

拓片 47 正　　　　　　　摹片 47 正

【著錄】《精粹》130 正,《合集》6057 正,《菁》1.1 正

【現藏】中國歷史博物館（現中國國家博物館）

【分期】一期

【釋文】

1. 癸未卜,殼。

2. 癸巳卜,殼,貞旬亡禍?
   王固曰:有祟,其有來艱。气(迄)至五日丁酉,允有來艱[自]西。沚馘告曰:土方征於我東鄙[1],[戋]二邑。舌方亦侵[2]我西鄙[3]田。

3. 癸卯卜,殼,貞旬亡禍?王固曰:有祟,其有來艱。五日丁未,允有來艱。[4]御[5]自启圉[6],六人。

4. 王固曰:有祟,其有來艱。气(迄)至七日己巳,允有來艱自西。長友角[7]告曰:舌方出,侵我示𤔔田,七十人。五月。

【譯文】

1. 癸未日占卜，貞人殻問卦。（固辭及驗辭在47反，見下釋。）
2. 癸巳日占卜，貞人殻問卦，貞問下一個十天一旬之内沒有灾禍之事發生吧？商王看了卜兆以後判斷說：有祟害，將有艱禍之事發生。事後所記的應驗結果是：直到占卜之後的第五天丁酉日，果然有艱禍之事在西方發生了。守衛邊塞沚地的首領沚馘報告說：土方方國出兵侵擾了他的東部邊鄙之地，殘戕二個邑聚。與此同時，舌方方國也出兵侵擾了他的西部邊鄙的田地。
3. 癸卯日占卜，貞人殻問卦，貞問下一個十天一旬之内沒有灾禍之事發生吧？商王看了卜兆以後判斷說：有祟害，將有艱禍之事發生。事後所記的應驗結果是：到了占卜之後的第五天丁未日，果然有艱禍之事發生了。貴族名㕣者自昌圍這個地方進行抵禦，損失了六個人。
4. 商王看了卜兆以後判斷說：有祟害，將有艱禍之事發生。事後所記的應驗結果是：直到占卜之後的第七天己巳日，果然有艱禍之事在西方發生了。邊地守衛者名長友角的報告說：舌方方國出動，侵擾掠略了長地的示篡地方的農田，并劫走了七十人。這是五月所記的。

【字詞解析】

[1] 東鄙：東部邊鄙之地。鄙的甲骨文字形有䷀、䷀、䷀等，囗是人聚居之地，亠是谷堆即後世之廩，鄙之本義是有人有廩之所在地。鄙多設中心聚落以外，故卜辭中"鄙"指邊鄙之地。

[2] 侵：甲骨文字形有䷀、䷀等，象持帚打牛形。卜辭作侵擾、侵犯、入侵之義。

[3] 西鄙：西部邊鄙之地。西的甲骨文字形有䷀、䷀、䷀等，象鳥巢形。卜辭作方位名，西方。

[4] 㕣：字不識，卜辭作貴族名。

［5］御：見"拓片10【字词解析】6"，卜辭作祭名，御除災殃之祭。或作防禦之義。此處之"御"可釋爲舉行御除災殃之祭，但從本版正面及反面各辭均與方國侵邊有關看，似宜解釋爲抵禦方國入侵爲妥。

［6］𠙹圉：𠙹地監獄。𠙹的甲骨文字形有![]、![]、![]、![]等，此辭作地名。圉的甲骨文字形有![]、![]、![]、![]等，繁文象雙手戴銬於獄中。卜辭作囹圄、監獄之義。

［7］長友角：貴族名，商王國的一名邊地守衛者。友的甲骨文字形有![]、![]、![]等，![]象兩手相交，會友好之義。角的甲骨文字形有![]、![]、![]等，象獸角形。卜辭作人名，長地之首領名友角者。

【價值】本片對研究商代戰爭和地理有重要價值。

047 反

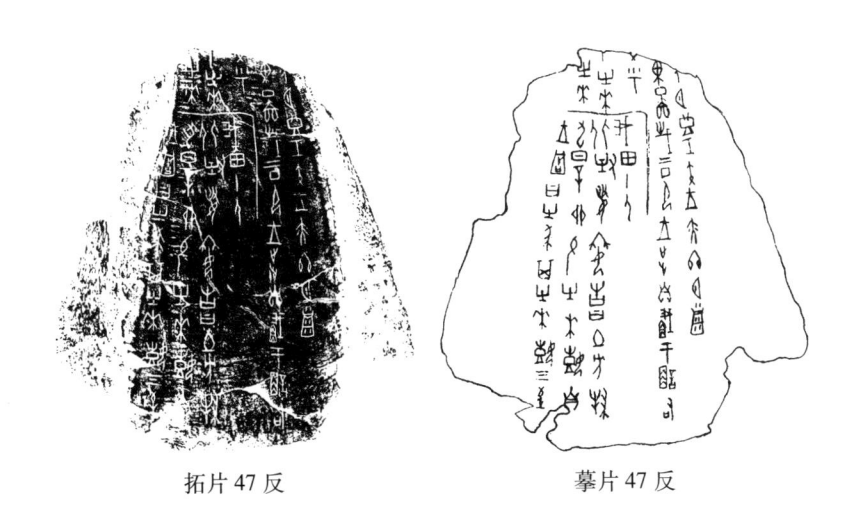

拓片 47 反　　　　　　摹片 47 反

【著錄】《精粹》130 反，《合集》6057 反，《菁》2.1 反

【現藏】中國歷史博物館（現中國國家博物館）

【分期】一期

【釋文】

1. 王固曰：有祟，其有來艱。气（迄）至九日辛卯，允有來艱自北。
   蚇[1]妻姕[2]告曰：土方侵我田，十人。

2. ……有來……有來……乎（呼）……東鄙，戈二邑。王步自齒[3]於
   臨司[4]……夕皿[5]壬寅王亦終夕[6]𣃣[7]。

【譯文】

1. 商王看了卜兆以後判斷說：有祟害，將有艱禍之事發生。事後所記應驗的結果是：直到占卜之後的第九天辛卯日（應是本版正面第一辭"癸未卜"，至此適為"九日"，本辭與正面第一辭為甲骨卜辭"正反相接"例），果然有艱禍之事發生在北方邊塞。蚇地首領之妻名姕者報告說：土方方國侵擾掠略邊地田土，并劫走了十個人。

2. 辭殘，前段意不全。似應為"王固曰：有祟，其有來艱"之意。其後應為驗辭，慣例應為允有來艱自某方向，某方某首領呼告曰：某方國侵擾掠略我東部邊鄙之地，殘戕了二個邑落。商王步輦從齒之地至於臨司之地……某日夜裏向第二天壬寅日臨界之時，（舊釋"堊"作祭名時，其意為"某日夜裏舉行堊燒之祭，壬寅日"）（恰為47正之第二辭癸巳解卜下一旬之內的第十日，因而本辭或與47正面之"癸巳"日占卜之"旬亡禍"有關）商王也在整個夜晚骨頭疼痛。

【字詞解析】

[1] 蚇：音又，甲骨文字形有 、 、 等，從又從有，卜辭作地名。

[2] 蚇妻姕：蚇地首領之妻名姕者。妻的甲骨文字形有 、 、 等，象一手或兩手抓住一婦女頭髮形。姕的甲骨文字形有 、 等，卜辭作人名。

[3] 齒：甲骨文字形為 ，卜辭作地名。

[4] 臨司：地名。臨或釋爲"迎"，也有釋爲"尋"者，甲骨文字形爲 ![字形], 卜辭作地名。司的甲骨文字形有 ![字形]、![字形]等。本辭"臨司"爲地名。

[5] 皿：舊釋爲"垔"，甲骨文字形有 ![字形]、![字形]、![字形]等，作祭名，夕祭。或作用牲法，垔燒以祭。近人新釋爲"皿"，有向意，即臨界之時段。舊釋見括號內文字。

[6] 終夕：整個夜晚。終的甲骨文字形有 ![字形]、![字形]等，有極、盡之義。

[7] ![字形]：可釋爲"骨"，卜辭作動詞，骨頭疼痛之義。

【價值】本片對研究商代戰爭和地理有重要價值。

048 正

拓片 48 正 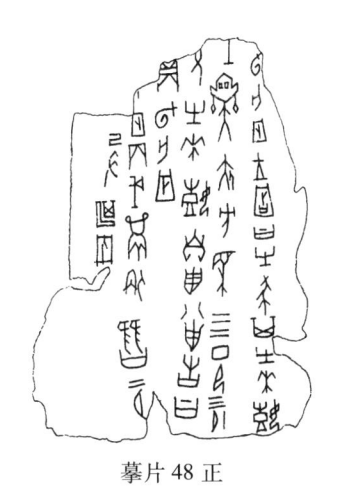　　　　　摹片 48 正

【著錄】《精粹》131 正，《合集》6063 正，《前》6.34.7 正 +（7.5.1 +7.37.1）正，《龜》2.10.13 正

【現藏】不明

【分期】一期

【釋文】

1. □□［卜］，□，貞旬亡禍？……允有來艱自西。舌[1]告曰：……［戈］魌[2]、夾[3]、方[4]、相[5]四邑。十三月。

2. □□［卜］，□，貞旬亡禍？王固曰：有祟，其有來艱。

3. ……禍？丙戌甗[6]俌[7]𦏕[8]。二月己丑䁐[9]死[10]。

【譯文】

1. 某日占卜，某貞人問卦，貞問下一個十天一旬之内沒有災禍之事發生吧？……事後所記的應驗結果是：果然有艱禍之事在西方邊塞發生了。貴族名舌者前來報告説：某方出動（辭殘，據同文意補），軍事掠略了名爲魌、夾、方、相的四個邑落。這是在十三月所記的。

2. 某日占卜，某貞人問卦，貞問下一個十天一旬之内沒有災禍之事發生吧？商王看了卜兆以後判斷説：有祟害，將有艱禍之事發生。

3. 辭殘，當爲貞問旬亡禍之事。事後所記的應驗結果是：丙戌日甗祭了貴族名俌者所貢之豸牲。但是在二月己丑日貴族名䁐者還是死了。

【字詞解析】

［1］舌：甲骨文字形有𠂤、𠂢等，象兩手執棒或杵作搗殺之形。卜辭作貴族名。

［2］魌：甲骨文字形爲𩴁，象一人戴假面具之形。卜辭作邑落名、地名或方國名。

［3］夾：甲骨文字形有𠆢、𠆢等，象一人腋下夾持兩人或一人之形。卜辭作邑落名、地名或方國名。

［4］方：甲骨文字形有𠂆、𠂆、𠂆等，卜辭作邑落名或方國名。

［5］相：甲骨文字形有𣏟、𣏟、𣏟等，從木從目。卜辭作邑落名。

［6］甗：甲骨文字形有𤭯、𤭯、𤭯、𤭯等，卜辭作祭名，甗祭，即進獻物品之祭。

［7］俌：音染，甲骨文字形有𠇋、𠇋等，卜辭作貴族名。

[8] 豕：見"拓片16正【字詞解析】2"，卜辭作豕牲之義，用作祭牲。

[9] 丌：可讀爲其，卜辭作貴族名。

[10] 死：甲骨文字形有 ᄈ、ᢒ、ᠰ 等，ᄈ象人在墓坑之中，ᢒ象人低頭悼念於朽骨之前，兩字異體，均會死義。卜辭作死亡之本義。

【價值】本片對研究商代戰爭和地理有重要價值。

048 反

拓片 48 反 　　　　摹片 48 反

【著録】《精粹》131 反，《合集》6063 反，《前》7.4.2 反 +（7.14.1 + 7.8.2）反，《龜》2.22.6 反

【現藏】不明

【分期】一期

【釋文】

……自長友唐[1]：吾方征……［戈］盂示易[2]。戊申亦有來［艱］自西，告[3]牛家[4]……□未有殷[5]，新星[6]。

【譯文】

……（前面辭殘，意不明）自邊塞長地的首領名友唐者［報告］：舌方方國出征……侵擾掠略了邊地㞢示易這個地方。戊申日也有艱禍之事發生在西方，只得行告禱之祭於牛神的廟室……某未日有不好天象發生，出現了新星。

【字詞解析】

［1］長友唐：長地首領名友唐者。唐，見"拓片11【字词解析】1"，卜辭作人名。

［2］㞢示易：地名。易的甲骨文字形有 、 、 、 、 、 、 等，象日在 、 上，所從之 象山有階梯之形。卜辭"易"、"陽"一字。卜辭作地名。

［3］告：見"拓片7正【字词解析】14"，卜辭用"告"作"祰"，祭名，告禱之祭。

［4］牛家：牛神的廟室。家的甲骨文字形有 、 、 等，卜辭作祭祀之室名，牛家即牛神廟。

［5］殷：也有釋爲"設"者，甲骨文字形有 、 、 等，象手執錘敲擊之形。卜辭指某種自然現象，殷人迷信，認爲是灾禍或不祥之兆象。

［6］新星：新的甲骨文字形有 、 、 、 等，從斤，從辛或從木，示砍木取柴之義。卜辭作新之本義。星的甲骨文字形有 、 、 、 、 等，象衆星羅列之形。卜辭作星之本義。

【價值】本片對研究商代戰爭和天象有重要價值。

049 正

拓片 49 正　　　　　摹片 49 正

【著錄】《精粹》132 正，《合集》6087 正，《簠征》18 正 + 19 + 36，《簠拓》840 正，《續》3.10.2 正

【現藏】天津歷史博物館

【分期】一期

【釋文】

1. 壬子卜，殼，貞舌方出，不佳我有作禍[1]？五月。
2. 壬子卜，殼，貞舌方出，佳我有作禍？
3. 乙卯卜，爭，貞沚馘禹[2]（稱）冊，王從伐土方，受有佑？
4. 貞王勿從沚馘？　一　二

【譯文】

1. 壬子日占卜，貞人殼問卦，貞問舌方方國出動軍隊了，不會給我們（商王國）造成災禍吧？這是五月占卜的。
2. 壬子日占卜，貞人殼問卦，貞問舌方方國出動軍隊了，會給我們（商王國）造成災禍吧？
3. 乙卯日占卜，貞人爭問卦，貞問大將沚馘稱冊受命，在商王的率領下征伐土方方國，會受到保佑吧？
4. 貞問還是商王不率領大將沚馘呢？一、二爲兆序。

【字詞解析】

[1] 作禍：造成灾禍。作，見"拓片2【字词解析】3"。卜辭作有造成之義。

[2] 禹（稱）册：稱册受命或稱述册命。禹同"稱"，甲骨文字形有 ⚇、⚇、⚇、⚇等，有提、舉之義。卜辭作動詞，舉獻品物之義。册的甲骨文字形有 ⚇、⚇、⚇等，象編簡之形。⚇爲竹簡，古人無紙，著書於竹片上，⚇爲繩子，用繩子把寫好的竹簡編聯起來即成書册。卜辭作簡册、典册之義。稱册即手舉簡册，册中列舉敵人罪狀，猶如今日之討伐令，用以討逆伐罪也。

【價值】 本片對研究商代戰争有重要價值。

049 反

拓片 49 反　　　　　　　摹片 49 反

【著錄】《精粹》132 反，《合集》6087 反，《簠典》105 反，《簠拓》

841 反

【現藏】天津歷史博物館

【分期】一期

【釋文】

庚其有酘，吉，受佑。其隹壬不吉。

【譯文】

（此爲固辭，即商王看了卜兆以後判斷説:）庚日雖然天有不祥之象，但還是吉利的，會受到保佑。但是壬日就不吉利了。

【價值】本片對研究殷人吉禍觀念有重要價值。

050 正

拓片 50 正 　　　　　　摹片 50 正

【著録】《精粹》133 正，《合集》6093 正，《簠征》23 正 + 47 正，《簠拓》781 正，《續》3.3.1 正

【現藏】天津歷史博物館

【分期】一期

【釋文】

1. 癸巳卜，殻，貞侑大……

2. 癸巳卜，殻，貞登人[1]……

3. □□卜，亘，貞五月……

4. 庚子卜，亘，貞……　一　告

5. □□卜，亘，貞勹[2]（物）？五月。

6. □□［卜］，□，貞舌方出，帝不隹［受（授）我佑］？

7. □□［卜］，䚃，貞舌方出，帝［受（授）我佑］？

【譯文】

1. 癸巳日占卜，貞人殻問卦，貞問行侑求之祭於先王大（名殘，不可確知）……麼？

2. 癸巳日占卜，貞人殻問卦，貞問徵集民衆（辭殘，應爲伐某方之事）……麼？

3. 某日占卜，貞人亘問卦，貞問五月（辭殘，全辭文意不詳）……麼？

4. 庚子日占卜，貞人亘問卦（辭殘，全辭文意不詳）……麼？一爲兆序，告爲兆記。

5. 某日占卜，貞人亘問卦，貞問以雜色牛爲祭牲麼？這是五月占卜的。

6. 某日占卜，某貞人問卦，貞問舌方方國出動軍隊，上帝不授予我們保佑麼？

7. 某日占卜，貞人䚃問卦，貞問舌方方國出動軍隊，上帝會（授予我們保佑吧）？

【字詞解析】

[1] 登人：徵集民衆。登的甲骨文字形有 ᆇ、ᆝ、ᆵ 等，繁文象雙手捧豆（爲古代食器）作高舉之狀，ᆠ 爲雙足，足指向上，會意爲升登、共集之義。卜辭中有徵集、召集之義。

[2] 勹：通"物"，甲骨文字形爲 ᆜ，卜辭爲雜色牛之專稱，用作祭牲。

【價值】本片對研究商代戰爭有重要價值。

050 反

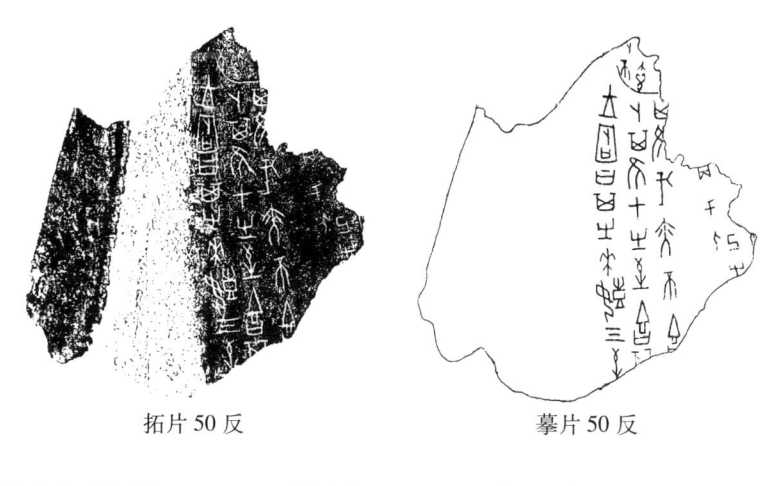

拓片 50 反　　　　摹片 50 反

【著錄】《精粹》133 反,《合集》6093 反,《簠人》111 反 +《簠典》103 反,《簠拓》782 反,《續》4.32.5 反

【現藏】天津歷史博物館

【分期】一期

【釋文】

1. 王固曰:其有來艱。气(迄)至……卜其隹甲有至吉。其……其隹戊亦不吉。

2. 貞於妣己侑?

3. □□卜,不……盡[1]……

【譯文】

1. 商王看了卜兆以後判斷說:將有艱禍之事發生。事後所記的應驗結果是:到了……(辭殘,全辭文意不詳)有所應驗,占卜說只有甲日來到才是吉利的。其(辭殘,應爲某日不吉,由下旬"亦"可推知)……在戊日也不吉利。

2. 貞問於先妣名己者行侑求之祭麼?

3. 某日占卜，不……（祭祀名臣）盡戊……麽？

【字詞解析】

[1] 盡：甲骨文字形有 、 、 等，象手執刷帚刷去皿中殘存食物之形，有食盡、刷盡、盡終之義。卜辭作人名，殷名臣，或爲盡戊。

【價值】本片對研究商代戰争有重要價值。

051

拓片 51　　　　　　　摹片 51

【著録】《精粹》141，《合集》6199，《後上》16.11（不全），《歷拓》7074，《通》493（不全）

【現藏】山東博物館

【分期】一期

【釋文】

1. 辛丑卜，殻，貞舌方其來，王勿逆伐[1]？　三

2. 辛丑卜，殻，貞靈妃[2]不死？　三

【譯文】

1. 辛丑日占卜，貞人殻問卦，貞問舌方方國前來侵擾，商王不采用正面迎戰的戰術麽？三爲兆序。

2. 辛丑日占卜，貞人殻問卦，貞問貴婦靈妃没有死掉吧？三爲兆序。

【字詞解析】

[1] 逆伐：采用正面迎戰的戰術。逆的甲骨文字形有🐛、🐛、🐛、🐛、🐛等，🐛（倒人）示客人自外入，🐛示主人出來迎接，本義爲迎。卜辭作迎戰、迎擊之義。

[2] 靈妃：商王妃名。靈的甲骨文字形有🐛、🐛等，爲"霝"、"零"之初文。卜辭作人名，爲商王妃之私名。妃的甲骨文字形有🐛、🐛等，卜辭作王妃、妃子之義。

【價值】本片對研究商代戰争有重要價值。

052

【著錄】《精粹》142，《合集》6168，《續》1.10.3，《歷拓》5538

【現藏】北京大學

【分期】一期

【釋文】

1. 貞於大甲？
2. 貞登人三千[1]，乎（呼）伐舌方，受有佑？
3. 貞勿乎（呼）伐舌方？

摹片 52　　拓片 52

【譯文】

1. 貞問於先王大甲行祭麼？
2. 貞問徵集民衆三千人，命令征伐舌方方國，會受到保佑麼？
3. 貞問不命令去征伐舌方方國麼？

【字詞解析】

[1] 千：甲骨文字形有🐛、🐛等，卜辭作量詞。

一千爲🀀，二千爲🀀，三千爲🀀，四千爲🀀，五千爲🀀，六千爲🀀。

【價值】本片對研究商代戰爭有重要價值。

053 正

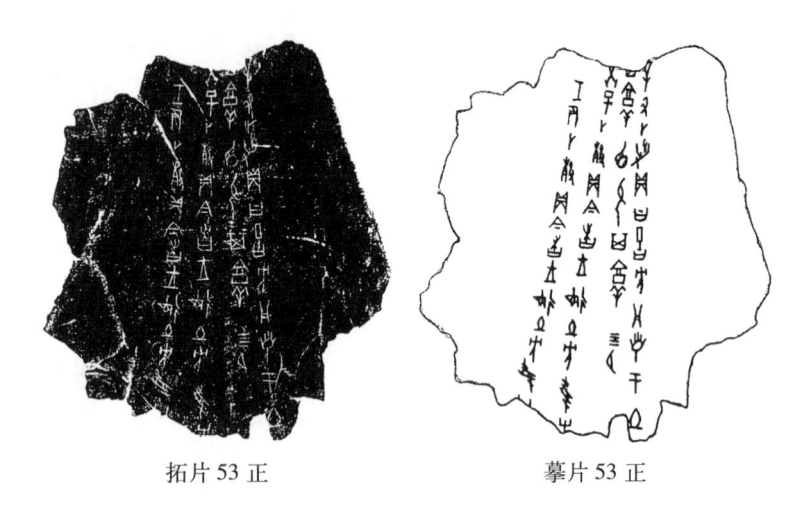

拓片 53 正　　　　　　摹片 53 正

【著録】《精粹》147 正，《合集》6354 正，《簠地》59 正 +《簠游》3，《簠拓》838 正，《續》3.10.1 正

【現藏】天津歷史博物館

【分期】一期

【釋文】

1. 壬辰卜，㱿，貞今載[1]王迍土方，受［有佑］？

2. 癸巳卜，㱿，貞今載王迍土方，受有［佑］？

3. 辛丑卜，争，貞曰：舌方凡[2]🀀[3]於土，……敦[4]🀀[5]？允其敦。四月。

【譯文】

1. 壬辰日占卜，貞人㱿問卦，貞問今年商王循行迍閲土方方國，會受到保佑麼？

2. 癸巳日占卜，貞人殼問卦，貞問今年商王循行徝閱土方方國，會受到保佑麼？

3. 辛丑日占卜，貞人爭問卦，貞問說：舌方方國諷祭♉於社壇，……〔然後出兵大舉〕敦伐了◯地麼？事後所記的應驗結果是：果然敦伐了◯地。這是在四月所記的。

【字詞解析】

[1] 今載：即今年，"載"亦有釋爲"春"者。今，見"拓片6【字词解析】"。載的甲骨文字形有◯、◯、◯等，象栽培草木於坑坎中之形，應爲"栽"字初文，假借爲"載"，即年也。

[2] 凡：甲骨文字形有◯、◯、◯等，象豎盤形。卜辭作祭名，諷祭。

[3] ♉：字不識，當爲獻祭脈類祭品。

[4] 敦：甲骨文字形有◯、◯、◯等，卜辭作敦伐、敦迫、攻擊、打伐之義。

[5] ◯：字不識，卜辭作地名。

【價值】本片對研究商代戰爭有重要價值。

053 反

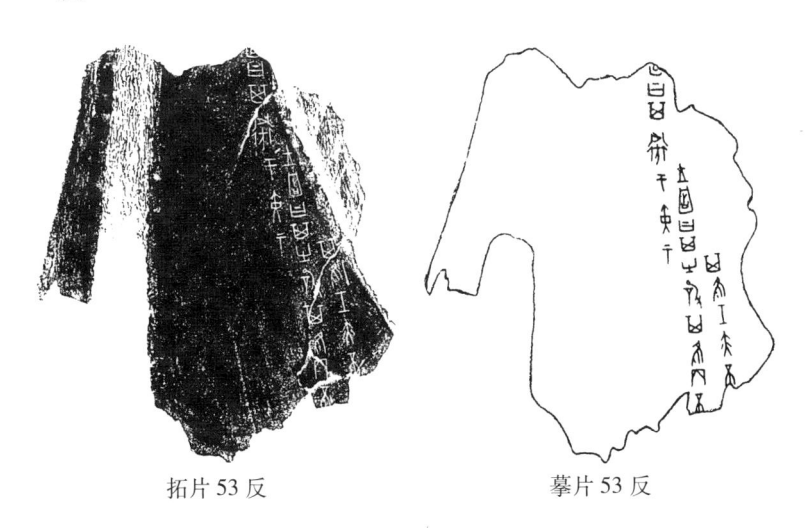

拓片 53 反　　　　　　摹片 53 反

【著錄】《精粹》147 反，《合集》6354 反，《簠典》36 反 +《簠游》3，《簠拓》839 反，《續》5.9.2 反

【現藏】天津歷史博物館

【分期】一期

【釋文】

1. 王固曰：其有𢓊。其隹丙不□，其隹壬亦不□。
2. ［王固］曰：其衛[1]於黃示[2]。

【譯文】

1. 商王看了卜兆以後判斷説：將有災毀不祥之事發生。在丙某日行事不會［吉利］（字殘，據前"有𢓊"，後自應是不會吉利），而在壬日行事也不會［吉利］。（此辭或爲正面第 2 辭之"癸巳日"占卜的固辭，即值土方之事，在未來十天内的丙申日不吉利。而上一卜第 1 辭的"壬辰"日行事也不吉利。）

2. ……（辭殘，但可補爲"王固"）説：可防衛於黃尹之神位。

【字詞解析】

[1] 衛：音防，甲骨文字形有 衛、衛、衛、衛 等，卜辭作防衛之義。

[2] 黃示：殷名臣黃尹之神位。卜辭黃爲人名，爲殷名臣黃尹。

【價值】本片與其正面占卜戰爭之事有關，對研究商代戰爭有重要價值。

054

拓片 54

摹片 54

【著録】《精粹》148,《合集》6402 正,《歷拓》10374 正
【現藏】天津歷史博物館
【分期】一期
【釋文】
　　乙卯卜,貞沚𢦔禺(稱)冊,王從伐土方,受有佑?　二
【譯文】
　　乙卯日占卜,貞問大將沚𢦔稱冊受命,商王率領他征伐土方方國,會受到保佑麼?二爲兆序。
【價值】本片對研究商代戰争有重要價值。

055

拓片 55　　　　　摹片 55

【著録】《精粹》150,《合集》6441,《虛》2338,《南博拓》839
【現藏】南京博物院
【分期】一期

【釋文】

戊午卜，殼，貞今載王征土方？王固曰：甲申其有戠，吉。其隹甲戌有戠於東，……［隹壬戌］有［戠］……

【譯文】

戊午日占卜，貞人殼問卦，貞問今年商王征伐土方方國麼？商王看了卜兆以後判斷說：甲申日發生不祥之徵兆，但是還吉利。甲戌日在東方會發生不祥之徵兆，……（辭殘，具體意義不明）壬戌日有不祥之徵兆出現……（以下辭殘，全辭文意不詳）。

【價值】本片對研究商代戰爭有重要價值。

056

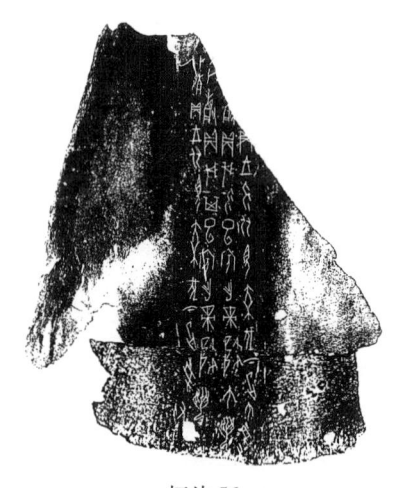

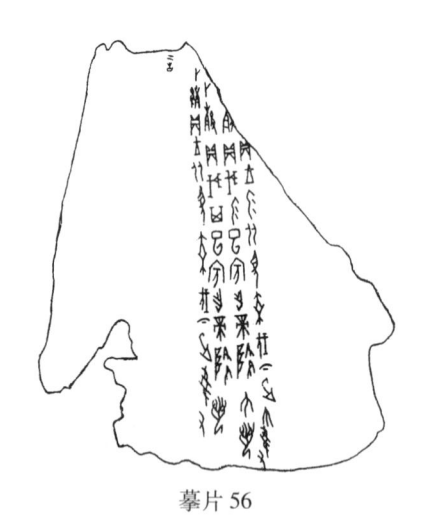

拓片 56　　　　　　摹片 56

【著錄】《精粹》151，《合集》6498，《粹》1113 甲、乙，《善》14218 +5768

【現藏】北京圖書館（現中國國家圖書館）

【分期】一期

【釋文】

1. □□卜，殼，貞王從望乘[1]伐下危，受佑？二告

2. □□［卜］，□，貞王勿從望乘伐下危，不受佑？

3. □□卜，殼，貞我其祀賓[2]（家），乍[3]（則）帝降若[4]？

4. □□［卜］，殼，貞我勿祀賓（家），乍（則）帝降不若？

【譯文】

1. 某日占卜，貞人殼問卦，貞問商王率領大將望乘征伐下危方國，會受到保佑麼？二告爲兆記。

2. 某日占卜，某貞人問卦，貞問商王不率領大將望乘征伐下危方國，就不會受到保佑了麼？

3. 某日占卜，貞人殼問卦，貞問我（商王）祭祀於廟堂，則上帝降下順若保佑麼？

4. 某日占卜，貞人殼問卦，貞問我（商王）不祭祀於廟堂，則上帝不降下順若保佑麼？

【字詞解析】

[1] 望乘：商代武丁時期的一名將領。

[2] 賓：見"拓片13【字詞解析】12"。此辭之"賓"同"家"，即廟堂。

[3] 乍：与"作"同，甲骨文字形有、、等，卜辭借用作"則"。

[4] 帝降若：上帝降下順若保佑。降的甲骨文字形有、、等，從阜，從兩個倒止，止本足形，示從階梯上下降之義。卜辭作動詞，降下、降給之義。

【價值】本片對研究商代戰爭有重要價值。

057

拓片 57 　　　　　摹片 57

【著錄】《精粹》152，《合集》6536，《簠游》68 +《簠雜》84 + 85，《簠拓》566，《續》2. 24. 4 + 6. 7. 1

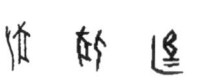

【現藏】天津歷史博物館

【分期】一期

【釋文】

1. □卯卜，殻，貞犬延[1]其有艱[2]？

2. □□[卜]，殻，貞犬延亡艱？

3. □□卜，殻，貞王次[3]於曾[4]，酒[5]乎（呼）畢[6]㞢[7]……

【譯文】

1. 某卯日占卜，貞人殻問卦，貞問犬官名延者有母豕麼？

2. 某日占卜，貞人殻問卦，貞問犬官名延者没有母豕麼？

3. 某日占卜，貞人殻問卦，貞問商王率軍屯駐於曾地，乃命令畢捕㞢方方國（之人）……麼？

【字詞解析】

[1] 犬延：犬官名延者。犬，見"拓片42【字词解析】1"，此辭作人名。

[2] 妣：甲骨文字形有󰀀、󰀀等，卜辭作母豕之義。

[3] 次：甲骨文字形有󰀀、󰀀、󰀀等，從師從一，示軍隊駐紮某地之義。卜辭作動詞，屯駐、駐紮之義。

[4] 曾：甲骨文字形有󰀀、󰀀、󰀀等，卜辭作地名。

[5] 廼：甲骨文字形有󰀀、󰀀、󰀀、󰀀、󰀀、󰀀、󰀀等，卜辭同"乃"，副詞。

[6] 畢：甲骨文字形爲󰀀，字形作羅豕狀，"畢豕"、"畢隹"意同。卜辭作動詞，畢捕、抓捕、捕獲之義。

[7] 󰀀：字不識，卜辭作方國名。

【價值】本片對研究商代戰爭有重要價值。

058

拓片 58　　　　　摹片 58

【著錄】《精粹》156，《合集》6543，《續存上》627（不全），《歷拓》10333

【現藏】天津歷史博物館

【分期】一期

【釋文】

1. 壬寅卜，爭，貞今載王伐𢀛方，受有佑？十三月。
2. □午卜，㱿，貞王伐髳[1]，帝授（受）我[2]佑？□月。

【譯文】

1. 壬寅日占卜，貞人爭問卦，貞問今年商王征伐𢀛方方國，會受到保佑麼？這是十三月占卜的。
2. 某午日占卜，貞人㱿問卦，貞問商王征伐髳方方國，上帝會授予我（商王國）保佑麼？這是某月占卜的。

【字詞解析】

[1] 髳：見"拓片4【字詞解析】13"。

[2] 我：此辭爲商王國自稱。

【價值】本片對研究商代戰爭有重要價值。

059

拓片 59　　　　　　摹片 59

【著錄】《精粹》157，《合集》6567，《北圖》2335+2532，《文捃》1024

【現藏】北京圖書館（現中國國家圖書館）

【分期】一期

【釋文】

1. 丙戌卜，箙[1]，貞其用，征……

2. 丁亥卜，亙，貞乎（呼）取呂[2]？

3. 貞勿乎（呼）取呂？王固曰：吉。其。

4. 貞戉其伐湔方[3]，戋？

5. 貞戉弗其戋湔［方］……　三　二告

6. 貞受王？

7. 一　二告　二　二告　三　小告　一　一　小告

【譯文】

1. 丙戌日占卜，貞人箙問卦，貞問此卜行用，征伐（下辭殘，全辭文意不詳）……麼？

2. 丁亥日占卜，貞人亙問卦，貞問命令取征於呂地麼？

3. 貞問不命令取征於呂地麼？商王看了卜兆以後判斷說：吉利。其（不可以取征於呂地）。因不命令取呂之問，王判斷爲吉。故"其"後之意亦應爲不可以取呂。

4. 貞問貴族名戉者率兵征伐湔方方國，使其受災戋麼？（此處之灾，或有釋爲戉是否有灾者，但據下殘"戋湔"，我們認爲釋爲征伐湔方并使其受灾戋爲妥。）

5. 貞問貴族名戉者不率兵灾戋湔方方國麼？三爲兆序，二告爲兆記。

6. 貞問得到商王（之令）麼？

7. 以上諸數字爲兆序，二告、小告爲兆記。

【字詞解析】

［1］箙：見"拓片33【字词解析】4"，卜辭作貞人名。

129

［2］吕：甲骨文字形有吕、吕等，象澆鑄之銅錠形。卜辭作地名。

［3］洀方：方國名。洀的甲骨文字形有䏌、䏌、䏌、䏌等，象在器中洗足之形。卜辭作方國名。

【價值】本片對研究商代戰爭有重要價值。

060

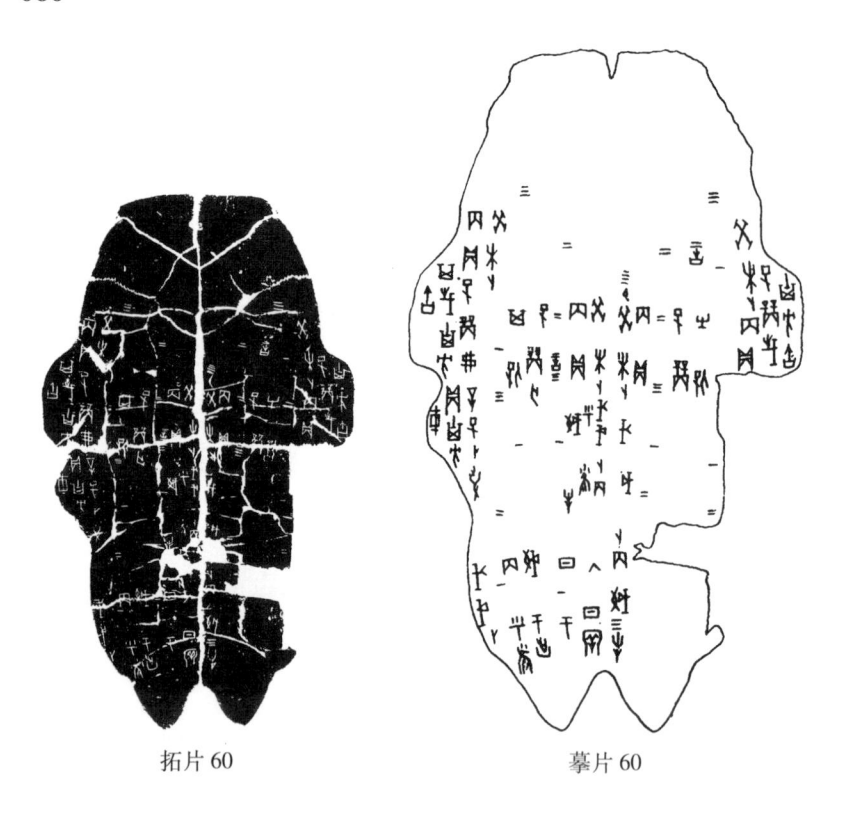

拓片 60　　　　摹片 60

【著錄】《精粹》158，《合集》6572，《乙》2065＋2108，《丙》171

【現藏】臺灣歷史語言研究所

【分期】一期

【釋文】

1. 辛巳卜，爭，貞基方[1]戎[2]？　一　二
2. 癸未卜，內，貞子斅戋基方缶[3]？　一　二　二告　三
3. 癸未卜，內，貞子斅弗其戋基方缶？　二　三
4. 癸未卜，內，貞子斅有保[4]？四月。　二　三
5. 癸未卜，內，貞子斅亡其保？　二　三　二告
6. 戊戌卜，內，赦[5]三牛？　一　二　一　二
7. 戊戌卜，內，乎（呼）雀[6]赦牛？　一
8. 戊戌卜，內，乎（呼）雀赦於出日[7]於入日[8]，宰？　一　一

【譯文】

1. 辛巳日占卜，貞人爭問卦，貞問基方方國作亂興戎麼？一、二爲兆序。
2. 癸未日占卜，貞人內問卦，貞問商王王子名斅者出兵使基方缶的軍隊受到重創災戕麼？一、二、三爲兆序，二告爲兆記。
3. 癸未日占卜，貞人內問卦，貞問商王王子名斅者不出兵使基方缶的軍隊受到重創災戕麼？二、三爲兆序。
4. 癸未日占卜，貞人內問卦，貞問商王王子名斅者在行動中會有所保佑麼？這是四月占卜的。二、三爲兆序。
5. 癸未日占卜，貞人內問卦，貞問商王王子名斅者在行動中不會得到保佑麼？二、三爲兆序，二告爲兆記。
6. 戊戌日占卜，貞人內問卦，舉行赦祭用三頭牛爲獻牲麼？數字爲兆序。
7. 戊戌日占卜，貞人內問卦，命令貴族名雀者舉行赦祭用牛爲獻牲麼？一爲兆序。
8. 戊戌日占卜，貞人內問卦，命令貴族名雀者舉行赦祭於太陽升起和落下之時，用一對羊爲獻牲麼？數字爲兆序。

【字詞解析】

[1] 基方：方國名。基的甲骨文字形爲𠙴，卜辭作方國名。

［2］戎：甲骨文字形有𢧕、𢧌等，卜辭作動詞，興戎作亂或暴動之義。

［3］缶：甲骨文字形有𦈢、𦈢等，卜辭作人名，基方方國首領名。

［4］保：甲骨文字形有𠈃、𠈃、𠈃等，象人負子形，示保、養之義。卜辭作保佑之義。

［5］㦰：可讀爲索，甲骨文字形有𢦏、𢦏、𢦏等，卜辭作祭名，㦰祭。

［6］雀：甲骨文字形有𨾔、𨾔、𨾔等，會意字，小鳥也。卜辭作貴族名，爲商王重臣。

［7］出日：太陽升起。出，見"拓片4【字词解析】14"。卜辭作升起之義。殷人有"出日"之祭。

［8］入日：太陽落下。入的甲骨文字形有𠆢、𠆢、𠆢等，象人低頭，有入内之義。卜辭作落下之義。殷人有"入日"之祭。

【價值】本片對研究商代戰争有重要價值。

061

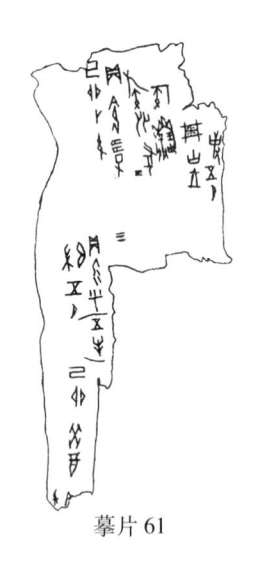

拓片 61　　　　　　摹片 61

【著録】《精粹》160，《合集》6812 正，《簠人》31 正＋84，《簠拓》

442 正,《續》5.2.2 正

【現藏】天津歷史博物館

【分期】一期

【釋文】

1. 己卯卜，允[1]，貞令多子族[2]從犬侯[3]寇[4]周[5]，叶王事？五月。 三
2. 貞勿乎（呼）歸[6]？五月。 三
3. 五牛？
4. 癸酉　己卯

【譯文】

1. 己卯日占卜，貞人允問卦，貞問命令商王諸子輩的族軍率領地方首領犬侯之軍去征討周方國，勤勞王事麼？這是五月占卜的。三爲兆序。
2. 貞問不命令回歸麼？這是五月占卜的。三爲兆序。
3. 五頭牛麼？
4. 癸酉日　己卯日

【字詞解析】

[1] 允：貞人名。

[2] 多子族：商王諸子輩的族軍。

[3] 犬侯：犬方國首領封侯爵者。

[4] 寇：也有釋爲"鑿"者，甲骨文字形有▨、▨、▨、▨等，象礦洞中或山岩下雙手執工具采玉之形，▨爲容器。卜辭作動詞，打擊、征討、討伐之義。

[5] 周：甲骨文字形有▨、▨、▨、▨等，象已種植的、條理井然的農田形。卜辭作方國名。

[6] 歸：甲骨文字形有▨、▨、▨等，卜辭以帚代婦，古代嫁女曰歸，歸返曰來歸，此爲歸字從婦之由來。卜辭作歸來、返歸、回歸之義。

【價值】本片對研究商代戰爭有重要價值。

062

【著錄】 《精粹》167，《合集》7859 正，《天》87 甲 + 《歷拓》6031 + 《南師》2.118 正，《歷拓》9988 正

【現藏】 天津歷史博物館、北京大學

【分期】 一期

【釋文】

1. 貞隹龜[1]令？
2. 貞隹阜、山[2]令？
3. 貞允隹阜、山令？
4. 其作茲邑[3]禍？
5. 洹[4]弗作茲邑禍？
6. 貞婦娸[5]冥（娩），不其[妫][6]（嘉）？
7. 兒婦[7]於……
8. 貞勿告？
9. 貞乎（呼）吳取旦[8]任[9]？

【譯文】

1. 貞問命令致進龜麼？
2. 貞問還是命令致進丘阜、山林特產呢？
3. 貞問果然是命令致進丘阜、山林特產吧？
4. 作禍害於商王都麼？
5. 洹水［暴漲］不會作禍害於商王都吧？
6. 貞問商王之妻名婦娸者分娩，不生男孩麼？
7. 兒方國之婦……麼？
8. 貞問不舉行告禱之祭麼？
9. 貞問命令貴族名吳者取征旦地任爵（的貢納）麼？

摹片 62　　拓片 62

甲骨拓片精選導讀

【字詞解析】

［1］黽：甲骨文字形有 ⿰、⿰、⿰、⿰等，象黽形。此辭作黽之本義，動物名。

［2］阜、山：丘阜、山林特產。阜的甲骨文字形有⿰、⿰、⿰、⿰、⿰等，象山崖階梯狀。卜辭作丘阜之義。山的甲骨文字形有⿰、⿰、⿰等，象山形。卜辭作山之本義。

［3］茲邑：此都邑，即商王都。

［4］洹：甲骨文字形有⿰、⿰、⿰等，卜辭作水名，洹水，即今安陽洹河。

［5］婦媟：商王之妻。媟音果，甲骨文字形有⿰、⿰、⿰等，卜辭作貴婦名。

［6］妠：甲骨文字形有⿰、⿰、⿰等，卜辭用作"嘉"，吉嘉、佳好、良好之義。殷時重男輕女，生男曰妠，生女曰不妠。

［7］兒婦：兒方國之婦。兒，見"拓片31【字詞解析】2"。卜辭作方國名，兒方是商王國的屬國。

［8］⿰：字不識，卜辭作地名。

［9］任：甲骨文字形有⿰、⿰等，卜辭作職官名，同"男"，也是爵位，即任爵。

【價值】本片對研究商代貢納、方國、社會結構等有重要價值。

063

【著錄】《精粹》161，《合集》6834正，《乙》1915正 +（2000 + 2358 + 2388 + 2434 + 2696 + 3377 + 7795）正，《丙》1正

【現藏】臺灣歷史語言研究所

【分期】一期

【釋文】

1. 壬子卜，爭，貞自今日我戋宙[1]？　一　二

2. 貞自五日我弗其戋宙？　二

3. 癸丑卜，爭，貞自今至於丁巳我戋宙？王固曰：丁巳我不其戋，來甲子戋。旬又一日癸亥，車[2]弗戋。之夕皿甲子，允戋。　二　三　四　五

4. 癸丑卜，爭，貞自今至於丁巳我弗其戋宙？　一　二　三

5. 庚申卜，王，貞余[3]伐不？三月。

6. 庚［申卜］，王，貞[4]余勿伐不？　二告

7. 庚申卜，王，貞余伐不？

8. 庚申卜，王，貞余勿伐？

9. 庚申卜，貞隹缶？　二告

10. 弗隹缶？

11. 庚申卜，王，貞雀弗其不缶？　一　二　三

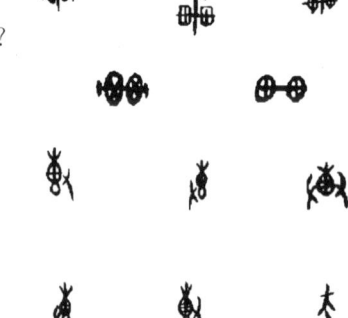

拓片 63

摹片 63

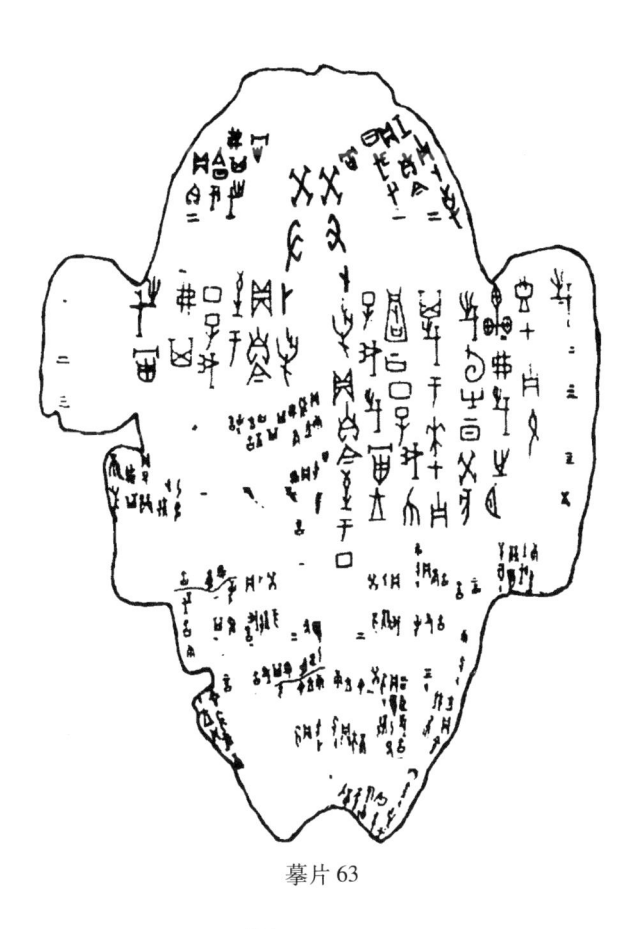

12. 辛酉卜，殸，翌壬戌不至[5]？

13. 癸亥卜，殸，貞我史[6]找缶？

14. 癸亥卜，殸，貞我史毋其找缶？

15. 翌乙丑多臣[7]弗其找缶？

16. 乙丑卜，殸，貞子嶷弗其雀先[8]？

17. 貞狀[9]弗其叶王事？　二告

18. 丙寅卜，爭，乎（呼）龍[10]、侯專[11]祟[12]权[13]？

【譯文】

1. 壬子日占卜，貞人争問卦，貞問從今日起我（商王）開始征伐宙方國麽？數字爲兆序。
2. 貞問自占卜之日起五天内我（商王）不征伐宙方國麽？二爲兆序。
3. 癸丑日占卜，貞人争問卦，貞問自今日（占卜之日）至丁巳日我（商王）要征伐宙方國麽？商王看了卜兆以後判斷説：丁巳日我不征伐宙方國，於未來的甲子日才去征伐。事後所記的應驗結果是：十一天之後的癸亥日，商王之車没有災傷（卜辭車多爲戰車意。此處之車，據《合集》11442"車不其氐十朋"看，似應爲人名或地名。若此，則應是車地的貴族名車者没有災傷）。當天夜裏向第二天甲子日臨界之時，果然灾傷了［宙方國］。（如從舊釋"亞"，譯文當爲"之夕亞，甲子允戈［宙］"，意爲"當天夜裏舉行亞燒之祭，第二天甲子日果然灾傷了［宙方國］"）數字爲兆序。
4. 癸丑日占卜，貞人争問卦，貞問自今日（占卜之日）至丁巳日我（商王）不去征伐宙方國麽？數字爲兆序。
5. 庚申日占卜，商王親自問卦，貞問余（商王）征伐否？這是三月占卜的。
6. 庚申日占卜，商王親自問卦，貞問余（商王）不征伐麽？二告爲兆記。
7. 庚申日占卜，商王親自問卦，貞問余（商王）征伐否？
8. 庚申日占卜，商王親自問卦，貞問余（商王）不征伐麽？
9. 庚申日占卜，貞問是缶麽？二告爲兆記。
10. 不是缶麽？
11. 庚申日占卜，商王親自問卦，貞問是貴族名雀者而不是缶麽？數字爲兆序。
12. 辛酉日占卜，貞人殻問卦，未來的壬戌日不到麽？
13. 癸亥日占卜，貞人殻問卦，貞問我（商王國）的史官戋戕缶麽？

14. 癸亥日占卜，貞人殼問卦，貞問我（商王國）的史官不戋戕缶麼？
15. 未來的乙丑日多位臣正不率兵戋戕缶麼？
16. 乙丑日占卜，貞人殼問卦，貞問商王王子名犖者不用貴族名雀者爲先行官麼？
17. 貞問貴族名犾者不勤勞王事麼？二告爲兆記。
18. 丙寅日占卜，貞人爭問卦，命令貴族名龍𠂤者和地方首領名專者祟害蔡殺邊塞的仄地麼？

【字詞解析】

[1] 宙：甲骨文字形有⌂、⌂、⌂、⌂等，卜辭作方國名。
[2] 車：甲骨文字形有⌂、⌂、⌂、⌂、⌂等，繁簡均象兩輪車形。卜辭作車之本義，交通工具之一。
[3] 余：甲骨文字形有⌂、⌂、⌂等，卜辭用作第一人稱，同"我"，多爲商王自稱。
[4] 王貞：商王親自問卦。
[5] 至：甲骨文字形爲⌂，⌂象倒矢，⌂象地面，矢落地上，以示至義。卜辭作至之本義，到也。
[6] 我史：商王國的史官，商代史爲武職，常見"立史"。
[7] 多臣：多位臣正或臣僚。臣，見"拓片19【字詞解析】"。
[8] 先：先行官、先鋒。
[9] 犾：甲骨文字形有⌂、⌂等，卜辭作貴族名。
[10] 龍𠂤：貴族名。
[11] 侯專：地方首領侯爵名專者，商代名將。專的甲骨文字形有⌂、⌂、⌂、⌂、⌂等，象以手旋轉紡錘之形。應爲"轉"之初文，卜辭中假借爲"專"。
[12] 祟：甲骨文字形有⌂、⌂、⌂等，卜辭作動詞，祟害蔡殺之義。
[13] 仄：或音不，甲骨文字形有⌂、⌂、⌂等，卜辭作地名。

【價值】本片對研究商代戰爭有重要價值。

064

拓片 64　　　　　　摹片 64

【著錄】《精粹》171,《合集》7780 正,《簠游》60 正,《簠拓》596 正,《續》3.14.1 正

【現藏】天津歷史博物館

【分期】一期

【釋文】

1. 戊寅卜,殼,貞生七月[1]王入[2]于商?
2. 辛巳卜,殼,貞於生七月入?
3. 甲申卜,殼,貞王於八月入于商?
4. ……王入于商?
5. ……王入于商?
6. □□[卜],殼,貞生七月王入于[商]?

【譯文】

1. 戊寅日占卜,貞人殼問卦,貞問未來的七月商王進入商地麼?

2. 辛巳日占卜，貞人殼問卦，貞問在未來的七月進入麼？
3. 甲申日占卜，貞人殼問卦，貞問商王在八月進入商地麼？
4. ……商王進入商地麼？
5. ……商王進入商地麼？
6. 某日占卜，貞人殼問卦，貞問未來的七月商王進入［商地］麼？

【字詞解析】

［1］生七月：未來的七月。此辭之"生"有未來的之義。

［2］入：甲骨文字形有人、入、人等，卜辭作進入之義。

【價值】本片對研究商代都邑有重要價值，可與《合集補》3338綴合。

065

拓片65　　　　摹片65

【著錄】《精粹》172，《合集》8884，《前》7.42.2

【現藏】不明

【分期】一期

【釋文】

丁丑卜，賓，貞束[1]，得？王固曰：其得隹庚，其隹丙其齒[2]。四日庚辰束，允得。二月。

【譯文】

丁丑日占卜，貞人賓問卦，貞問束惠順利，能得到麽？商王看了卜兆以後判斷説：能得到是在庚日，而在丙日就有所齟齬不順了。事後所記的應驗結果是：占卜之後的第四天庚辰日束惠順利，果然得到了。這是在二月所記的。

【字詞解析】

［1］束：甲骨文字形爲🀰，象多鋒之兵器形，爲"束"、"刺"之初文。于省吾謂卜辭作束惠順利之義。

［2］齒：甲骨文字形有🀰、🀰、🀰、🀰、🀰、🀰等，象張口見齒之形，原本象形字，後世從止成了形聲字。此辭作齟齬不順之義。

【價值】本片爲一條完整的甲骨卜辭，叙辭、命辭、占辭、驗辭俱備，對研究商代占卜制度具有重要價值。

066

拓片 66　　　　　　　摹片 66

【著録】《精粹》176，《合集》8398 正，《前》7.34.2 正（不全），《歷

拓》7097 正,《續存下》47 正

【現藏】山東博物館

【分期】一期

【釋文】

1. 乙酉卜,賓,貞翌丁亥求[1]於丁[2]?十一月。 一

2. 己丑卜,賓,貞翌庚寅令入[3]戈人[4]? 一

3. 貞翌辛卯奊[5]彭[6],皋令?

4. ……卯……大……

5. 癸……

【譯文】

1. 乙酉日占卜,貞人賓問卦,貞問未來的丁亥日行祈求之祭於名丁的先王麼?這是十一月占卜的。一爲兆序。

2. 己丑日占卜,貞人賓問卦,貞問未來的庚寅日命令致進戈地之人爲獻麼?一爲兆序。

3. 貞問未來的辛卯日貴族名奊者行彭祭,是貴族名皋者所轉達的命令麼?

4. 辭殘,全辭文意不詳。

5. 辭殘,全辭文意不詳。

【字詞解析】

[1] 求:見"拓片16正【字词解析】3"。祈求之祭。

[2] 丁:卜辭中共有八位名丁的商王,此"丁"名不能確指何王。

[3] 入:在此辭中有致進、貢入、貢納之義。

[4] 戈人:戈地之人。此辭之戈爲地名。

[5] 奊:或讀爲鑽,甲骨文字形有⋯⋯等,卜辭作貴族名。

[6] 彭:音強,甲骨文字形有⋯⋯等,象以手持斧砍弓形。卜辭作祭名或祭祀儀式,彭祭。

【價值】本片對研究商代貢納和祭祀有重要價值。

067

【著錄】《精粹》175,《合集》8329,《續存下》176,《歷拓》3254

【現藏】清華大學

【分期】一期

【釋文】

1. 己巳卜,亘,貞奠於✡[1]?
2. 乙亥昜日?
3. 壬子卜,㱿,貞商……
4. 貞正[2]?
5. 貞吉印[3]?
6. 貞翌乙丑侑於祖乙?
7. 貞往於河有雨?

【譯文】

1. 己巳日占卜,貞人亘問卦,貞問行燒燎之祭於先祖神✡麼?
2. 乙亥日天氣陰蔽麼?
3. 壬子日占卜,貞人㱿問卦,貞問商(地)……麼?
4. 貞問禎祥麼?
5. 貞問用此印奴吉利麼?
6. 貞問未來的乙丑日行侑求之祭於先王祖乙麼?
7. 貞問前往祭於黃河(或河神)會下雨麼?

【字詞解析】

[1] ✡:字不識,卜辭作神祇名,殷先祖神。

[2] 正:甲骨文字形有 ⿱、⿱、⿱ 等,卜辭作禎祥之義。

[3] 印:甲骨文字形有 ⿱、⿱、⿱ 等,象以手抑人而使之跪,本爲"抑",

後世用作"印"。卜辭作印奴,即以手按跪跽之奴,常用作祭牲。

【價值】本片對研究商代社會結構和祭祀有重要價值。

068

拓片 68　　　　　　摹片 68

【著錄】《精粹》181,《合集》9468,《甲零》100,《歷拓》10237
【現藏】天津歷史博物館
【分期】一期
【釋文】
　　貞勿易[1]（賜）黃[2]兵[3]？
【譯文】
　　貞問不賞賜貴族名黃者兵器麼（或可釋爲不賞賜黃色的兵器麼）？
【字詞解析】
[1] 易：見"拓片46【字詞解析】2"。卜辭"易"、"賜"一字。本辭用"賜"作賞賜之義。
[2] 黃：見"拓片14【字词解析】1"。卜辭作貴族名。或作顏色名,即黃色。
[3] 兵：甲骨文字形有兩、兩、兩等,象雙手持曲柄斧之形。卜辭泛作兵器之兵。

【價值】本片對研究商代軍事裝備有重要價值。

069

【著錄】《精粹》180,《合集》8996 正,《續存下》57 正 +《文拇》1049,《歷拓》7157 正,《綜述》21.1 正

【現藏】山東博物館

【分期】一期

【釋文】

1. ……［貞］……來？王……隹來，五……允至。氐鼀黿[1]八，黿[2]五百十。四月。 二 小告

2. 冊……辛……

3. 貞乎（呼）從雀[3]郭[4]？ 一 二告

4. 貞乎（呼）凡左子[5]？

5. 勿於？

【譯文】

1. ……貞問……來？商王……來到，五……事後所記的應驗結果是：果然來到。貢致的鼀有黿鼀品種的八個，黿鼀品種的五百零十個。這是四月所記的。二爲兆序，小告爲兆記。

2. 晉告於某名辛的商王麼？（辭殘，全辭文意不詳）

3. 貞問命令從雀地之城郭出發麼？一爲兆序，二告爲兆記。

4. 貞問命令諷祭於左子麼？

5. 不於這兒麼？

【字詞解析】

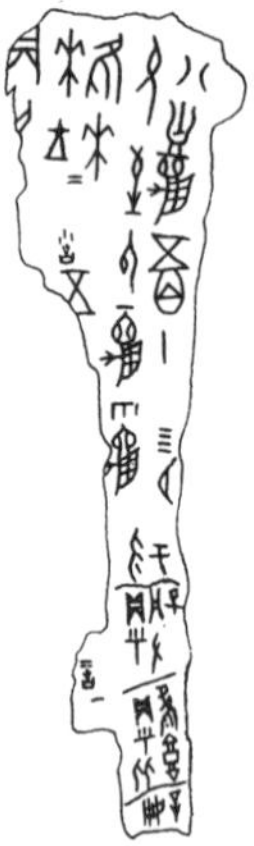

[1] 黿：可讀爲雨鼀，甲骨文字形有 、 、 等，卜辭鼀之一種。

[2] 黿：可讀爲弋黿，甲骨文字形爲🦎，卜辭黿之一種。

[3] 雈：甲骨文字形有🦅、🦅等，隸定爲"雈"，卜辭作地名。

[4] 郭：甲骨文字形有🏯、🏯、🏯、🏯等，象城垣上有望亭形。"郭"、"墉"乃同源之字。卜辭作城郭、城垣之義。

[6] 左子：卜辭作貴族名。

【價值】本片對研究商代貢納、地理、祭祀等有重要價值。

070

拓片 70　　　　　　　　　摹片 70

【著錄】《精粹》184，《合集》9572，《續存下》166，《歷拓》1151

【現藏】旅順博物館

【分期】一期

【釋文】

1. 庚辰［卜］，貞翌癸未糞[1]西單田[2]，受有年？十三月。

2. 貞不黹[3]？十三月。

3. 戊子卜，賓，貞逐🦌[4]於沚，亡灾？之[5]日王往逐🦌於沚，允亡灾，只（獲）🦌八。十三月。

4. 貞其有？一月。

【譯文】

1. 庚辰日［占卜］，貞問在未來的癸未日給西單的農田上糞肥，會得到好年成麼？這是十三月占卜的。
2. 貞問不會有災孽吧？這是十三月占卜的。
3. 戊子日占卜，貞人賓問卦，貞問追獵❉這種奇鳥於邊塞沚地，沒有災禍之事發生吧？事後所記的應驗結果是：占卜的那一天商王就追獵❉這種奇鳥於邊塞沚地，果然沒有災禍之事發生，而且還抓獲❉這種奇鳥八只。這是在十三月所記的。
4. 貞問有所［獲］麼？這是一月占卜的。

【字詞解析】

［1］糞：甲骨文字形有󰀀、󰀀等，象人遺糞便（屎）形，爲"屎"之初文，或釋作"糞"。卜辭作動詞，施糞肥田之義。

［2］西單田：西單的農田。西單爲地名。

［3］孽：音孽，甲骨文字形有󰀀、󰀀、󰀀、󰀀、󰀀等，卜辭作災孽之義。

［4］❉：甲骨文字形有󰀀、󰀀等，卜辭作鳥名，一種不明之奇鳥。

［5］之：甲骨文字形有󰀀、󰀀等，從止從一，止是人足，一是地，會往前之意。卜辭作指示代詞，有當、此、那之義。之日即當日、那日。

【價值】本片對研究商代農業生產和田獵有重要價值，可與《合集》508.17731 綴合。

071

拓片 71   摹片 71

【著錄】《精粹》187,《合集》9506,《前》7.15.3,《通》454

【現藏】不明

【分期】一期

【釋文】

1. ［丙］子卜,乎（呼）藉受年?
2. 丙子卜,箙,貞曰:叀自於⌒[1]?

【譯文】

1. ［丙］子日占卜,命令藉田會得到好年成麽?
2. 丙子日占卜,貞人箙問卦,貞問説:抓捕［臣奴］自⌒地麽?

【字詞解析】

[1] ⌒:字不識,卜辭作地名。

【價值】本片對研究商代農業有重要價值。

072

拓片72　　　　　摹片72

【著錄】《精粹》194,《合集》10076,《前》7.5.2,《通》458

【現藏】不明

【分期】一期

【釋文】

1. 乙卯卜,賓,貞黽[2]曀日[2]? 十三月。 三
2. 戊午卜,賓,貞酚求年於岳[3]、河[4]、夔[5]? 三

【譯文】
1. 乙卯日占卜，貞人賓問卦，貞問行翌日之祭以黿爲犧品麼？這是十三月占卜的。三爲兆序。
2. 戊午日占卜，貞人賓問卦，貞問爲了好年成行酒祭和祈求之祭於先祖神岳、河、夒三位麼？三爲兆序。

【字詞解析】
[1] 黿：可讀爲鼂龜，卜辭作祭品。
[2] 翌日：祭名，翌日之祭。翌的甲骨文字形爲，本辭翌日爲祭名。
[3] 岳：見"拓片21【字词解析】1"，卜辭"岳"作神祇名，殷先祖神。
[4] 河：見"拓片10【字词解析】8"。卜辭"河"作神祇名，殷先祖神。
[5] 夒：甲骨文字形有、、等，象猴子形。卜辭"夒"作神祇名，殷先祖神。

【價值】本片對研究商代農業和祭祀有重要價值。

073

拓片 73　　　摹片 73

【著錄】《精粹》189，《合集》9663，《北圖》2412，《文捃》772
【現藏】北京圖書館（現中國國家圖書館）
【分期】一期
【釋文】

1. 庚子卜，叙[1]，貞▨[2]死，隹我正，侑……
2. 庚子卜，叙，貞令凡[3]旮[4]，侑父□？
3. 辛丑卜，㞢，貞商受年？十月。
4. 甲寅卜，亘，貞乎（呼）……

【譯文】

1. 庚子日占卜，貞人叙問卦，貞問貴族▨死了，我（商王）却禎祥，行侑求之祭於……麼？
2. 庚子日占卜，貞人叙問卦，貞問命令諷告旮害，行侑求之祭於先王父□麼？
3. 辛丑日占卜，貞人㞢問卦，貞問商地會得到好年成麼？這是十月占卜的。
4. 甲寅日占卜，貞人亘問卦，貞問命令……麼？

【字詞解析】

[1] 叙：甲骨文字形有▨、▨、▨、▨等，卜辭作貞人名。
[2] ▨：字不識，卜辭作貴族名。
[3] 凡：見"拓片53正【字詞解析】2"。卜辭作諷告之義。
[4] 旮：或音孼，甲骨文字形有▨、▨、▨等，卜辭作孼害之義。

【價值】本片對研究商代農業有重要價值。

074

【著錄】《精粹》198,《合集》10043,《佚》400,《鄴初下》27.4,《續存上》180

【現藏】不明

【分期】一期

【釋文】
1. 貞不受黍［年］[1]？
2. 貞我受黍年？
3. 貞我不其受稻年[2]？
4. 貞我受稻年？
5. 貞勿令冒侯歸？
6. 貞令冒侯歸？
7. 貞勿令冒侯歸？
8. 侑於妣庚？
9. 侑於妣？

【譯文】
1. 貞問不會得到黍子的好年成麼？
2. 貞問我們（商王國）會得到黍子的好年成麼？
3. 貞問我們（商王國）不會得到稻子的好年成麼？
4. 貞問我們（商王國）會得到稻子的好年成麼？
5. 貞問不命令冒侯歸來麼？
6. 貞問命令冒侯歸來麼？
7. 貞問還是不命令冒侯歸來呢？

拓片 74   摹片 74

8. 行侑求之祭於先妣名庚者麼？
9. 行侑求之祭於先妣麼？

【字詞解析】

［1］受黍年：得到黍子的好年成。黍的甲骨文字形有 、 等，象多穗并下垂之黍子形。卜辭作穀物名，黍子。

［2］受稻年：得到稻子的好年成。稻的甲骨文字形有 、 等，卜辭作穀物名，稻子。

【價值】本片對研究商代農業和祭祀有重要價值。

075 正

拓片 75 正　　　　　　　　摹片 75 正

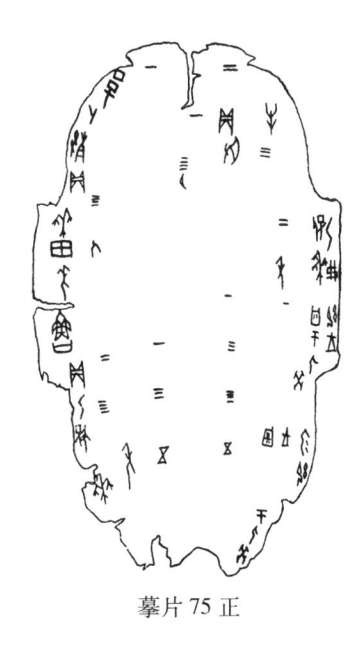

【著錄】《精粹》200 正，《合集》10133 正，《乙》7781 正

【現藏】臺灣歷史語言研究所

【分期】一期

【釋文】

1. 丁巳卜，殼，貞黍田年魯[1]？四月。　一　四　六
2. 乙[2]弗保黍年[3]？　一　二
3. 貞乙保黍年？　一　二　三　四　五
4. 勿御王囗[4]？　一　三　四　五
5. 御王囗於妣癸？
6. 於妣癸？
7. 貞取牛？　一　二　三

【譯文】

1. 丁巳日占卜，貞人殼問卦，貞問種滿黍子的田地，年成會豐盈魯嘉麼？這是四月占卜的。數字爲兆序。
2. 先王某乙不保佑黍子得到好年成麼？數字爲兆序。
3. 貞問先王某乙保佑黍子得到好年成麼？數字爲兆序。
4. 不爲商王囗疾行御除災殃之祭麼？數字爲兆序。
5. 爲商王囗疾行御除災殃之祭於先妣名癸者麼？
6. 是於先妣名癸者麼？
7. 貞問取征牛麼？數字爲兆序。

【字詞解析】

[1] 魯：甲骨文字形有󰀀、󰀁、󰀂等，象魚在器皿之中，示嘉美之義。卜辭作豐盈魯嘉、魯嘉美善、嘉美、佳好之義。

[2] 乙：應爲某殷先王廟號爲乙者。

[3] 保黍年：保佑黍子得到好年成。保，見"拓片60【字詞解析】4"。

[4] 囗：甲骨文字形有󰀀、󰀁等，卜辭作囗疾之義。

【價值】本片對研究商代農業有重要價值。

075 反

拓片 75 反　　　　　　摹片 75 反

【著錄】《精粹》200 反,《合集》10133 反,《乙》7782 反
【現藏】臺灣歷史語言研究所
【分期】一期
【釋文】
1. 甲寅卜,㱿。
2. 王固曰:吉,魯!
3. 王固曰:吉,保!
4. 婦好入五十。
5. 争。
【譯文】
1. 甲寅日占卜,貞人㱿問卦。

2. 商王看了卜兆以後判斷説：吉利，魯嘉美善！（此當爲正面第 1 辭之固辭）
3. 商王看了卜兆以後判斷説：吉利，將受到保佑！（此當爲正面第 3 辭之固辭）
4. 商王之妻婦好貢入五十只［龜］。（此爲記事刻辭，見於甲橋之上，即甲橋刻辭）
5. 貴族名爭者爲史官，此"爭"字爲簽名，乃刻於甲橋之上，亦爲記事刻辭，乃史官簽名。

【價值】本片對研究商代貢納有重要價值。

076

拓片 76　　　　　摹片 76

【著録】《精粹》204，《合集》10199 正，《續》4.7.2 正，《歷拓》5699 正，《南師》2.16 正
【現藏】北京大學
【分期】一期
【釋文】
1. 己巳卜，㱿，貞今二月雨？
2. 壬午卜，賓，貞隻（獲）虎[1]？

【譯文】

1. 己巳日占卜，貞人峕問卦，貞問今年二月下雨麼？
2. 壬午日占卜，貞人賓問卦，貞問能獵獲到老虎麼？

【字詞解析】

[1] 虎：見"拓片30【字詞解析】"。此辭作獸名，指老虎。

【價值】 本片對研究商代田獵有重要價值。

077

拓片77 　　　　　摹片77

【著録】《精粹》205，《合集》10222，《前》3.31.3，《通》377

【現藏】 不明

【分期】 一期

【釋文】

1. ……今夕其雨，祇（獲）象[1]？
2. ……其雨？之夕允不雨。

【譯文】

1. ……今天夜裏下雨了，能獵獲到大象麼？

2. ……會下雨麼？事後所記的應驗結果是：當晚果然不下雨。

【字詞解析】

[1] 象：甲骨文字形有 ꜣ、ꜣ、ꜣ 等，字作長鼻大象形。此辭作獸名，指大象。

【價值】本片對研究商代田獵有重要價值。

078

拓片 78　　　　　　摹片 78

【著錄】《精粹》206，《合集》10307，《後下》1.4，《通》20

【現藏】不明

【分期】一期

【釋文】

1. 丁卯……狩[1]，正……毕隻（獲）……鹿[2] 一百六十二……百十四，豕[3]十，旨一。

2. 癸……

【譯文】

1. 丁卯日……狩獵，禎祥……擒獲……鹿一百六十二頭……（動物名缺）一百一十四頭，野豬十頭，旨一頭。

2. 辭殘，全辭文意不詳。

【字詞解析】

[1] 狩：甲骨文字形有𩵋、𩵋、𩵋、𩵋等，單、Y、Y象捕捉野獸之工具或武器，犬爲獵犬，會意爲狩獵之狩。卜辭作動詞，狩獵之義。

[2] 鹿：甲骨文字形有𩵋、𩵋等，象形，卜辭作獸名，鹿之本義。

[3] 豕：見"拓片13【字詞解析】5"。卜辭作獸名，指野猪。

【價值】本片對研究商代田獵有重要價值。

079

拓片 79　　　　　摹片 79

【著錄】《精粹》207，《合集》10475，《前》6.50.7，《通》748

【現藏】不明

【分期】一期

【釋文】

王漁？

【譯文】

商王進行漁撈活動麼？

【價值】本片對研究商代漁獵有重要價值。

080 正

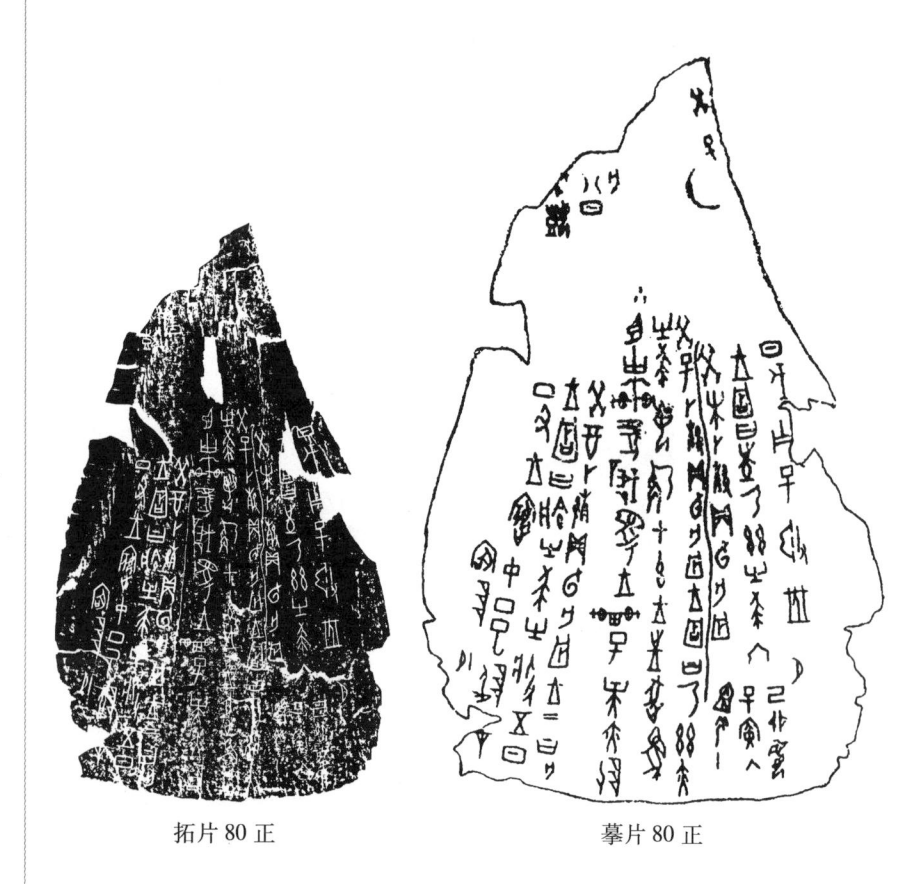

拓片 80 正　　　　　　摹片 80 正

【著錄】《精粹》211 正,《合集》10405 正,《菁》3.1 正(不全),《歷博拓》正,《傳》2.8 正(縮小,不全),《通》735 正(縮小,不全)
【現藏】中國歷史博物館(現中國國家博物館)
【分期】一期
【釋文】

1. 癸酉卜,㱿,貞旬亡禍?王二曰:亡?王固曰:艅[1]!有祟有夢。

五日丁丑，王賓[2]中丁[3]祀，陟[4]在庭阜[5]。十月。

2. 癸未卜，殻，貞旬亡禍？王固曰：㞢[6]，乃茲有祟。六日戊子，子弢[7]死。囗月。

3. 癸巳卜，殻，貞旬亡禍？王固曰：乃茲亦有祟。若偁[8]！甲午王往逐兕[9]，小臣[10]叶車馬硪[11]。馭[12] 王車，子央[13]亦墜[14]。

4. 癸巳。一月。

5. ……亡……八日……〔來艱〕。

6. 己卯媚子寅[15]入，宜[16] 羌十。

【譯文】

1. 癸酉日占卜，貞人殻問卦，貞問下一個十天一旬之內沒有灾禍之事發生吧？商王也跟著二次問：沒有吧？但商王看了卜兆以後判斷說：唉！將有祟害和夢禍不祥之事發生。事後所記的應驗結果是：占卜之後的第五天丁丑日，商王親臨祭祀先王中丁，企歪傾困在庭院的丘阜上。這是十月所記的。

2. 癸未日占卜，貞人殻問卦，貞問下一個十天一旬之內沒有灾禍之事發生吧？商王看了卜兆以後判斷說：有逃亡之事，這就是祟禍之象。事後所記的應驗結果是：占卜之後的第六天戊子日，商王子輩名弢者死了。這是某月所記的。

3. 癸巳日占卜，貞人殻問卦，貞問下一個十天一旬之內沒有灾禍之事發生吧？商王看了卜兆以後判斷說：這次也有祟禍之象。事後所記的應驗結果是：確如占繇辭所說！甲午日商王去追逐兕牛，小臣調協車馬時歪倒了。駕馭商王的車子時，商王子輩名央者也墜落下來。
4. 癸巳日。這是一月所記的。
5. 辭殘，全辭文意不詳。
6. 己卯日貴族名媚子寅者貢入，宜祭羌奴十名陳放於俎案之上。（此條非卜辭，乃爲骨面的記事刻辭。）

【字詞解析】

[1] 佘：甲骨文字形有𢦏、𢦏、𢦏等，卜辭作語氣詞，與"吁"驚嘆語氣意近。

[2] 賓：此辭用作"儐"，親臨、儐臨之義。

[3] 中丁：即仲丁，殷先王名。

[4] 陧：甲骨文字形有𢦏、𢦏等，卜辭作動詞，企歪傾困。

[5] 庭阜：庭院的丘阜。庭的甲骨文字形有𢦏、𢦏等，卜辭作庭院之義，或爲祭祀之處。阜見"拓片62【字詞解析】2"。

[6] 並：見"拓片7正【字詞解析】6"。

[7] 弓：可讀爲弓，也有釋爲"彈"者，甲骨文字形有𢦏、𢦏、𢦏、𢦏等，卜辭作人名，爲商王子輩名。

[8] 若侑：確如占繇辭所說。

[9] 兕：甲骨文字形有𢦏、𢦏、𢦏、𢦏、𢦏等，象頭上長一個大角，身軀比較肥大之犀牛形，象形字。卜辭作野獸名，兕牛。

[10] 小臣：職官名。

[11] 磯：甲骨文字形爲𢦏，卜辭作動詞，歪倒之義。

[12] 馭：甲骨文字形有𢦏、𢦏、𢦏、𢦏等，卜辭作駕馭之義。

[13] 子央：商王子輩名央者。央的甲骨文字形有𢦏、𢦏、𢦏等，卜辭作人名。

[14] 墜：甲骨文字形有𢦏、𢦏等，象人從阜上墜下。卜辭作動詞，墜落之義。

[15] 媚子寅：貴族名。媚的甲骨文字形有𢦏、𢦏、𢦏等，卜辭作人名。寅

可讀爲黄，甲骨文字形爲🝈。

[16] 宜：見"拓片38【字词解析】1"。

【價值】 本片對研究商代田獵、社會結構、職官等有重要價值。

080 反

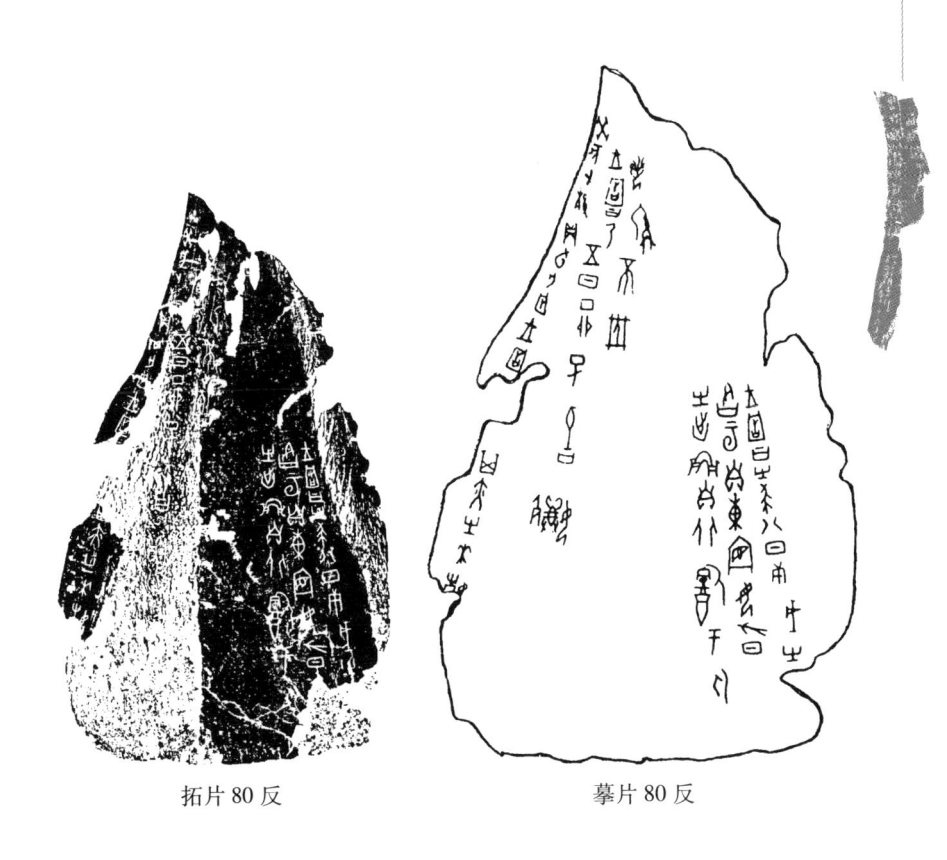

拓片 80 反　　　　摹片 80 反

【著録】《精粹》211 反，《合集》10405 反，《菁》4.1 反（不全），《歷博拓》反，《傳》2.7 反（縮小，不全），《通》426 反（縮小，不全）

【現藏】 中國歷史博物館（現中國國家博物館）

【分期】一期
【釋文】

1. 癸亥卜，殼，貞旬亡禍？王固〔曰〕：……其亦有來艱。五日丁卯，子🗌[1]䘐[2]，不死。

2. 王固曰：乃若偁！

3. 王固曰：有祟。八日庚戌，有各雲[3]自東面母[4]。昃[5]，有出虹[6]自北，飲[7]於河[8]。

【譯文】

1. 癸亥日占卜，貞人殼問卦，貞問下一個十天一旬之內沒有災禍之事發生吧？商王看了卜兆以後判斷説：……也會有艱禍之事發生。事後所記的應驗結果是：占卜之後的第五天丁卯日，商王子輩名🗌者昏冥看不見東西了，但沒有死。

2. 商王看了卜兆以後判斷説：如同占繇辭所説！

3. 商王看了卜兆以後判斷説：將有祟害之事發生。事後所記的應驗結果是：占卜之後的第八天庚戌日，有雲出來自東面母之地。太陽過中午以後，從北邊出現了彩虹，〔虹的龍頭像是在〕吸飲黃河之水。

【字詞解析】

[1] 子🗌：商王子輩名🗌者。

[2] 䘐：音明，甲骨文字形有🗌、🗌、🗌等，卜辭作病名，昏冥看不見東西。

[3] 各雲：出雲。各的甲骨文字形有🗌、🗌、🗌、🗌等，雲的甲骨文字形有🗌、🗌等，卜辭用其本義，雲彩。各雲即出雲。

[4] 東面母：東面母之地，或謂東面母爲司生育之神靈。面的甲骨文字形爲🗌，象目外面部之輪廓。母的甲骨文字形有🗌、🗌、🗌等，象有乳房之婦女形。卜辭"母"、"女"通用。卜辭東面母作神祇之地。

[5] 昃：甲骨文字形有🗌、🗌等，象太陽西斜人影傾斜之形。卜辭作時

稱，約在中午以後下午兩點左右，即太陽偏西之時。

[6] 出虹：出現了彩虹。虹的甲骨文字形有🙰、🙮、🙯等，象雙首動物形。卜辭作彩虹本義。卜辭常以"有祟"與"出虹"連文，以爲虹能作祟禍，又視虹爲有生機之物而能飮。

[7] 飮：見"拓片34【字词解析】3"。

[8] 河：此辭指黃河。

【價值】本片對研究商代氣象和戰爭有重要價值。

081 正

拓片 81 正 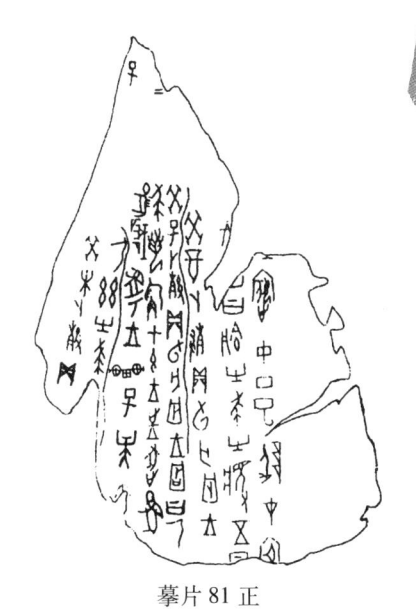　　　　　　摹片 81 正

【著錄】《精粹》212 正，《合集》10406 正，《寧》2.24 正 +（《故宮》365 +《寧》2.26）正，《掇一》454 正，《外》462 正，《續存上》

972 正

【現藏】故宮博物院，清華大學原寧滬甲骨集（胡厚宣藏）

【分期】一期

【釋文】

1. 癸酉卜，殻，貞旬亡禍？王［固］曰：艅！有祟有夢。五日［丁丑，王］賓中丁祀。陀在庭［阜］。

2. 癸未卜，殻，貞……乃茲有祟……

3. 癸巳卜，殻，貞旬亡禍？王固曰：乃［茲亦有］祟。若偁！甲午王往逐兕，［小臣叶車］馬硪。馭王車，子央亦［墜］。

4. ……子……　二

【譯文】

1. 癸酉日占卜，貞人殻問卦，貞問下一個十天一旬之內沒有災禍之事發生吧？商王看了卜兆以後［判斷説］：艅！將有祟害和夢禍不祥之事發生。事後所記的應驗結果是：占卜之後的第五天［丁丑日，商王］（爲殘辭互補）儐祀先王中丁，企歪傾困在庭院的［丘阜上］。

2. 癸未日占卜，貞人殻問卦，貞問（辭殘）……［商王親自看了卜兆以後判斷説］：……這就是祟禍之象。

3. 癸巳日占卜，貞人殻問卦，貞問下一個十天一旬之內沒有災禍之事發生吧？商王看了卜兆以後判斷説：這次［也有］祟禍之象。事後所記的應驗結果是：確如占繇辭所説！甲午日商王去追逐兕牛，［小臣調協車］馬時歪倒了。駕馭商王的車子時，商王子輩名央者也［墜落下來］。

4. 辭殘，全辭文意不詳。二爲兆序。

【價值】本片對研究商代田獵和社會結構有重要價值。

081 反

拓片 81 反　　　　　　　　摹片 81 反

【著錄】《精粹》212 反,《合集》10406 反,《寧》2.25 反 +（《故宮》365 +《寧》2.27）反,《掇一》454 反,《外》463 反,《續存上》973 反

【現藏】故宮博物院,清華大學原寧滬甲骨集（胡厚宣藏）

【分期】一期

【釋文】

1. 癸亥卜,殼,貞旬亡禍?王固曰:有祟,[其亦有來艱]。五日丁卯,子🐦䐗,不死。

2. 王固曰:有祟。八日庚戌,有各雲自東面母。昃,亦有出虹自北,歙於[河]。

【譯文】

1. 癸亥日占卜,貞人殼問卦,貞問下一個十天一旬之內沒有灾禍之事發生吧？商王看了卜兆以後判斷說：有祟害，［也會有艱禍之事發生］。事後所記的應驗結果是：占卜之後的第五天丁卯日，商王子輩名𠂤者昏冥看不見東西了，但沒有死。

2. 商王看了卜兆以後判斷說：將有祟害之事發生。事後所記的應驗結果是：占卜之後的第八天庚戌日，有雲霧出來自東面母之地。太陽過中午以後，也從北邊出來了彩虹，［虹的龍頭像是在］吸飲［黃河的水］。

【價值】本片對研究商代氣象和戰爭有重要價值。

082

【著錄】《精粹》215，《合集》10903，《綜述》21.3，《文捃》415

【現藏】中國社會科學院歷史研究所

【分期】一期

【釋文】
1. 貞［乎（呼）］田[1]［從］西[2]？
2. 貞乎（呼）田從北[3]？
3. 貞乎（呼）田從東？
4. 貞乎（呼）田從南[4]？

【譯文】
1. 貞問［命令從］西方田獵麼？
2. 貞問命令從北方田獵麼？
3. 貞問命令從東方田獵麼？
4. 貞問命令從南方田獵麼？

拓片 82　　摹片 82

【字詞解析】

[1] 田：見"拓片1【字詞解析】4"。卜辭假作"畋"，田獵之義。

[2] 西：見"拓片47 正【字词解析】3"。

[3] 北：甲骨文字形有 仌、 氺、 󰀀 等，象二人相背，爲"背"之初文，借音作"北"。卜辭作方位名，北方。

[4] 南：甲骨文字形有 󰀀、󰀀 等，卜辭作方位名，南方。

【價值】本片對研究商代田獵有重要價值。

083

拓片 83　　　　摹片 83

【著録】《精粹》219，《合集》11406，《前》4.35.1，《通》465

【現藏】不明

【分期】一期

【釋文】

1. 貞曰：氐來，迺往於敦[1]？
2. 貞於敦大㠯[2]？
3. □□卜，亘，貞曰：……甾……［敦］？
4. 貞……牛……

【譯文】

1. 貞問說：致送來了，乃去敦地麼？

2. 貞問於敦地進行大規模的芻牧活動麼？
3. 某日占卜，貞人亙問卦，貞問說：……貴族名卣者……［敦地］麼？
4. 貞問……牛……麼？

【字詞解析】

［1］敦：甲骨文字形有🔸、🔸、🔸等，卜辭作地名。

［2］大芻：大規模的芻牧活動，此辭作芻牧活動之義。

【價值】本片對研究商代畜牧業有重要價值。

084

【著錄】《精粹》223，《合集》11501，《前》7.26.3，《通》429

【現藏】不明

【分期】一期

【釋文】

……采[1] 峉雲[2] 自北，西單[3] 雷[4]……螭星[5]。三月。

拓片 84　　摹片 84

【譯文】

……天亮時雲出自北方，西單這個地方雷聲大作……螭（大辰）星出現了。這是三月所記的。

【字詞解析】

［1］采：甲骨文字形有🔸、🔸等，象以手采果之形。古文"采"、"採"、"彩"一字。卜辭作時稱時，大采指日出或天亮之時，小采指日落或天黑之時。

［2］峉雲：出雲。峉音各，甲骨文字形有🔸、🔸等，卜辭"峉雲"同"各雲"，也即"出雲"。

［3］西單：地名。

［4］雷：甲骨文字形有🔸、🔸、🔸、🔸等，🔸象閃電，從🔸或🔸表示雷

聲。卜辭用其本義，指雷電。

[5] 螪星：商人主辰，商星即大辰星。螪音商，甲骨文字形爲𤓰，卜辭作星名。

【價值】本片對研究商代氣象和天象有重要價值。

085

【著錄】《精粹》222 反，《合集》11482 反，《簠天》2 反，《簠拓》2 反
【現藏】天津歷史博物館
【分期】一期
【釋文】
　　旬壬申夕，月有食[1]。
【譯文】
　　這一旬壬申日的夜裏，發生了月食。
【字詞解析】
[1] 月有食：發生了月食。天文現象之一，即在天體運行時，地球和日、月在一條直綫上并處在日、月之間，地球遮住太陽照在月亮上的光，即發生月食。

拓片 85　　摹片 85

【價值】本片對研究商代天象有重要價值，可與《合集》7363 反綴合。

086

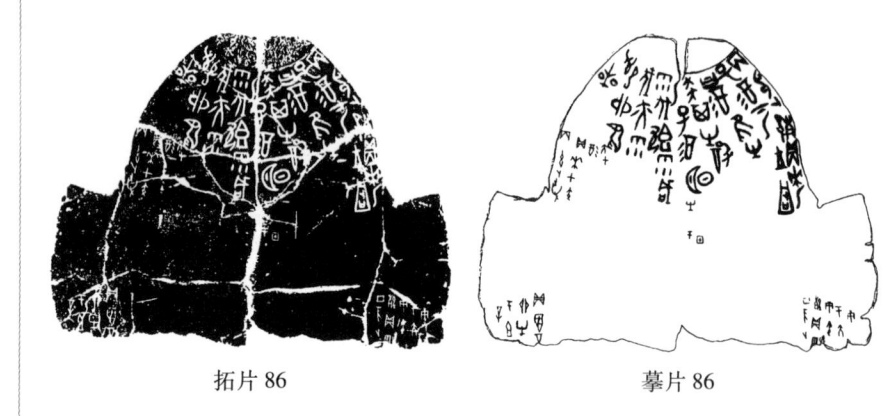

拓片 86　　　　　　　摹片 86

【著録】《精粹》225,《合集》11497 正,《乙》6664 正,《丙》207 正

【現藏】臺灣歷史語言研究所

【分期】一期

【釋文】

1. 丁亥卜,殻,貞［翌］庚寅［侑］於大庚?

2. 貞翌［辛］卯侑於祖辛?

3. 丙申卜,殻,貞來乙巳酌下乙[1]?王固曰:酌隹有祟,其有設。乙巳酌,明雨。伐、既[2],雨。咸[3]伐,亦(夜)雨。钦[4]卯,鳥星[5]。

4. 丙午卜,争,貞來甲寅酌大甲?

5. 侑於上甲?

【譯文】

1. 丁亥日占卜,貞人殻問卦,貞問［未來的］庚寅日［行侑求之祭］於先王大庚麼?

2. 貞問未來的［辛］卯日行侑求之祭於先王祖辛麼?

3. 丙申日占卜，貞人殼問卦，貞問未來的乙巳日酒祭先王祖乙麼？商王看了卜兆以後判斷說：酒祭會有祟害，并有灾禍徵象出現。事後所記的應驗結果是：乙巳日行酒祭，天明時下雨了。又行殺伐奴隸之祭和餕食之祭，還是下雨。又對先王大乙（又名咸）行殺伐奴隸之祭，但是直到夜裏仍不住地下雨。又舉行脆裂犧體和對剖牲體的祭儀，鳥星出現了。
4. 丙午日占卜，貞人爭問卦，貞問未來的甲寅日酒祭先王大甲麼？
5. 行侑求之祭於先公上甲麼？

【字詞解析】

［1］下乙：即殷先王祖乙。

［2］既：甲骨文字形有、、等，象人背向食物，示食完、已經之義。卜辭作祭名，餕食之祭。

［3］咸：甲骨文字形有、、等，卜辭指殷先王大乙，大乙又名唐、咸。

［4］㪤：甲骨文字形有、、、等，象手持棍棒或錘擊蛇，小點爲血滴，爲"㪤"之初文，通"施"。卜辭作用牲法，脆裂犧體以祭。

［5］鳥星：星名。

【價值】本片對研究商代氣象和天象有重要價值。

087

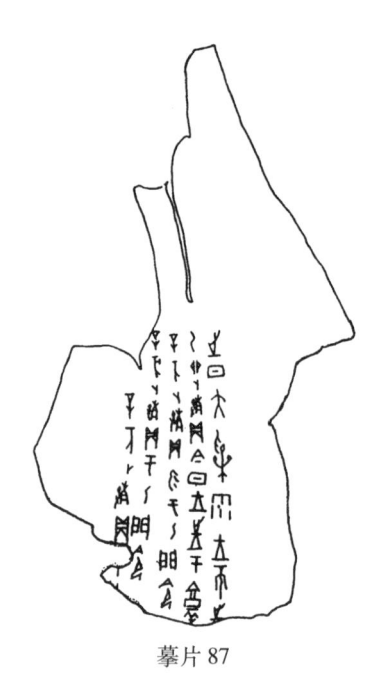

拓片 87　　　　　　摹片 87

【著錄】《精粹》232,《合集》12814 正,《粹》1043 甲,《善》14203 正

【現藏】北京圖書館（現中國國家圖書館）

【分期】一期

【釋文】

1. 辛亥卜,殼,貞勿於乙門[1]令？

2. 辛亥卜,殼,貞於乙門令？

3. 辛亥卜,殼,貞……

4. 乙卯卜,殼,貞今日王往於敦？之日大采[2]雨,王不[往]。

【譯文】

1. 辛亥日占卜,貞人殼問卦,貞問不在乙門發佈命令麼？

2. 辛亥日占卜，貞人殼問卦，貞問在乙門發佈命令麼？
3. 辛亥日占卜，貞人殼問卦，貞問……
4. 乙卯日占卜，貞人殼問卦，貞問今天商王去敦地麼？事後所記的應驗結果是：當日天將亮之時下起了雨，商王不［去敦地］了。

【字詞解析】

［1］乙門：宗廟某門之專名。門的甲骨文字形有𭃂、𭃃等，象兩扇門形。卜辭作宗廟或宮室之門。

［2］大采：時稱，指日方出或天將亮之時。采，見"拓片84【字词解析】11"。

【價值】本片對研究商代建築、地理、時稱、氣象等有重要價值，可與《合集》13601 綴合。

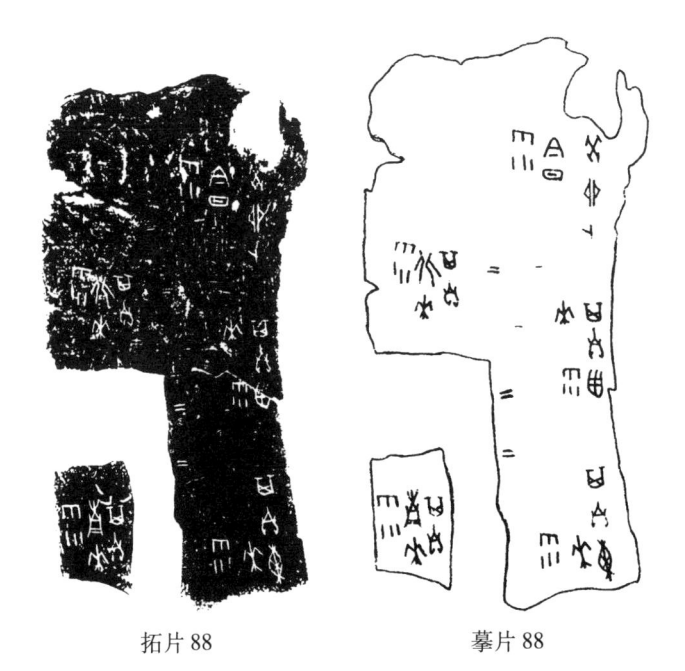

088

拓片 88　　　　　　　摹片 88

【著錄】《精粹》233,《合集》12870甲、乙,《前》6.57.7（甲）+《龜》1.21.4,《前》6.57.7（甲）+《後上》32.6（乙）,《通》375甲、乙

【現藏】不明

【分期】一期

【釋文】

1. 癸卯卜,今日雨？　一　二　一　二
2. 其自東來雨？　一　二
3. 其自西來雨？　一　二
4. 其自南來雨？
5. 其自北來雨？　一　二

【譯文】

1. 癸卯日占卜,［貞問］今天會下雨麼？一、二爲兆序。
2. 雨是從東邊過來麼？一、二爲兆序。
3. 還是雨從西邊過來呢？一、二爲兆序。
4. 雨是從南邊過來麼？
5. 還是雨從北邊過來呢？一、二爲兆序。

【字詞解析】

　　第4辭所在之骨與刻上述諸辭之大骨爲一版之折,但因殘泐過甚而他骨不可復得,故不能綴合爲一。權按部位及文例置此,即所謂"遙綴"。

【價值】本片對研究商代氣象有重要價值。

089

拓片89　　　　　　　摹片89

【著錄】《精粹》236，《合集》13307，《前》7.4.1
【現藏】不明
【分期】一期
【釋文】
乙亥卜，賓，貞翌乙亥酚[1]兹[2]，易日？乙亥酚，允易日。
【譯文】
乙亥日占卜，貞人賓問卦，貞問未來的乙亥日行酒祭和供奉物品之祭，天氣陰蔽麼？事後所記的應驗結果是：乙亥這一天行酒祭，果然天氣陰蔽了。
【字詞解析】
[1] 酚：見"拓片32【字词解析】1"。
[2] 兹：見"拓片37【字词解析】7"。卜辭作祭名，供奉物品之祭。
【價值】本片對研究商代氣象有重要價值。

090

拓片90　　　　　　摹片90

【著錄】《精粹》237，《合集》13359，《後下》33.6，《通》412

【現藏】不明

【分期】一期

【釋文】

壬寅卜，癸雨，大驟風[1]？

【譯文】

壬寅日占卜，癸［卯］日（壬寅後爲癸卯日）下雨，并有大風暴麽？

【字詞解析】

[1] 大驟風：大風暴。

【價值】本片對研究商代氣象有重要價值。

091

拓片 91　　　　　　　　摹片 91

【著錄】《精粹》239，《合集》13399 正，《契》2 正

【現藏】北京大學

【分期】一期

【釋文】

己亥卜，永，貞翌庚子酚……？王固曰：兹隹庚雨，卜之雨……庚子酚，三甾雲[1]。𡆲[2]〔其〕既祉[3]，啓。

【譯文】

己亥日占卜，貞人永問卦，貞問未來的庚子日行酒祭……麽？商王看了卜兆以後判斷說：此次庚日要下雨，占卜之雨（下雨之事）……。事後所記的應驗結果是：庚子日舉行酒祭，出來了三種顏色的雲。貴族名𡆲者舉行餕食之祭和祉告之祭，天氣晴好了。

【字詞解析】

[1] 三甾雲：三種顏色的雲，即彩雲。甾的甲骨文字形有 、 、 、 、 等，古文"甾"、"穧"一字。卜辭同音假借作"色"。三甾雲即三色雲，凡雲前冠以數字，均爲雲色現象，被視爲將降吉凶、水旱、豐荒之預兆。

[2] 𡆲：甲骨文字形爲 ，卜辭中僅此一見，其意不明，疑爲貴族名。或作自然天象。

[3] 祉：甲骨文字形有 、 、 、 等，卜辭作祭名，祉告之祭。

【價值】本片對研究商代氣象有重要價值。

092

拓片 92　　　　摹片 92

【著錄】 《精粹》243，《合集》13613，《前》6.17.7（不全），《龜》2.16.4

【現藏】不明

【分期】一期

【釋文】

1. 旬有祟，王疾首[1]，中日[2]雪。
2. ……亡禍？

【譯文】

1. 一旬十天之內有祟禍，商王患了頭疾之病，正午的時候下起了雪。
2. ……沒有災禍之事發生吧？

【字詞解析】

[1] 疾首：頭疾之病。此辭之"首"用其本義。

[2] 中日：時稱，指正午之時。

【價值】本片對研究商代醫學和時稱有重要價值。

093

拓片 93 　　　　　摹片 93

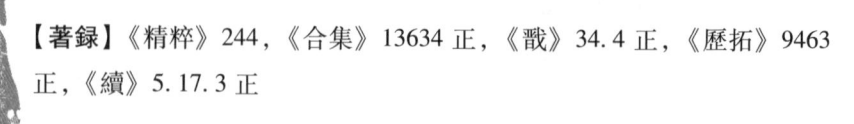

【著錄】《精粹》244，《合集》13634正，《戩》34.4正，《歷拓》9463正，《續》5.17.3正

【現藏】上海博物館

【分期】一期

【釋文】

　　甲辰卜，㱿，貞疾舌[1]，隹［有］祟？

【譯文】

　　甲辰日占卜，貞人㱿問卦，貞問舌頭有了疾病，是［有所］祟害麼？

【字詞解析】

[1] 疾舌：舌頭有了疾病。舌的甲骨文字形有 、 、 、 等，皆象舌出於口形，小點爲唾液。卜辭作舌之本義，舌頭。

【價值】本片對研究商代醫學有重要價值。

094

拓片 94　　　摹片 94

【著錄】《精粹》245，《合集》13630，《珠》271

【現藏】東京大學

【分期】一期

【釋文】

　　貞疾耳[1],隹有卷? 二 二 不玄［冥］

【譯文】

　　貞問耳朵有了疾病,是有所祟害麽?數字爲兆序,不玄冥爲兆記。

【字詞解析】

[1] 疾耳:耳朵有了疾病。耳的甲骨文字形有 、 、 等,象人耳形。卜辭作耳之本義,耳朵。

【價值】本片對研究商代醫學有重要價值。

095

拓片 95　　　　摹片 95

【著錄】《精粹》246,《合集》13628,《拾》10.3,《歷拓》11546

【現藏】上海博物館

【分期】一期

【釋文】

　　貞疾目[1]不祟,勿……

【譯文】

　　貞問眼睛有了疾病不會有所祟害,不……麽?

【字詞解析】

[1] 疾目:眼睛有了疾病。目的甲骨文字形有 、 、 等,象人之眼

形。卜辭作目之本義，眼睛。

【價值】本片對研究商代醫學有重要價值。

096

拓片96 　　　　摹片96

【著錄】《精粹》247，《合集》13651，《南師》1.43，《外》35
【現藏】臺灣歷史語言研究所
【分期】一期
【釋文】 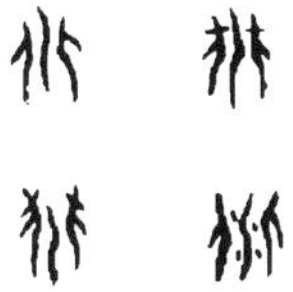
　　己丑卜，爭，貞有疾齒[1]，父乙隹有聞[2]在沘[3]？　一
【譯文】
　　己丑日占卜，貞人爭問卦，貞問牙齒有了疾病，商王之父小乙在沘地知聞了麼？一爲兆序。

【字詞解析】

[1] 疾齒：牙齒有了疾病。齒，見"拓片65【字詞解析】2"。此辭作其本義，指牙齒。

[2] 聞：見"拓片20【字词解析】2"，卜辭作動詞，使神祖知聞之義。

[3]沘：甲骨文字形有𣲘、𣲚、𣲙、𣲛等，卜辭作地名。
【價值】本片對研究商代醫學有重要價值。

097

拓片 97　　　　摹片 97

【著錄】《精粹》248，《合集》13688 正，《鄴三下》35.6 正 + 《南輔》17，《歷拓》1266 正
【現藏】北京師範大學
【分期】一期
【釋文】
　　貞御疾身[1]於父乙？
【譯文】
　　貞問舉行御除身體的疾病之祭於商王之父小乙麼？
【字詞解析】
[1]疾身：身體有了疾病。身的甲骨文字形有𠂉、𠂋、𠃉、𠃊等，象人身
　　軀之側面形。卜辭作人之身軀或身體之義。
【價值】本片對研究商代醫學有重要價值。

098

拓片 98　　　　　摹片 98

【著録】《精粹》250，《合集》13679 正，《乙》7488 正
【現藏】臺灣歷史語言研究所
【分期】一期
【釋文】

1. 貞有疾肱[1]，氏小㞢[2]御於……　三　四　小告
2. ……隹……　三　六
3. 二　三　小告　六　三

【譯文】

1. 貞問肱部有了疾病，致送進奉小㞢這種東西行御除灾殃之祭於……麽？數字爲兆序，小告爲兆記。
2. 辭殘，全辭文意不詳。三、六爲兆序。
3. 數字爲兆序，小告爲兆記。

【字詞解析】

[1] 疾肱：肱部有了疾病。肱的甲骨文字形有 ᒼ、ᒾ、ᒿ 等，象人之臂肘，直釋作"厷"，引申作"肱"。卜辭指臂上。

[2] 小ᐟ：名物不詳，卜辭用作祭品。

【價值】本片對研究商代醫學有重要價值。

099

【著錄】《精粹》251，《合集》13689，《北圖》5038，《文捃》601

【現藏】北京圖書館（現國家圖書館）

【分期】一期

【釋文】

1. 貞疾止（趾）[1]，於妣庚御？
2. 不其受年？
3. ……吉？

【譯文】

1. 貞問腳部有了疾病，行御除灾殃之祭於先妣名庚者麼？
2. 不會得到好年成麼？
3. ……吉利麼？

拓片 99　　摹片 99

【字詞解析】

[1] 疾止（趾）：腳部有了疾病。止的甲骨文字形有 ᐟ、ᐠ、ᐡ、ᐢ 等，象人足形。卜辭用作"趾"，人足。

【價值】本片對研究商代醫學有重要價值。

甲骨拓片精選導讀

100

拓片 100 　　　摹片 100

【著錄】《精粹》254,《合集》13693,《乙》1187
【現藏】臺灣歷史語言研究所
【分期】一期
【釋文】

　　貞疾腓[1], 隹 [有㞢]?

【譯文】

　　貞問小腿部位有了疾病,是 [有所祟害] 麼?

【字詞解析】

[1] 疾腓:小腿骨部位有了疾病。腓的甲骨文字形有 、 、 等,象整條人腿形,應爲"腿"之初文。卜辭指人之小腿部。

【價值】本片對研究商代醫學有重要價值,可與《乙》1187 綴合。

187

101

拓片 101　　　　　　　摹片 101

【著錄】《精粹》255,《合集》14009 正,《簠典》117 正 +《契》184,《簠拓》404 正,《續》4.25.1 正（不全）

【現藏】天津歷史博物館

【分期】一期

【釋文】

1. 壬戌卜，亘，貞受……　二　小告　三　二告

2. □□卜，争，貞婦姘[1]冥（娩），幼（嘉）？王固曰：其隹庚冥（娩），幼（嘉）。旬辛□婦姘冥（娩），允幼（嘉）。二月。

【譯文】

1. 壬戌日占卜，貞人亘問卦，貞問受到……（辭殘，受後多爲"受佑"或"受年"。據本版第 2 辭判斷，似爲受佑，即受到保佑）麼？數字爲兆序，小告、二告爲兆記。

2. 某日占卜，貞人爭問卦，貞問商王之妻名婦姘者要分娩了，會嘉吉生男孩麼？商王看了卜兆以後判斷説：在庚日分娩，會嘉吉生男孩。事後所記的應驗結果是：這一旬十天之内的辛某日婦姘分娩了，果然嘉吉生了男孩。這是在二月所記的。

【字詞解析】

[1] 婦姘：商王之妻。姘的甲骨文字形有 ※、※ 等，卜辭作人名。

【價值】本片對研究商代醫學有重要價值。

102

拓片 102　　　　　　摹片 102

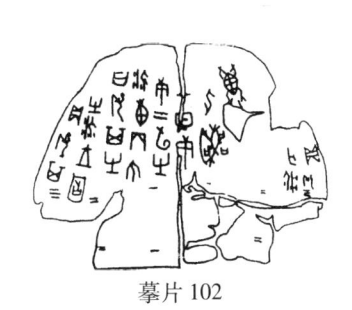

【著録】《精粹》256，《合集》13752 正，《乙》4130 正

【現藏】臺灣歷史語言研究所

【分期】一期

【釋文】

1. 貞狝[1]亡疾？　一　二　三　二

2. 貞狝其有疾？王固曰：狝其有疾。由丙不庚。二旬有（又）一日庚申，喪冥[2]（明）。　一　二　三　一　二

【譯文】

1. 貞問貴族名狝者没有疾病吧？數字爲兆序。

2. 貞問貴族名狝者會有疾病吧？商王看了卜兆以後判斷説：貴族名狝者會有疾病。應是丙日有病不會是庚日有病。事後所記的應驗結果是：

過了二旬又一天（即過了二十一天）的庚申日，[貴族名弜者的]眼睛失明了。各數字爲兆序。

【字詞解析】

[1] 弜：見"拓片66【字词解析】6"。此辭作貴族名。

[2] 喪冥（明）：眼睛失明。冥的甲骨文字形爲🐚，此辭同音假借作"明"，光明之義。

【價值】本片對研究商代醫學有重要價值。

103

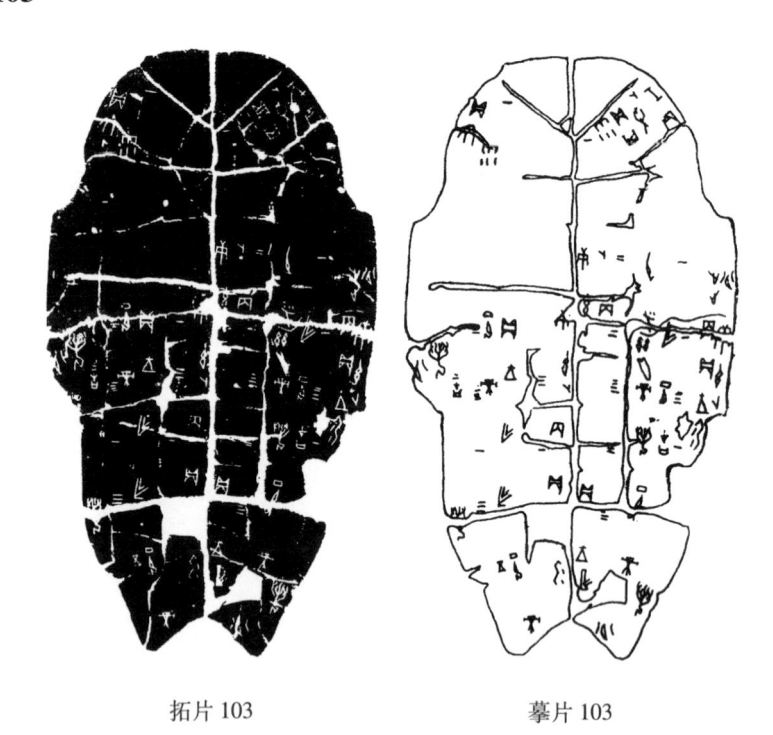

拓片103　　　　　　　摹片103

【著錄】《精粹》263，《合集》14201，《乙》1947 + 6750，《丙》93

【現藏】臺灣歷史語言研究所

【分期】一期

【釋文】

1. 庚午卜，内，貞王勿作邑在兹，帝若？　一　二　三　四　一　二
2. 庚午卜，内，貞王作邑[1]，帝若？八月。　一　二　三　四　二告　一　二
3. 貞王作邑，帝若？　三
4. 貞勿作邑，帝若？　三　五
5. 庚午卜，内，屯[2]乎（呼）步？八月。　一　二
6. 壬辰卜，争，貞其雨？　一
7. 貞不雨？　一

【譯文】

1. 庚午日占卜，貞人内問卦，貞問商王不在這個地方建造城邑，上帝會順若保佑麽？各數字爲兆序。
2. 庚午日占卜，貞人内問卦，貞問商王建造城邑，上帝會順若保佑麽？這是八月占卜的。各數字爲兆序，二告爲兆記。
3. 貞問商王建造城邑，上帝會順若保佑麽？三爲兆序。
4. 貞問不建造城邑，上帝會順若保佑麽？三、五爲兆序。
5. 庚午日占卜，貞人内問卦，貴族名屯者命令出行麽？這是八月占卜的。一、二爲兆序。
6. 壬辰日占卜，貞人争問卦，貞問會下雨麽？一爲兆序。
7. 貞問不下雨麽？一爲兆序。

【字詞解析】

[1] 作邑：建造城邑。

[2] 屯：見"拓片37【字词解析】4"。此辭"屯"作貴族名。

【價值】本片對研究商代建築有重要價值。

104

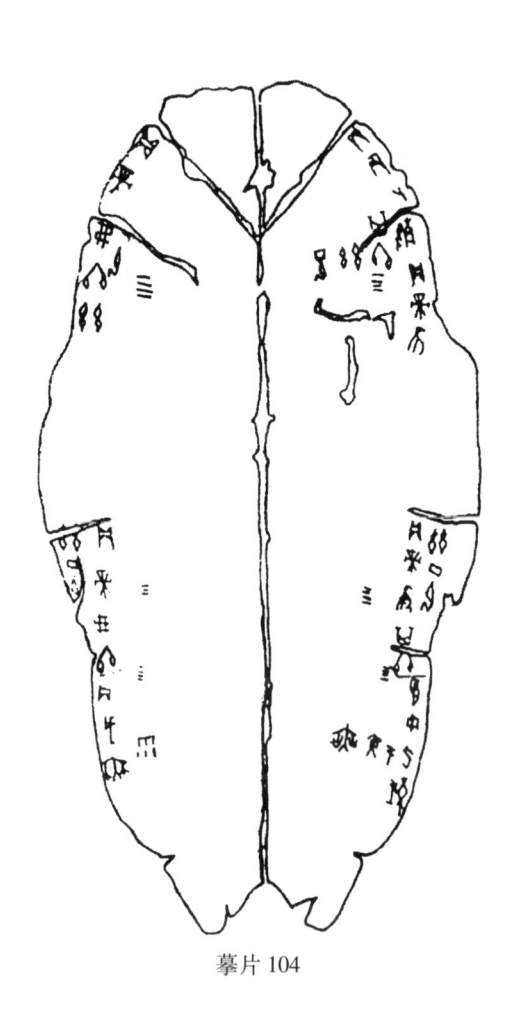

拓片 104　　　　　　　　摹片 104

【著錄】《精粹》264，《合集》14210 正，《乙》4534 正，《丙》73 正
【現藏】臺灣歷史語言研究所
【分期】一期

【釋文】

1. 丙辰卜，殷，貞帝隹其終[1]兹邑[2]？
   四
2. 貞帝弗終兹邑？　四
3. 貞帝隹其終兹邑？　四
4. 貞帝弗終兹邑？　四
5. 翌庚申彡於黃奭[3]？
6. 貞戌舞[4]雨？

【譯文】

1. 丙辰日占卜，貞人殷問卦，貞問上帝專門對此商王都城終窮作灾麼？四爲兆序。
2. 貞問上帝不對此商王都城終窮作灾吧？四爲兆序。
3. 貞問上帝專門對此商王都城終窮作灾麼？四爲兆序。
4. 貞問上帝不對此商王都城終窮作灾吧？四爲兆序。
5. 未來的庚申日行彡祭於名臣之配黃奭麼？
6. 貞問於戌日行舞祭求雨麼？

【字詞解析】

[1] 終：見"拓片47反【字词解析】6"。釋"終"，亦假作時令之"冬"。此辭作終窮作灾之義。

[2] 兹邑：此都邑，即此商王都。

[3] 黃奭：殷名臣黃尹之配偶。奭的甲骨文字形有等，象一人兩腋下有對稱之等，《金文編》釋"奭"。因此字之異體較多，所以各家考定各異，不外乎釋爽、赫、奭、夾等，迄無定論，但視爲先祖配偶（夫人）却無分歧。我們傾向於釋"奭"。卜辭作配偶之義。

[4] 舞：甲骨文字形有等，象一人執物而舞。此辭作

祭名，即雩祭，以舞求雨之祭。
【價值】本片對研究商代建築和祭祀儀式有重要價值。

105

拓片 105　　　　　　　摹片 105

【著錄】《精粹》270，《合集》14294，《掇二》158，《善》7388，《京》520
【現藏】北京圖書館（現中國國家圖書館）
【分期】一期
【釋文】
1. 東方曰析[1]，風曰劦[2]。
2. 南方曰因，風曰微[3]。
3. [西] 方曰夷[4]，風曰彝[5]。
4. [北方曰] 伏[6]，風曰殳[7]。

【譯文】

1. 東方叫析方，東方的風叫畚風。

2. 南方叫因方，南方的風叫微風。

3. ［西方］叫𣄰方，西方的風叫彝風。

4. ［北方叫］伏方，北方的風叫殴風。

【字詞解析】

[1] 析：甲骨文字形有 🔣、🔣 等，象以斤伐木之形。斤象曲柄斧。卜辭作東方專用名詞。

[2] 畚：見 "拓片1【字词解析】4"。通 "協"，卜辭作東方風名。

[3] 因：甲骨文字形爲🔣，胡厚宣隸定作 "因"。卜辭作南方專用名詞。

[4] 微：甲骨文字形有🔣、🔣、🔣、🔣、🔣、🔣 等，卜辭作南方風名。

[5] 𣄰：甲骨文字形爲🔣，胡厚宣隸定作 "𣄰"。卜辭作西方專用名詞。

[6] 彝：甲骨文字形有🔣、🔣 等，卜辭作西方風名。

[7] 伏：甲骨文字形有🔣、🔣 等，胡厚宣考訂爲 "伏"。卜辭作北方專用名詞。

[8] 殴：甲骨文字形有🔣、🔣、🔣、🔣、🔣 等，胡厚宣隸定作 "殴"。卜辭作北方風名。

【價值】 本片非卜辭，乃記事刻辭。此骨爲善齋劉體智舊藏，現歸中國國家圖書館。1937年郭沫若著《殷契粹編》時，因疑其爲偽刻，故未收入此片。後胡厚宣目驗此骨不偽，始收入1954年出版之《戰後京津新獲甲骨集》中，并作有《釋殷代求年於四方和四方風的祭祀》。本片對研究商代神靈崇拜有重要價值。

106

拓片 106 　　　　　　　摹片 106

【著録】《精粹》276,《合集》14807 正,《簠人》29 正,《簠拓》537 正

【現藏】天津歷史博物館

【分期】一期

【釋文】

辛亥卜,㱿,貞侑於蔑[1],召[2]二犬,沉五牛?

【譯文】

辛亥日占卜,貞人㱿問卦,貞問行侑求之祭於蔑神,殺二條犬牲,并沉砍五頭牛牲麼?

【字詞解析】

[1] 蔑:甲骨文字形有𦫳、𦫳、𦫳、𦫳、𦫳、𦫳等,象以戈擊人形。卜辭作神祇名,蔑神,爲殷人祭祀對象。

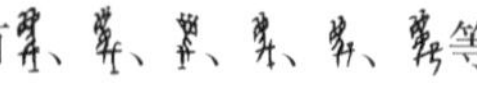

[2] 召:甲骨文字形有𠮛、𠮛、𠮛、𠮛、𠮛等,卜辭作殺伐之義。

【價值】本片對研究商代神靈崇拜和祭祀有重要價值。

107

拓片 107　　　摹片 107

【著錄】《精粹》277，《合集》14822，《重博》12 +《合集》14354 +《合集》14824

【現藏】重慶博物館（現三峽博物館）

【分期】一期

【釋文】

1. 貞元示[1]三牛，二示[2]三牛？
2. 貞升[3]歲日，酌［三牛］？
3. 壬午。

【譯文】

1. 貞問祭元示用三頭牛，祭二示用三頭牛麼？
2. 貞問行升祭和劌殺犧牲之祭於太陽，酒祭用［三頭牛］麼？
3. 壬午日。

【字詞解析】

[1] 元示：即殷先公上甲。元字的甲骨文字形有 、 、 、 等，人之上

部爲首，所以元引申爲第一、開始之義，爲會意字。示爲商代宗廟中諸位先王之牌位，亦可稱作主，即廟主、神主。在示之前加一量詞、名詞或形容詞，就是指某位或某些神主或先祖。元示即第一個示，應爲第一位殷先公上甲，《合集》25025 有"辛巳卜，大，貞侑自上甲元示三牛，二示二牛？十三月"可証。

［2］二示：應爲示壬、示癸二位殷先公。

［3］升：甲骨文字形有 ⚊、⚊ 等，卜辭作祭名，進獻物品之祭。

【價值】本片對研究商代先祖崇拜、太陽崇拜和祭祀有重要價值。

108

拓片 108 　　　摹片 108

【著録】《精粹》278，《合集》14778，《前》4.52.2，《慶甲》5.1，《通》357

【現藏】中國社會科學院歷史研究所

【分期】一期

【釋文】

　　貞侑犬於娥[1]，卯彘？

【譯文】

　　貞問行侑求之祭於女祖神名娥者用犬，并對剖小猪做祭牲麼？

【字詞解析】

[1] 娥：甲骨文字形有 、 、 、 等，卜辭作神祇名，女祖神。也有學者徑釋爲"我、母"合文，即商王之母輩。

【價值】本片對研究商代先祖崇拜和祭祀有重要價值。

109

拓片 109　　　　摹片 109

【著錄】《精粹》281，《合集》14875，《後上》28.12

【現藏】不明

【分期】一期

【釋文】

1. 貞求於九示[1]？
2. 貞求於九示？

【譯文】

1. 貞問行祈求之祭於九位先王神主麼？
2. 貞問行祈求之祭於九位先王神主麼？

【字詞解析】

[1] 九示：即大乙、大丁、大甲、大庚、大戊、中丁、祖乙、祖辛、祖丁九位殷直系先王。

【價值】本片對研究商代先祖崇拜和祭祀有重要價值。

110

拓片 110 　　　　　摹片 110

【著錄】《精粹》282,《合集》14868,《後下》40.11,《通》217
【現藏】不明
【分期】一期
【釋文】

己卯卜,翌庚辰侑於大庚至於中丁,一宰?
【譯文】

己卯日占卜,未來的庚辰日行侑求之祭於先王大庚到先王中丁(二王中間爲大戊先王),用一對羊爲獻牲麼?
【價值】本片對研究商代先祖崇拜和祭祀有重要價值。

111

拓片 111 　　　　　摹片 111

甲骨拓片精選導讀

【著錄】《精粹》291，《合集》17055 正，《安懷》959a，《國文》38 期

【現藏】加拿大皇家安大略博物館

【分期】一期

【釋文】

1. 己卯卜，殼，貞……
2. 丙□卜，殼，貞乎（呼）師[1]往見屮師[2]？王［固］曰：隹老，隹人途遘[3]（遘）若？……卜隹其匈[4]。二旬有（又）八日虩[5]，壬……師夕䁂[6]。

【譯文】

1. 己卯日占卜，貞人固問卦，貞問……
2. 丙某日占卜，貞人固問卦，貞問命令軍隊去與屮地的軍隊會合相見麼？商王［看了卜兆以後判斷］說：雖然疲憊勞老，但人員途及相遇却還順若麼？事後所記的應驗結果是：……占卜時已知將要有災害。過了二旬又八天（即 28 天）虩異象呈現，壬某日……軍隊在夜裏迷失了方向。

【字詞解析】

[1] 師：甲骨文字形有 𠂤、𠂤、𠂤 等，卜辭泛指軍隊、部隊。

[2] 屮師：屮師即屮地的軍隊。屮音又，卜辭作地名。

[3] 途遘（遘）：會合相見。

[4] 匈：甲骨文字形爲 𠆢，從人從亡，會意字。卜辭作災害之義。

[5] 虩：或音八虎，甲骨文字形有 𧈢、𧈢、𧈢 等，卜辭作一種天象，當爲災異象。

[6] 䁂：音明，甲骨文字形爲 𥉑，卜辭作病名，昏冥看不見東西。引申爲迷失方向或迷冥道途之義。

【價值】本片對研究商代軍事制度有重要價值。

112

拓片 112　　　　　摹片 112

【著錄】《精粹》293，《合集》17071，《後下》29．7

【現藏】不明

【分期】一期

【釋文】

　　貞子喬[1]不死[2]？

【譯文】

　　貞問商王子輩名喬者不會死亡吧？

【字詞解析】

[1]　子喬：商王子輩名喬者。喬可讀爲桑，甲骨文字形有 、 、 、
　　等，卜辭作人名。

[2]　死：見"拓片48正【字詞解析】10"。

【價值】本片對研究商代家族結構有重要價值。

113

拓片 113 　　　　　摹片 113

【著錄】《精粹》295,《合集》17171,《粹》1213,《善》5800
【現藏】北京圖書館（現中國國家圖書館）
【分期】一期
【釋文】

　　乙亥卜，争，貞叀邑[1]并[2]令葬[3]我於𡴎[4]師？一月。

【譯文】

　　乙亥日占卜，貞人争問卦，貞問命令貴族名邑者和貴族名并者將來埋葬我（商王）於𡴎地的高阜之地麽？這是一月占卜的。

【字詞解析】

[1] 邑：此辭爲貴族名。

[2] 并：甲骨文字形爲𠀤，象二人並立之形。卜辭作貴族名。

[3] 葬：甲骨文字形有囧、囚、囟、𠙼、囡、𠙽等，繁文象人在墓穴之中。卜辭作葬之本義，埋葬也。

[4] 𡴎：甲骨文字形有𡴎、𡳿、𡴀、𡴁、𡴂、𡴃等，此辭作地名。或可作祭名，𡴎祭即侑祭。

【價值】本片對研究商代喪葬和地理有重要價值。

114

拓片 114　　　　　　摹片 114

【著録】《精粹》299，《合集》17366 反，《海棪》1 反
【現藏】香港中文大學中國文化研究所
【分期】一期
【譯文】
　　……之日，夕有鳴鳥[1]。
【譯文】
　　……當天，晚上出現了鳥鳴的現象。

【字詞解析】

[1] 鳴鳥：鳥在大聲鳴叫。鳴的甲骨文字形有 、 、 、 、 等，從鳥從口，示鳥張口鳴叫之義。卜辭作鳴叫之義。殷人以鳥鳴爲不祥，如《史記·殷本紀》載："帝武丁祭成湯，明日，有飛雉登鼎耳而呴，武丁懼。祖己曰：'王勿憂……'"

【價值】本片對研究殷人災異觀有重要價值。

115

拓片 115　　　摹片 115

【著録】《精粹》300，《合集》17513，《簠典》40，《簠拓》476，《續》5.11.7
【現藏】天津歷史博物館
【分期】一期
【釋文】
　　壬寅，婦豐[1]示[2]二屯。岳[3]。
【譯文】
　　壬寅日，商王之妻婦豐檢視驗收了二對以備卜用的牛肩胛骨。史官名岳者也簽名爲記。
【字詞解析】
[1] 婦豐：商王之妻。豐，見"拓片7正【字詞解析】18，"此辭之"豐"作人名。
[2] 示：通"眎"，此辭用作動詞，檢視驗收、檢查驗看之義。
[3] 岳：甲骨文字形有 、 、 等，卜辭之"岳"多爲山嶽神名。此辭作人名，爲史官。
【價值】本片非卜辭，爲記事刻辭，此類刻辭學者稱之爲"骨臼刻辭"，

對研究商代貢納有重要價值。

116

拓片 116　　　　　　摹片 116

【著録】　《精粹》305，《合集》17450，《簠雜》65（不全），《簠拓》948

【現藏】　天津歷史博物館

【分期】　一期

【釋文】

1. 庚辰卜，貞多鬼夢[1]，业疾見[2]？
2. 貞多鬼夢，业言見[3]？一
3. 貞多鬼夢，业見？一

4. 辛巳卜，貞今夕亡禍？

【譯文】

1. 庚辰日占卜，貞問做了多次鬼蜮惡夢，會有疾病出現麽？
2. 貞問做了多次鬼蜮惡夢，會有説話暗啞的疾病出現麽？一爲兆序。
3. 貞問做了多次鬼蜮惡夢，會有［疾病］出現麽？一爲兆序。
4. 辛巳日占卜，貞問今天夜裏没有災禍之事發生吧？

【字詞解析】

［1］多鬼夢：做了多次鬼蜮惡夢。

［2］疾見：疾病出現。見的甲骨文字形有 、 等，象凸出目形之人，示有所見之義。卜辭用作"現"，出現之義。

［3］言見：説話暗啞的疾病出現。言的甲骨文字形有 、 、 、 等，从 （舌）前加一横，示言從舌出，由於語言有聲音，所以卜辭"音"、"言"一字。卜辭用作"音"，説話聲音暗啞即失言症。

【價值】本片對研究殷人夢幻疾病有重要價值。

117

拓片 117 　　　　　摹片 117

【著録】《精粹》306，《合集》19280，《戩》38.10，《歷拓》9517，《續》3.37.6（不全）

【現藏】上海博物館

【分期】一期

【釋文】

己酉卜，争，貞令涉[1]歸[2]？

【譯文】

己酉日占卜，貞人争問卦，貞問命令涉水歸來麼？

【字詞解析】

[1] 涉：甲骨文字形有 、 、 、 、 等，從水從步，示涉水之義。卜辭作動詞，涉水、渡水之義。

[2] 歸：見"拓片61【字詞解析】6"。

【價值】本片對研究商代行止有重要價值。

118

拓片 118　　　　　摹片 118

【著錄】《精粹》307，《合集》18793，《簠雜》116，《簠拓》517

【現藏】天津歷史博物館

【分期】一期

【釋文】

1. 癸亥卜，史，貞旬亡禍？一日兒，甲子夕燮[1]，大禹[2]（稱）至於

［相］[3]……

2. □□［卜］，史，［貞］旬亡禍？二月。

【譯文】

1. 癸亥日占卜，貞人史問卦，貞問下一個十天一旬之內沒有災禍之事發生吧？事後所記的應驗結果是：第一天出現虹之天象，甲子夜裏星光閃爍，［某方］大舉侵犯至於［相地］……

2. 某日占卜，貞人史問卦，貞問下一個十天一旬之內沒有災禍之事發生吧？這是二月占卜的。

【字詞解析】

[1] 燮：甲骨文字形有󰀀、󰀀等，卜辭作閃爍之義，指星之變化。

[2] 大禹（稱）：大舉侵犯。禹見"拓片49正【字詞解析】2"。卜辭作動詞，禹舉、侵犯之義。

[3] 相：地名。

【價值】本片對研究殷人吉禍觀念和商代戰爭有重要價值。

119

拓片119　　　　摹片119（有字部分）

【著錄】《精粹》308,《合集》19798,《乙》8660

【現藏】臺灣歷史語言研究所

【分期】一期

【釋文】

　　庚戌卜,扶[1],夕侑般庚[2],伐卯牛?二

【譯文】

　　庚戌日占卜,貞人扶問卦,晚上行侑求之祭於先王般庚,殺伐人牲并對剖牛牲麼?二爲兆序。

【字詞解析】

[1] 扶:甲骨文字形有 ↑、↑ 等,象突出一手之人形,會有所扶之意。
　　此辭作貞人名。

[2] 般庚:即盤庚,殷先王名。

【價值】本片對研究商代先祖崇拜和祭祀有重要價值。

120

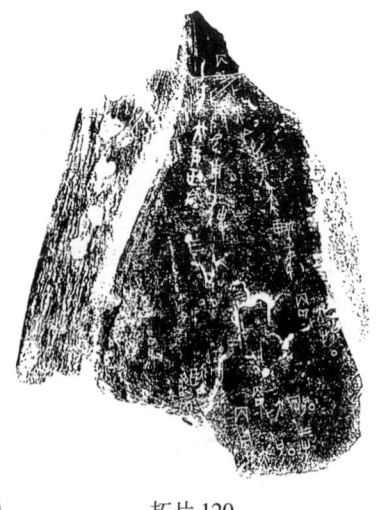

拓片 120 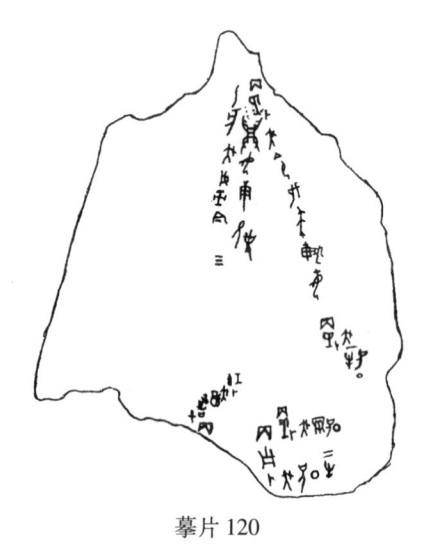　　　摹片 120

【著錄】《精粹》319,《合集》19907,《甲》2348＋2356,《甲釋》93
【現藏】臺灣歷史語言研究所
【分期】一期
【釋文】

1. 乙亥,扶,用巫今興[1]母庚[2]？允事。三
2. 丙子卜,扶,兄丁二牛？
3. 壬午卜,扶,酻象甲[3]？
4. 丙戌卜,扶,宰兄丁？
5. 丙戌卜,扶,一牛兄丁？
6. 丙戌卜,扶,令伐、蔡[4]戠母[5]？
7. 丙……

【譯文】

1. 乙亥日［占卜］,貞人扶問卦,用巫覡爲人牲興祭商王母輩名庚者麼？事後所記的應驗結果是：果然事祭舉行了。三爲兆序。
2. 丙子日占卜,貞人扶問卦,祭商王之兄名丁者用二頭牛麼？
3. 壬午日占卜,貞人扶問卦,酒祭先王陽甲麼？
4. 丙戌日占卜,貞人扶問卦,祭商王之兄名丁者用一對羊麼？
5. 丙戌日占卜,貞人扶問卦,祭獻一頭牛於商王之兄名丁者麼？
6. 丙戌日占卜,貞人扶問卦,命令舉行伐頭之祭和蔡殺之祭以戠地之女爲祭牲麼？
7. 丙某日……

【字詞解析】

［1］興：甲骨文字形有䑞、䑞、䑞、䑞、䑞等,卜辭作祭名。

［2］母庚：商王母輩名庚者。

［3］象甲：殷先王名,也稱陽甲。

［4］蔡：甲骨文字形有䑞、䑞、䑞等,卜辭作祭名,即蔡殺之祭。

［5］戠母：戠地之女。戠的甲骨文字形爲䑞,卜辭作地名。

【價值】本片對研究商代先祖崇拜和祭祀有重要價值。

121 正

拓片 121 正　　　　　摹片 121 正

【著錄】《精粹》320 正，《合集》19957 正，《佚》383 正，《歷拓》11006 正，《鄴初下》26.3 正

【現藏】安陽工作站

【分期】一期

【釋文】

1. 壬寅卜，王令征伐[1]？
2. 壬寅　壬寅
3. 辛未，王令弜[2]伐咸[3]？
4. 於衛[4]？
5. 戎我衛？
6. 衛？
7. 征伐？

【譯文】

1. 壬寅日占卜,商王命令出征討伐麼?
2. 僅有二"壬寅"紀日,全辭文意不詳。
3. 辛未日[占卜],商王命令貴族名弜者征伐咸麼?
4. 於防衛之地麼?
5. 興戎作亂於我(商王)防衛之地麼?
6. 防衛之地麼?
7. 出征討伐麼?

【字詞解析】

[1] 征伐:出征討伐。征的甲骨文字形爲；伐,見"拓片4【字詞解析】6。此辭作征伐、討伐之義。"
[2] 弜:甲骨文字形有 、 、 、 等,此辭作貴族名。
[3] 咸:人名或方國名。
[4] 衛:見"拓片33【字詞解析】5"。

【價值】本片對研究商代戰爭有重要價值。

121 反

拓片 121 反　　　　　摹片 121 反

【著錄】《精粹》320 反,《合集》19957 反,《佚》383 反,《歷拓》11007 反,《鄴初下》26.4 反

【現藏】安陽工作站

【分期】一期

【釋文】

1. 壬辰卜,侑母癸,盧豕?
2. 癸巳卜,侑母甲,盧豕?
3. 甲午卜,侑母乙,盧豕?
4. 乙未卜,侑乙母[1],盧[2]豕?
5. 甲勿。
6. 鹿。

【譯文】

1. 壬辰日占卜,行侑求之祭於商王母輩名癸者,用盧祭以豕爲獻麼?
2. 癸巳日占卜,行侑求之祭於商王母輩名甲者,用盧祭以豕爲獻麼?
3. 甲午日占卜,行侑求之祭於商王母輩名乙者,用盧祭以豕爲獻麼?("乙"字與下辭共用)
4. 乙未日占卜,行侑求之祭於商王母輩名乙者,用盧祭以豕爲獻麼?
5. 此辭在"甲午卜"辭之上,或爲此第 3 辭的驗辭,即爲記甲午日不侑祭母乙盧豕事。
6. 此字象形,儼如"文字畫",當非卜辭。
7. 刻劃若干,爲非卜辭。

【字詞解析】

[1] 乙母:應爲母乙,當爲文字刻顛倒例,即商王母輩名乙者。

[2] 盧:甲骨文字形有 𢆶、𢆷、𢆸、𢆹 等,象鑪形,上爲鑪身,下爲其足。卜辭作祭名,盧祭。或作用牲法。

【價值】本片對研究商代先祖崇拜和祭祀有重要價值。

122

拓片 122　　　　摹片 122

【著錄】《精粹》324,《合集》19987,《前》1.33.7(不全),《歷拓》7276

【現藏】山東博物館

【分期】一期

【釋文】

1. 甲申卜,御婦鼠[1],妣己二牡[2]二牝[3](牡、牝合文)?十二月。
2. 一牛一羊[4]御婦鼠妣己?
3. 一牛御婦鼠妣己?

【譯文】

1. 甲申日占卜,御除商王之妻名婦鼠者的災殃,以二頭公牛、二頭母牛行祭於先妣名己者麼?這是十二月占卜的。
2. 用一頭牛一頭羊爲祭牲,行御除商王之妻名婦鼠者的災殃之祭,獻祭於先妣名己者麼?
3. 用一頭牛爲祭牲,行御除商王之妻名婦鼠者的災殃之祭,獻祭於先妣名己者麼?

【字詞解析】

[1] 婦鼠：商王之妻。鼠的甲骨文字形有 、 等，象偷食之鼠形，所從之小點爲啃掉之碎物。卜辭借作人名。

[2] 牡：甲骨文字形有 、 等， 乃雄性之標誌，此字用指公牛。卜辭多用作祭牲。

[3] 牝：甲骨文字形有 、 、 等， 乃雌性之標誌，此字用指母牛。卜辭多用作祭牲。

[4] 羊：甲骨文字形有 、 、 、 等，象羊頭之正面形，以頭代羊。卜辭多用作祭牲。

【價值】本片對研究商代先祖崇拜和社會結構有重要價值。

123

拓片 123　　摹片 123

【著錄】《精粹》335，《合集》20327，《歷拓》5743

【現藏】北京大學

【分期】一期

【釋文】

　　甲申……余宅[1]✝[2]？

【譯文】

　　甲申日〔占卜〕……我建造住宅於✝地麼？

【字詞解析】

[1] 宅：甲骨文字形有🏠、🏠等，爲住宅之宅。卜辭用作動詞，爲建造住宅或宅居住進之義。

[2] ✝：字不識，卜辭作地名。

【價值】本片對研究商代建築和地理有重要價值。

124

拓片 124　　　　　　　摹片 124

【著錄】《精粹》333，《合集》20348，《甲》209

【現藏】臺灣歷史語言研究所

【分期】一期

【釋文】

1. 乙亥卜，生四月[1]妹[2]有事？一

2. 乙亥卜，有事？二

3. 弗及今三月有事？

【譯文】

1. 乙亥日占卜，未來的四月昧爽有事祭進行麼？一爲兆序。
2. 乙亥日占卜，有事祭進行麼？二爲兆序。
3. 不會到今年三月有事祭進行吧？

【字詞解析】

[1] 生四月：未來的四月。
[2] 妹：甲骨文字形有 、 等，釋爲"妹"，卜辭假借爲"昧"，即昧爽，指早晨天將明未明之時。

【價值】本片對研究商代時稱和祭祀有重要價值。

125

拓片 125 　　　　　摹片 125

【著錄】《精粹》339，《合集》20397，《佚》276，《美》419

【現藏】美國哥倫比亞大學

【分期】一期

【釋文】

1. 壬戌卜，雨？今日小采[1]允大雨。延伐[2]，眚日[3]隹啓。

2. □亥，王令［伐］🫥方[4]，🫥[5]（盾）……

【譯文】

1. 壬戌日占卜，下雨麼？事後所記的應驗結果是：今天日落之時果然下了大雨。由於推延了行殺伐之祭，所以白天是晴朗的天氣。

2. 某亥日［占卜］，商王命令［征伐］🫥方方國，🫥（盾）……麼？

【字詞解析】

［1］小采：卜辭作時稱時，小采指日落或天黑之時。采，見"拓片84【字詞解析】1"。

［2］延伐：推延了行殺伐之祭。延見"拓片26【字詞解析】1"，卜辭作推延、推遲之義。

［3］善日：白天。善音羊，甲骨文字形有🫥、🫥等，卜辭意不明。

［4］🫥方：方國名。🫥不識，卜辭作方國名。

［5］🫥：據《合集》36481正"車二丙，盾百八十三"之"盾"字與此同，故遙釋爲"盾"字。

【價值】本片對研究商代時稱和戰爭有重要價值。

126

拓片126 　　　　　摹片126

【著錄】《精粹》343，《合集》20731，《甲》3003

【現藏】臺灣歷史語言研究所

【分期】一期

【釋文】

庚戌卜，徣[1]，вид翌日步，射兕於⊍[2]？一

【譯文】

庚戌日占卜，貞人徣問卦，在未來的日子出行步獵，能射獲兕牛於⊍地麼？一爲兆序。

【字詞解析】

[1] 徣：甲骨文字形有徣、徣等，卜辭作貞人名。

[2] ⊍：字不識，卜辭作地名。

【價值】本片對研究商代田獵有重要價值。

127

拓片 127 　　　　　摹片 127

【著錄】《精粹》349，《合集》21494，《後下》14．8

【現藏】不明

【分期】一期

【釋文】

取保石[1]？

【譯文】

取征寶貴的石頭麼？

【字詞解析】

[1] 保石：同"寶石"，即寶貴的石頭。或解爲保地之石。石的甲骨文

字形有𠃜、𠂆、𠂆、𠃌等，象山岩下有石塊形。卜辭作石之本義，石頭。

【價值】本片對研究商代貢納有重要價值。

128

拓片 128　　　　　摹片 128

【著錄】《精粹》360，《合集》22560，《虛》740，《南博拓》159

【現藏】南京博物院

【分期】二期

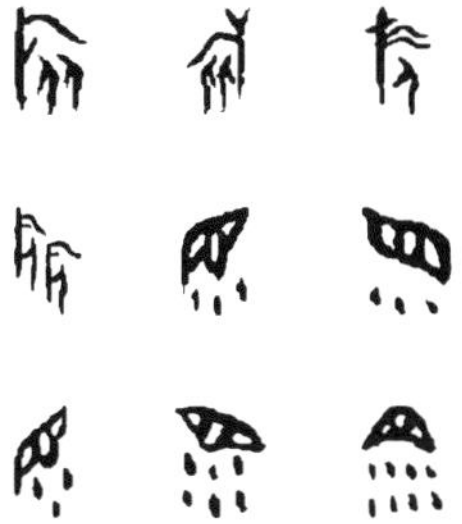

【釋文】

1. 丁卯卜，旅[1]，貞王賓[2]小丁[3]，歲羘[4]父丁[5]，亡伐羌五？
2. 庚午卜，旅，貞王賓妣庚歲羘兄庚，亡尤[6]？
3. □□卜，旅，[貞]□歲，延……

【譯文】

1. 丁卯日占卜，貞人旅問卦，貞問商王儐祭於祖丁（小乙之父），劓殺祭牲并祭及商王之父武丁（即祖庚王之父），不殺伐五名羌奴麼？
2. 庚午日占卜，貞人旅問卦，貞問商王儐祭於先妣名庚者，劓殺祭牲并祭及商王之兄祖庚，沒有灾憂吧？

221

3. 某日占卜，貞人旅問卦，［貞問］……劇殺祭牲，延及……麽？

【字詞解析】

［1］旅：甲骨文字形㫃、㫃、㫃、㫃等，象人執旗，示爲軍旅。卜辭作二期貞人名。

［2］賓：此辭作祭名，儐祭。

［3］小丁：即商王小乙之父祖丁。

［4］眔：甲骨文字形有㫃、㫃、㫃、㫃、㫃等，象目中流泪形，示垂涕之義。卜辭中一般假借作連詞，有"暨"、"與"或"及"之義。

［5］父丁：即商王祖庚、祖甲之父武丁。

［6］亡尤：没有灾憂。亡，見"拓片7正【字詞解析】1"。尤的甲骨文字形有㫃、㫃等，卜辭作灾禍、灾憂、灾害之義。

【價值】本片對研究商代先祖崇拜和祭祀有重要價值。

129

拓片 129 　　　　　　　摹片 129

【著録】《精粹》355，《合集》21768，《歷拓》10466

【現藏】天津歷史博物館

【分期】一期

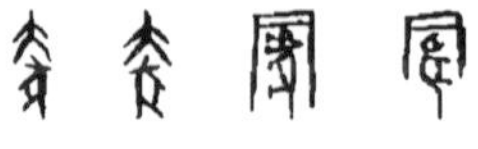

【釋文】

1. 甲戌卜，［豕］[1]㫃[2]，隻（獲）印[3]？一

2. 甲戌卜，豙冡，[隻（獲）] 印？一

【譯文】

1. 甲戌日占卜，貴族名［豙］者蒙虎皮者以壯軍威發動進攻，能抓獲印奴麼？一爲兆序。
2. 甲戌日占卜，貴族名豙者蒙虎皮者以壯軍威發動進攻，[能抓獲] 印奴麼？一爲兆序。

【字詞解析】

[1] 豙：甲骨文字形有 ⾦、⾦ 等，卜辭作貴族名。

[2] 冡：音蒙，甲骨文字形有 ⿴、⿴ 等，本義爲勇士僞裝，披戴虎皮。卜辭字作蒙虎皮者解，兵家蒙虎皮以壯軍威，發動進攻，以威懾敵兵之義。

[3] 印：見"拓片 67【字詞解析】3"。

【價值】本片對研究商代社會結構和軍事制度有重要價值。

130

拓片 130　　　　　摹片 130

【著錄】《精粹》390，《合集》23705，《前》5.10.7
【現藏】不明
【分期】二期
【釋文】
1. 甲子卜，出[1]，貞橐[2]侑，氏🝙[3]於師，歸？
2. 貞衣[4]、哭[5]若，亡尤？
3. 戊午　己未

【譯文】
1. 甲子日占卜，貞人出問卦，貞問貴族名橐者行侑求之祭，致進🝙這種品物於高阜之上，歸來麼？
2. 貞問行衣合之祭和哭祭若順，沒有災憂之事發生吧？
3. 戊午日　己未日

【字詞解析】
[1] 出：此辭作二期貞人名。
[2] 橐：甲骨文字形有東、東、東等，象兩端無底以繩束之橐形。卜辭"橐"、"東"一字。卜辭作貴族名。
[3] 🝙：字不識，卜辭用作祭品。
[4] 衣：甲骨文字形有衣、衣等，象古裝上衣形，領、襟、袖可見。卜辭借作祭名，衣祭，即合祭。
[5] 哭：甲骨文字形有哭、哭等，卜辭作祭名，哭祭。

【價值】本片對研究商代社會結構和祭祀有重要價值。

131

拓片 131　　　摹片 131

【著錄】《精粹》394,《合集》23805,《存真》8.32,《錄》519
【現藏】臺灣歷史博物館
【分期】二期
【釋文】
1. 丙寅卜,□,貞於祖□兄(祝)其畐[1],若？八月。
2. 丙寅卜,矢[2],貞卜竹[3]曰:其侑於丁宰？王曰:弜禱[4],翌丁卯止率若。八月。
3. 丙寅卜,矢,貞禍[5]其入？王曰:入。允入。
4. 貞今日亡來艱？

【譯文】

1. 丙寅日占卜，某貞人問卦，貞問向先王祖某行祝禱之祭後旨伐攻戰，順若吉利麼？這是八月占卜的。

2. 丙寅日占卜，貞人矣問卦，貞問卜官名竹者說：行侑求之祭於先王名丁者用一對羊牲麼？商王也判斷說：不用禱告，明天丁卯日行率殺犧牲之祭順若吉利。這是八月占卜的。

3. 丙寅日占卜，貞人矣問卦，貞問貴族名禍者要來入貢麼？商王說：可以入貢。事後所記的應驗結果是：果然來入貢了。

4. 貞問今天沒有艱禍之事發生吧？

【字詞解析】

[1] 旨：見"拓片48 正【字詞解析】1"。此辭作旨伐、攻擊、討伐之義。

[2] 矣：音疑，甲骨文字形爲𠂤，卜辭作二期貞人名。

[3] 卜竹：卜官名竹者。竹的甲骨文字形有𠆢、𠆢、𠆢等，象竹形。卜辭作人名。

[4] 禱：甲骨文字形有𠂤、𠂤、𠂤等，卜辭作禱告之義。或作祭名，祈禱之祭。

[5] 禍：卜辭中常見"有禍"、"亡禍"，均爲災禍之義。本辭之"禍"從上下文意看，或借作貴族名。

【價值】本片出現"卜竹"等，對研究商代占卜制度有重要價值。

132

拓片 132

摹片 132

【著錄】《精粹》370,《合集》23002,《佚》401（不全），《歷拓》2524,《鄴初下》27.5（不全）

【現藏】清華大學

【分期】二期

【釋文】

1. 己巳卜，行[1]，貞王賓杞福[2]，亡禍？

2. 庚□卜，行，貞王賓杞，亡［尤］？

3. 貞亡尤？在十月。

4. 貞亡尤？在十月。

5. 庚子卜，行曰，貞翌辛丑日其侑升歲於祖辛？

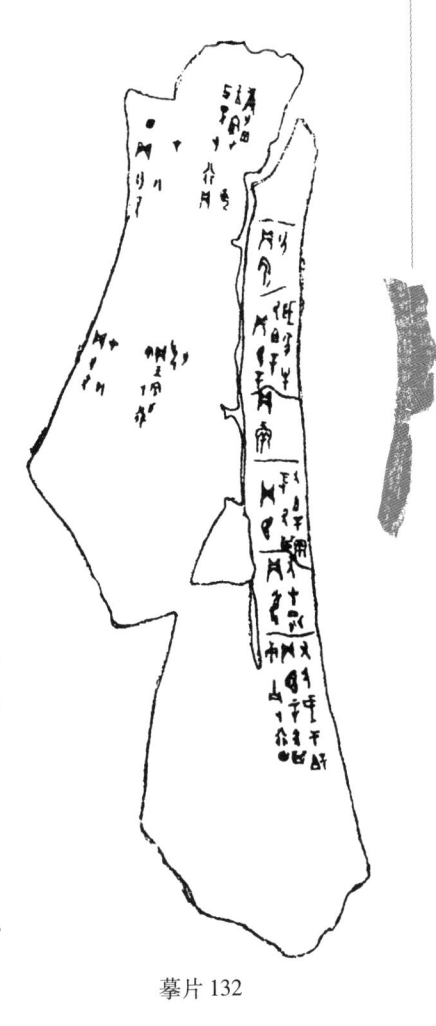

6. 貞翌辛丑其侑祖辛，宰？
7. 貞翌辛丑祖辛歲勻（物）牛？
8. 貞毋[3]侑？在正月。
9. 貞二宰？
10. 貞弜[4]升？

【譯文】

1. 己巳日占卜，貞人行問卦，貞問商王親臨於柵福之祭，沒有災禍之事發生吧？
2. 庚某日占卜，貞人行問卦，貞問商王親臨行柵祾之祭，沒有［災憂之事發生］吧？
3. 貞問沒有災憂之事發生吧？這是在十月占卜的。
4. 貞問沒有災憂之事發生吧？這是在十月占卜的。
5. 庚子日占卜，貞人行說，貞問未來的辛丑日行侑求之祭和升祭、劌殺犧牲之祭於先王祖辛麼？
6. 貞問未來的辛丑日行侑求之祭於先王祖辛，用一對羊為獻麼？
7. 貞問未來的辛丑日向先王祖辛行劌殺黎色的牛牲之祭麼？
8. 貞問不行侑求之祭麼？這是在正月占卜的。
9. 貞問用二對羊麼？
10. 貞問不舉行升祭麼？

【字詞解析】

[1] 行：甲骨文字形有𠁁、𠁂、𠁃等，象十字交通大道之形，引申為行走之義。卜辭作二期貞人名。

[2] 柵福：祭名，柵福之祭。柵可讀為燎，甲骨文字形有𤆍、𤆎、𤆏、𤆐等，象一人下蹲培植禾苗之狀。卜辭作祭名，柵祾之祭，近似燎祭。福的甲骨文字形有𥛑、𥛒、𥛓等，象雙手高舉酒器向牌位狀，以求神祖賜福，會意字。卜辭作祭名，福酒之祭。

[3] 毋：甲骨文字形有𠂇、𠂈、𠂉等，象有乳房之婦女形，為"母"、

"女"之初文。卜辭借用作"毋",否定詞,同"勿"或"不"。

[4] 弜:甲骨文字形有 𢎨、𢎸、𢎩、𢎫 等,卜辭作否定詞,同"弗"、"勿"、"不"。

【價值】本片對研究商代先祖崇拜和祭祀有重要價值。

133 正

拓片 133 正 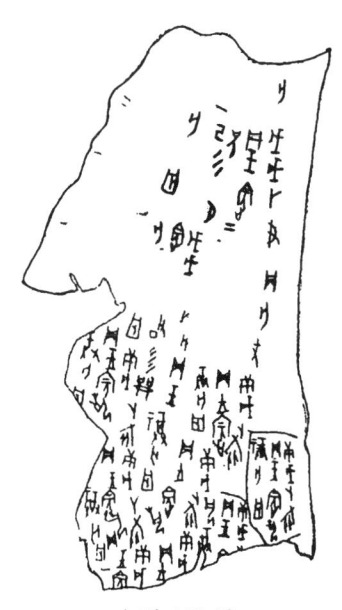　　　　　　　　拓片 133 反

【著錄】《精粹》380 正,《合集》23241 正,《佚》397 正,《歷拓》3030 正,《鄴初下》27.1 正

【現藏】清華大學

【分期】二期

【釋文】

1. 戊戌卜,尹[1],貞王賓兄己[2]肜夕[3],亡禍? 一　二

2. 貞亡尤？
3. 戊午卜，尹，貞王賓父丁[4]肜龠[5]，亡禍？
4. 庚戌卜，旅[6]，貞王賓柵福，亡禍？
5. 庚戌卜，旅，貞王賓柵福，亡禍？
6. 庚戌〔卜〕，□，貞王〔賓〕柵福，亡禍？
7. 庚戌卜，旅，貞王賓柵福，亡禍？
8. 庚戌卜，旅，貞王賓柵福，亡禍？
9. 庚戌卜，旅，貞王賓福[7]，亡禍？
10. 庚戌〔卜〕，□，貞王……
11. 庚戌〔卜〕，□，〔貞〕王賓……　一
12. 二一一

【譯文】

1. 戊戌日占卜，貞人尹問卦，貞問商王親臨於兄己的肜夕之祭，沒有灾禍之事發生吧？一、二爲兆序。

2. 貞問沒有灾憂之事發生吧？

3. 戊午日占卜，貞人尹問卦，貞問商王親臨於父丁的肜龠之祭，沒有灾禍之事發生吧？

4. 庚戌日占卜，貞人旅問卦，貞問商王親臨於燒柵福品之祭，沒有灾禍之事發生吧？

5. 庚戌日占卜，貞人旅問卦，貞問商王〔親臨於〕燒柵福品之祭，沒有灾禍之事發生吧？

6. 庚戌日〔占卜〕，某貞人問卦，貞問商王親臨於燒柵福品之祭，沒有灾禍之事發生吧？

7. 庚戌日占卜，貞人旅問卦，貞問商王親臨於燒柵福品之祭，沒有灾禍之事發生吧？

8. 庚戌日占卜，貞人旅問卦，貞問商王親臨於燒柵福品之祭，沒有灾禍之事發生吧？

9. 庚戌日占卜，貞人旅問卦，貞問商王親臨於福祭，沒有灾禍之事發生吧？

10. 庚戌日〔占卜〕，某貞人問卦，貞問商王……

11. 庚戌日〔占卜〕，某貞人問卦，〔貞問〕商王親臨於…… 一爲兆序。

12. 數字爲兆序。

【字詞解析】

［1］尹：甲骨文字形有月、彳等，卜辭作二期貞人名。

［2］兄己：即商王祖庚、祖甲之兄孝己。

［3］肜夕：祭名，肜夕之祭，在晚上舉行，另有"肜日"之祭與之相對應。肜的甲骨文字形有彡、彡、彡等，均象徵爲聲波。卜辭作祭名，肜祭即擊鼓行祭，爲連續不絕之祭。

［4］父丁：即商王祖庚、祖甲之父武丁。

［5］龠：甲骨文字形有龠、龠、龠等，象編管樂器。卜辭爲編管奏樂樂神。或作祭名，以音樂助祭。

［6］旅：甲骨文字形有㫃、㫃、㫃、㫃等，卜辭作二期貞人名。

［7］賓福：親自參加福祭。賓見"拓片13【字詞解析】12"，卜辭假作"儐"，親自、親臨、儐臨之義。福見"拓片32【字詞解析】2"。卜辭作祭名，福祭。

【價值】本片對研究商代先祖崇拜、神靈崇拜和祭祀有重要價值。

133 反

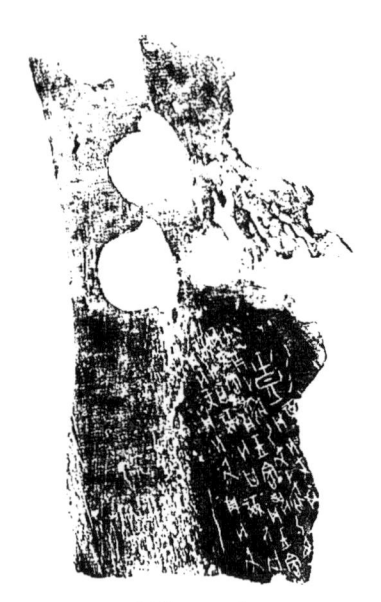

拓片 133 反 　　　　　　摹片 133 反

【著録】《精粹》380 反,《合集》23241 反,《歷拓》3030 反

【現藏】清華大學

【分期】二期

【釋文】

1. 甲子卜,旅,貞王賓枏福[1],亡禍?
2. 貞亡尤?
3. 乙丑卜,旅,[貞]王賓枏福,亡禍?
4. 貞亡尤?
5. 乙丑[卜],□,貞王賓□福,亡禍?
6. 貞亡尤?

7. 貞亡［尤］？
8. 彭[2]。

【譯文】

1. 甲子日占卜，貞人旅問卦，貞問商王親臨於燒杻福品之祭，沒有灾禍之事發生吧？
2. 貞問沒有灾憂之事發生吧？
3. 乙丑日占卜，貞人旅問卦，［貞問］商王親臨於燒杻福品之祭，沒有灾禍之事發生吧？
4. 貞問沒有灾憂之事發生吧？
5. 乙丑日［占卜］，某貞人問卦，貞問商王親臨於［燒杻］福品之祭，沒有灾禍之事發生吧？
6. 貞問沒有灾憂之事發生吧？
7. 貞問沒［有灾憂之事發生］吧？
8. 僅刻一字，但彭字碩大，與他辭小字有別，不知爲何如此做。

【字詞解析】

［1］福：此辭或指福祭所獻之福物類，當爲酒肉類，用作祭品。

［2］彭：甲骨文字形有彭、彭、彭等，從鼓從彡，彡是聲波，示鼓聲也。因辭殘，其意不明。

【價值】本片對研究商代祭祀有重要價值。

134

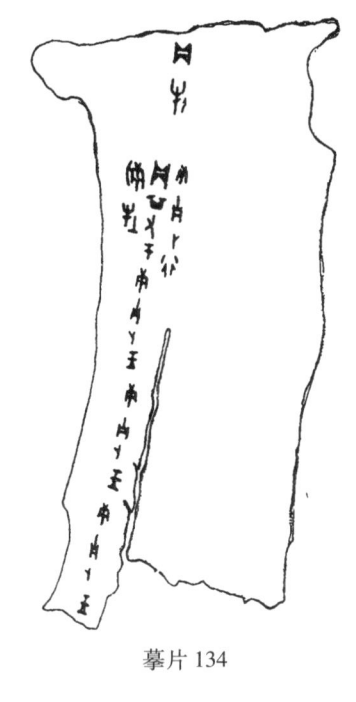

拓片 134　　　　　　　摹片 134

【著録】《精粹》385，《合集》23347，《續存下》632 +《合集》24005，《歷拓》3273

【現藏】清華大學

【分期】二期

【釋文】

1. 庚子卜，王。
2. 庚子卜，王。
3. 庚子卜，王。
4. 庚子卜，行，貞其侑於妣庚，牡[1]？
5. 貞牝[2]？

【譯文】
1. 庚子日占卜，商王親自問卦。
2. 庚子日占卜，商王親自問卦。
3. 庚子日占卜，商王親自問卦。
4. 庚子日占卜，貞人行問卦，貞問行侑求之祭於先妣名庚者，用公牛爲獻牲麼？
5. 貞問還是用母牛爲獻牲呢？

【字詞解析】
［1］牡：見"拓片122【字詞解析】2"。卜辭多用作祭牲。
［2］牝：見"拓片122【字詞解析】3"。卜辭多用作祭牲。

【價值】本片1～3辭這種格式的卜辭，第二期習見，學者稱之爲"卜王"辭。其後所卜內容未刻，或省略，或待填。此類"卜王"辭，對研究甲骨文占卜程序很有意義。

135

拓片135　　　　摹片135

【著錄】《精粹》391，《合集》23717，《珠》397 +《龜》1.26.7

【現藏】書道博物館

【分期】二期

【釋文】

1. 己巳卜，大，貞翌辛未夶[1]，益酋（酬）[2]？
2. 甲申卜，出，貞翌……子弖[3]其侑於妣辛，酋[4]歲，其……
3. 辛卯卜，大[5]，貞洹弘[6]，弗敦[7]邑？七月。
4. 丁酉卜……叙[8]老[9]？八月。
5. 己酉卜，兄[10]，貞求年於高祖[11]？四月。

【譯文】

1. 己巳日占卜，貞人大問卦，貞問未來的辛未日發生夶天象，舉行益酋（酬）之祭麼？
2. 甲申日占卜，貞人出問卦，貞問未來的……商王子輩名酋者行侑求之祭於先妣名辛者，貴族名酋者劇殺犧牲，其……
3. 辛卯日占卜，貞人大問卦，貞問洹水大漲，不會敦迫災害大邑商都吧？這是七月占卜的。
4. 丁酉日占卜……貴族名叙者要老邁近終麼？這是八月占卜的。
5. 己酉日占卜，貞人兄問卦，貞問行祈求好年成之祭於高祖之神位麼？這是四月占卜的。

【字詞解析】

[1] 夶：或音八魚，甲骨文字形有𠆢、𠈌等，卜辭作天象名。

[2] 益酋（酬）：祭名，益酋（酬）之祭。益，本爲"溢"之初文，引申爲"益"。卜辭作祭名。酋通"酬"，甲骨文字形有𢍰、𢍰、𢍰、𢍰等，象雙手提酒尊形。卜辭作祭名。

[3] 子弖：商王子輩名弖者。此辭之"弖"作人名。

[4] 酋：甲骨文字形爲𠈌，卜辭作貴族名。

[5] 大：甲骨文字形有𠆢、𠆢等，卜辭作二期貞人名。

[6] 洹弘：洹水大漲。洹，見"拓片62【字詞解析】4"。弘的甲骨文

字形有𠂆、𠂇等，卜辭作大之義。

[7] 敦：見"拓片53正【字詞解析】4"。

[8] 叔：或音孽，甲骨文字形有𠂆、𠂇等，卜辭作貴族名。即《合集》389片之卜小叔日名者。小叔在389片新死，卜擇其天干日本片之"叔"尚未老死，但已垂垂將暮。

[9] 老：老邁近終。甲骨文字形有𠂆、𠂇、𠂆等，象老者彎腰拄杖之形。卜辭作老之本義，長者、老輩、衰老之義。

[10] 兄：見"拓片17【字詞解析】7"。此辭作二期貞人名。

[11] 高祖：卜辭中自然神有高祖河、岳、夒，先公先王稱高祖者《合集》32916有"高祖上甲"、《屯南》2384有"高祖上甲"，《合集》32447有"高祖乙"（指大乙）。此辭之"高祖"不能確指為何人。祖，見"拓片17【字詞解析】8"，卜辭作祖先之義。

【價值】本片對研究商代社會結構、祭祀、都邑等有重要價值。

136

拓片 136 　　摹片 136

【著錄】《精粹》404，《合集》25892，《錄》544＋629
【現藏】臺灣歷史博物館
【分期】二期

【釋文】
1. 辛亥卜，洋[1]，貞龍[2]不既企[3]，其亦求，由丁巳［酌］？三
2. 辛亥卜，洋，貞龍不既殴[4]，其亦求，［其］弜賓？三

【譯文】
1. 辛亥日占卜，貞人洋問卦，貞問貴族名龍者不行餕食之祭於企地，并行祈求之祭，是在丁巳日［舉行酒祭］麼？三爲兆序。
2. 辛亥日占卜，貞人洋問卦，貞問貴族名龍者不行餕食之祭於殴地，并行祈求之祭，不舉行儐祭麼？三爲兆序。

【字詞解析】

[1] 洋：甲骨文字形有 、 、 等，卜辭作二期貞人名。

[2] 龍：甲骨文字形有 、 、 、 、 等，象傳説中之靈物龍，身、角、口可見。卜辭作貴族名。

[3] 企：甲骨文字形有 、 等，此辭作地名。

[4] 殴：甲骨文字形爲 ，卜辭作地名。

【價值】本片對研究商代社會結構和祭祀有重要價值。

137

拓片 137　　　　　　　　摹片 137

【著録】《精粹》424,《合集》27310,《甲》639＋641

【現藏】臺灣歷史語言研究所

【分期】三期

【釋文】

1. 王其尋^[1]各偅^[2],以……
2. 弜以万^[3](萬)?
3. 王衍^[4],叀^[5]敫奏^[6]?
4. 叀祖丁,虡奏^[7]?
5. 每^[8],不雨?
6. 雨?兹用。
7. 弗至?

【譯文】

1. 商王尋祭各地的城塞,以……
2. 不以万(萬)者爲舞麼?
3. 商王道行,敲奏大鐘麼?
4. 祭先王祖丁,敲奏大鐘麼?
5. 天氣陰晦,不下雨麼?
6. 下雨麼?此卜施行了。
7. 没有來到麼?

【字詞解析】

[1] 尋:甲骨文字形有▨、▨、▨、▨、▨、▨、▨等,卜辭作祭名,尋祭。

[2] 各偅:各地的城塞。各的甲骨文字形有▨、▨、▨、▨等,卜辭作地名。偅的甲骨文字形有▨、▨等,卜辭作城塞之義。

[3] 万:通"萬",甲骨文字形爲▨,卜辭作舞名或舞者。

[4] 衍:甲骨文字形爲▨,卜辭作道行之義。

[5] 叀:同"㞢",甲骨文字形有▨、▨等,卜辭作發語詞或助詞,與隹、唯、惟、維同。

［6］戠奏：敲奏大鐘。戠的甲骨文字形爲𢼸，象奏庸之形。奏的甲骨文字形有𣲷、𣲷等，卜辭作祭名，演奏樂器之祭祀活動。戠奏爲演奏樂器，庸聲致祭也。

［7］庸奏：敲奏大鐘。庸的甲骨文字形有𠔉、𠔌、𠔎、𠔐、𠔑等，釋作"庸"，同"鏞"，大鐘也。卜辭作祭名，敲奏大鐘之祭。

［8］每：甲骨文字形有𣎆、𣎇、𣎈、𣎉、𣎊等，卜辭假作"晦"，陰晦、陰暗、昏暗之義。

【價值】本片對研究商代樂舞文化和祭祀有重要價值。

138

拓片 138　　　　　　　　摹片 138

【著錄】《精粹》431，《合集》27893，《歷拓》10434

【現藏】河北大學

【分期】三期

【釋文】

　　以多田[1]伐右封[2]，迺……

【譯文】

　　用多位甸官之兵力征伐右邊的封疆，乃……

【字詞解析】

[1] 多田：多位甸官。田的甲骨文字形有田、田、田、田等，此辭借作"甸"，職官名，爲駐防邊界之官。

[2] 右封：右即爲西方，右封即右邊或西邊的封疆。封的甲骨文字形有 丰、丰、丰等，象封土成堆，植樹其上作爲經界。卜辭作封疆之義。

【價值】本片對研究商代職官和戰爭有重要價值。

139

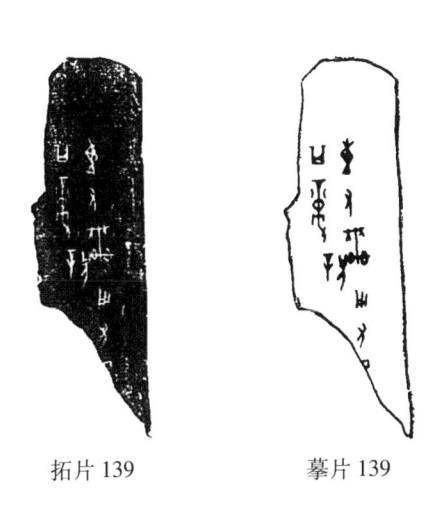

拓片 139　　摹片 139

【著錄】《精粹》433，《合集》27628，《南明》641，《歷拓》5352

【現藏】故宮博物院

【分期】三期

【釋文】

其❋[1]兄辛[2]，叀侑車用[3]，有[正]？

【譯文】

行❋祭於商王之兄名辛者，用車做爲侑求之祭的獻品，會有[禎祥]麼？

【字詞解析】

[1] ☒：字不識，卜辭作祭名，☒祭。

[2] 兄辛：即商王康丁之兄廩辛。

[3] 車：甲骨文字形有☒、☒、☒、☒等，繁簡均象兩輪車形。卜辭作車之本義，交通工具之一，此辭用車作祭品。

【價值】本片應是第三期康丁時之物，"車"用作祭品，對研究商代祭祀有重要價值。

140

拓片 140 　　　　　　摹片 140

【著錄】《精粹》436，《合集》27945，《粹》1154，《善》5756
【現藏】北京圖書館（現中國國家圖書館）
【分期】三期
【釋文】

戊申卜，馬[1]其先[2]，王兌[3]從？大吉。

【譯文】

戊申日占卜，馬官先行開路，商王緊緊隨行麼？這一卜兆象是非常吉利的。

【字詞解析】

[1] 馬：甲骨文字形有🐎、🐎等，象馬形，爲"馬"之本字。卜辭作武官名，率馬隊者，或爲馬軍之馬。

[2] 先：見"拓片10【字詞解析】5"，卜辭作先行開路之義。

[3] 兌：甲骨文字形有🔸、🔸等，卜辭用作"銳"。兌從即銳從，緊緊隨行或急速跟從之義。

【價值】本片對研究商代職官有重要價值。

141

拓片 141 　　　摹片 141

【著錄】《精粹》437，《合集》28000，《安明》2106

【現藏】加拿大皇家安大略博物館

【分期】三期

【釋文】

1. 戍興[1]伐卬方[2]，食[3]……

2. 方既[4]食，戍迺伐，戋？

【譯文】

1. 戍官名興者征伐卬方方國，食時（即中午）……

2. 方國已經食時（即中午），戍官就去征伐，能對其有所戋傷麼？

【字詞解析】

[1] 戍興：戍官名興者。戍的甲骨文字形有🪓、🪓等，象人立於戈下形。卜辭作戍官名，即戍守、戍邊之官。興見拓片120【字詞解析】1"，卜辭作人名。

[2] 🪓方：方國名。🪓可讀爲密，甲骨文字形有🪓、🪓等，卜辭作方國名。

[3] 食：甲骨文字形有🪓、🪓、🪓等，🪓象豆中有食物，A象蓋子。卜辭作時稱，食時即中午。

[4] 既：見"拓片86【字詞解析】2"。此辭作已經、終結、停止、過去之義。

【價值】本片對研究商代職官和戰爭有重要價值。

142

拓片142　　　　　摹片142

甲骨拓片精選導讀

【著録】《精粹》438,《合集》28008,《粹》1162,《善》14259

【現藏】北京圖書館（現中國國家圖書館）

【分期】三期

【釋文】

1. 癸巳卜,其乎（呼）戍……
2. 其教[1]戍？
3. 丁酉卜,其弗利[2]。乎（呼）以多方[3]屯[4]小臣？
4. 亞立[5],其於右利[6]？
5. 其於左利[7]？

【譯文】

1. 癸巳日占卜,命令戍官……
2. 教育訓練戍官麽？
3. 丁酉日占卜,不吉利。命令致進管理多個方國屯奴的小臣官麽？
4. 武官亞莅臨,是在右邊吉利麽？
5. 還是在左邊吉利呢？

【字詞解析】

[1] 教：甲骨文字形有 🈳、🈳、🈳、🈳 等,卜辭作教育訓練、教導之義。

[2] 利：甲骨文字形有 🈳、🈳、🈳、🈳 等,卜辭作吉利本義。

[3] 多方：多個方國。

[4] 屯：見"拓片37【字詞解析】4"。此辭作屯奴之義。

[5] 立：甲骨文字形爲🈳,象一人立於平地之上。卜辭"立"、"莅"一字。卜辭用作"莅",莅臨之義。

[6] 右利：右邊吉利。

[7] 左利：左邊吉利。

【價值】本片對研究商代職官和教育制度有重要價值。過去由於拓片不清,曾誤讀爲"……多方小子小臣……其教戒",認爲是中國教育史上最早的史料。後經辨析清楚拓片,發現"屯"非"小子","戍"非

"戒"。但"教戍"爲教育訓練戍官,仍很有價值。

143

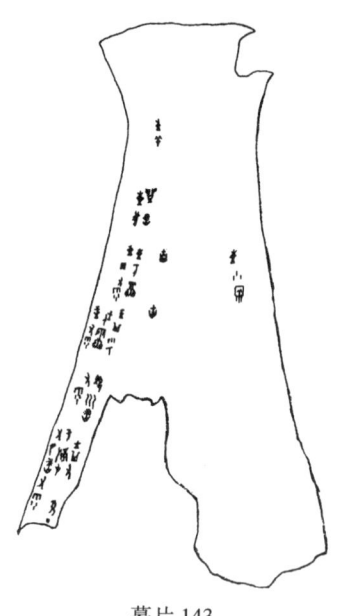

拓片 143　　　　　摹片 143

【著録】《精粹》442,《合集》28180,《寧》1.115+1.252+1.275+1.342

【現藏】清華大學

【分期】三期

【釋文】

1. 王其侑於滴[1],在右石[2]衆,有雨?
2. 即水[3]衆,有雨?
3. 王其乎(呼)戍霝[4]盂[5],有雨?吉。
4. 叀万(萬)霝盂,田有雨?吉。
5. 登[6]衆叀豚[7]?

6. 叀羊？
7. 叀小宰？
8. 弜……

【譯文】
1. 商王行侑求之祭於滴水，在右石這個地方燒燎犧牲，會下雨麼？
2. 行饎食之祭於水并燒燎犧牲，會下雨麼？
3. 商王命令戍官率隊舉行以舞祈雨之祭於盂地，會下雨麼？此卜兆象吉利。
4. 還是使万（萬）者舉行以舞祈雨之祭於盂地，田獵時會下雨麼？此卜兆象吉利。
5. 登進燒燎的祭牲是小猪麼？
6. 是羊麼？
7. 還是一對羊呢？
8. 不……

【字詞解析】
［1］滴：甲骨文字形有 、 、 等，卜辭作水名，滴水，學者考定爲今漳水。
［2］右石：石的方位爲右，卜辭作地名。
［3］即水：即水爲行饎食之祭於水。即的甲骨文字形有 、 等，象人跪於食器之前就食之形。卜辭作祭名，饎食之祭。
［4］霖：甲骨文字形有 、 、 等，卜辭作祭名，以舞雩行祈雨之祭。
［5］盂：甲骨文字形有 、 、 等，卜辭作地名。
［6］登：甲骨文字形有 、 、 等，卜辭作祭名，登進品物之祭。
［7］豚：甲骨文字形有 、 等，卜辭作小猪，用作祭牲。

【價值】本片對研究商代祭祀和樂舞文化有重要價值。

144

拓片 144 　　　　　　　摹片 144

【著録】《精粹》449,《合集》29415,《寧》1.521,《歷拓》3698
【現藏】清華大學
【分期】三期
【釋文】
1. 王畜馬[1]在茲㝨[2]……母戊[3],王受［佑］?
2. 癸［酉］……

【譯文】
1. 商王畜養的馬在這個馬厩裏……［祭祀］商王母輩名戊者,商王會受到［保佑］麼?
2. 癸［酉］日……

【字詞解析】
［1］畜馬:畜養的馬。畜的甲骨文字形有 、 、 等,卜辭作畜養、豢養之義。
［2］㝨:甲骨文字形爲 ,會馬在厩中畜養之意。卜辭用作"厩",馬厩之義。
［3］母戊:商王母輩名戊者。

【價值】本片對研究商代畜牧業有重要價值。

145

拓片 145 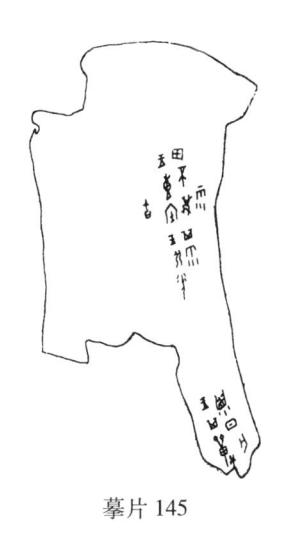　　　　　　摹片 145

【著錄】《精粹》455,《合集》29248,《粹》996,《善》7400

【現藏】北京圖書館（現中國國家圖書館）

【分期】三期

【釋文】

1. 王其獸[1]，湄日[2]亡［𢦏］？

2. 王弜兌[3]，其雨？

3. 王叀牢[4]田，不冓（遘）雨？吉。

【譯文】

1. 商王舉行狩獵活動，整天不會有［災禍之事］發生吧？

2. 商王不在兌地田獵，會下雨麼？

3. 商王只在牢地田獵，不會遇到雨吧？此卜兆象吉利。

【字詞解析】

[1] 獸：甲骨文字形有 、 、 、 等，卜辭作動詞，舉行狩獵活動之義。

249

[2] 湄日：終日、整天。湄的甲骨文字形有𣱼、𣱼、𣱼等，卜辭假借爲"彌"，終也，湄日即終日，也即整天。

[3] 兑：甲骨文字形有𣱼、𣱼、𣱼等，卜辭作地名。據《合集》28353"弜兑鹿射，弗每"，兑應爲地名。

[4] 牢：音午，甲骨文字形有𣱼、𣱼等，卜辭作地名，或爲田獵區之地。

【價值】本片對研究商代田獵和地理有重要價值。

146

拓片 146

片 146（文字部分）

【著錄】《精粹》453，《合集》28905，《寧》1.411＋1.412，《考郭》5＋32，《掇一》403

【現藏】北京圖書館（現中國國家

圖書館）

【分期】三期

【釋文】

1. 丁丑，翊（翌）[1]日戊王其逸[2]於❀[3]，亡弋？

2. 翊（翌）日辛於宮[4]王其逸，亡弋？於❀亡弋？

3. 於棪[5]亡弋？

4. 於桑[6]亡弋？

5. 於盂亡弋？

6. 於棪〔亡〕弋？

【譯文】

1. 丁丑日占卜，未來的戊日（即丁丑次日戊寅日）商王游逸於❀地，沒有災禍之事發生吧？

2. 未來的辛日（即辛巳日）商王在宮地游逸，沒有災禍之事發生吧？在❀地也沒有災禍之事發生吧？

3. 在棪地沒有災禍之事發生吧？

4. 在桑地沒有災禍之事發生吧？

5. 在盂地沒有災禍之事發生吧？

6. 在棪地〔沒有〕災禍之事發生吧？

【字詞解析】

[1] 翊：甲骨文字形爲❀，卜辭同"翌"，作未來某日解。

[2] 逸：或隸定作"迍"，甲骨文字形有❀、❀等，卜辭作動詞，游逸、巡遊之義。

[3] ❀：或釋爲"溫"，甲骨文字形有❀、❀等，象嬰兒在襁褓之中，以示溫暖之義。卜辭作地名，爲商代田獵區，即今日溫縣一帶。

[4] 宮：甲骨文字形有❀、❀等，卜辭作地名。

[5] 棜：甲骨文字形有、、等，或釋作"榆"，卜辭作地名。

[6] 桑：甲骨文字形有、、、、、等，卜辭借作地名。

【價值】本片對研究商代田游和地理有重要價值。

147

拓片 147　　摹片 147

【著錄】《精粹》457，《合集》29794，《粹》715，《善》7602

【現藏】北京圖書館（現中國國家圖書館）

【分期】三期

【釋文】

　　郭兮[1]至昏[2]不雨？

【譯文】

　　日偏西直到黃昏不下雨麼？

【字詞解析】

[1] 郭兮：時稱，日偏西之時，相當於黃昏之前，指黃昏前一段時間。郭，見"拓片69【字詞解析】4"。"郭"、"墉"乃同源之字。卜辭借"郭"作時稱。

［2］昏：甲骨文字形有󰀀、󰀁等，象日至人下，示日冥、日暮之義。卜辭作時稱，指日暮後一段時間，即黃昏之時。

【價值】 本片對研究商代時稱和氣象有重要價值。

148

拓片 148　　　摹片 148

【著錄】《精粹》458，《合集》29789，《安明》1846

【現藏】 加拿大皇家安大略博物館

【分期】 三期

【釋文】

1. 叀日中[1]有（又）大雨？

2. 其雨？

【譯文】

1. 是正午的時候有大雨麼？

2. 下雨麼？

【字詞解析】

［1］日中：相當於"中日"，卜辭作時稱，指正午之時。

【價值】 本片對研究商代時稱和氣象有重要價值。

149

拓片 149　　　摹片 149

【著録】《精粹》460,《合集》29776,《粹》700,《善》7850

【現藏】北京圖書館（現中國國家圖書館）

【分期】三期

【釋文】

1. 旦[1]不［雨］？
2. 食不雨？

【譯文】

1. 早晨日方明之時不［下雨］麼？
2. 中午食時不下雨麼？

【字詞解析】

[1] 旦：甲骨文字形有 ${}$、${}$ 等，象太陽剛出地面之形。卜辭作時稱，指早晨日方明之時。

【價值】本片對研究商代時稱和氣象有重要價值。

150

拓片 150 　　　　　　摹片 150

【著錄】《精粹》462,《合集》29687,《甲》1647
【現藏】臺灣歷史語言研究所
【分期】二期
【釋文】

　　丁亥卜,大……其鑄[1]黃呂[2]……作凡(盤)[3],利叀……

【譯文】

　　丁亥日占卜,貞人大問卦……其鎔鑄黃銅塊……製作盤器,吉利的日子是……

【字詞解析】

[1] 鑄:甲骨文字形爲󱀀,象兩手倒持坩堝作澆灌鑄造之狀。卜辭作動詞,鑄造、鎔鑄之義。

[2] 黃呂:黃銅塊,即黃銅錠。呂,見"拓片59【字詞解析】2",卜辭作銅錠之義。

[3] 作凡(盤):製作盤器。凡,見"拓片53正【字詞解析】2",卜辭用作"盤",盤器之義。

【價值】本片爲研究商代鑄造業的重要資料。

151

拓片 151 　　　　摹片 151

【著録】《精粹》464，《合集》29783，《粹》1000，《善》602

【現藏】北京圖書館（現中國國家圖書館）

【分期】三期

【釋文】

1. 大食[1]，其亦用九牛？
2. 其䄅[2]，戈一、坒（鉞）[3]九？
3. 馭氂[4]。

【譯文】

1. 吃午飯之時［祭祀］，也用九頭牛爲獻牲麼？
2. 舉行䄅獻之祭，用戈一把、鉞九把麼？
3. ［此卜］來福祉吉利。

【字詞解析】

[1] 大食：見"拓片141【字詞解析】3"。卜辭作時稱，大食爲午餐之時，小食爲晚餐之時。

[2] 戣：甲骨文字形有䖵、𠂤、䖵、𢦏、𢦏等，象一人舉戈跪降。卜辭作祭名，戣獻之祭。

[3] 坖（鉞）：甲骨文字形有𢦏、𢦏等，象橫斧形。也有釋爲"我王"者。但用在此辭中，不能文從字順。應釋"鉞"爲合理，戈與鉞同爲兵器。

[4] 馭釐：馭即爲來。釐的甲骨文字形有𢦏、𢦏、𢦏、𢦏、𢦏等，象以手執棒打麥脫粒之形，從來（即麥）得音，示喜慶豐收之義。卜辭作來福祉吉利之義。

【價值】本片對研究商代時稱、祭祀和兵器有重要價值。

152

拓片 152 　　摹片 152

【著錄】《精粹》465，《合集》29984，《粹》1547，《善》7574

【現藏】北京圖書館（現中國國家圖書館）

【分期】三期

【釋文】

1. 其䨺於𢦏[1]？
2. 於楚[2]，有（又）雨？

3. ［於］盂，［有（又）］雨？

【譯文】

1. 行以舞雩祈雨之祭於󰀀神麼？
2. 於楚地［行以舞雩祈雨之祭］，有雨麼？
3. ［於］盂地［行以舞雩祈雨之祭］，［有］雨麼？

【字詞解析】

［1］󰀀：字不識，卜辭作神祇名。

［2］楚：甲骨文字形有󰀁、󰀂、󰀃、󰀄等，卜辭作地名。

【價值】本片對研究商代祭祀和地理有重要價值。

153

拓片 153　　摹片 153

【著錄】《精粹》466，《合集》30285，《庫》1002，《美》27

【現藏】美國卡內基博物院

【分期】三期

【釋文】

於庭門[1]㬒猷[2]，王弗每[3]？

【譯文】

在［商王的］宮庭門處行享飲之祭儀，商王不會有晦霉之事發生吧？

【字詞解析】

[1] 庭門：宮庭門處。庭，卜辭或爲祭祀之處。門的甲骨文字形有𩃅、𩃅等，象兩扇門形。卜辭作宗廟或宮室之門，在此爲宮庭之門。

[2] 祼歆：行享飲之祭儀。祼的甲骨文字形有𩃅、𩃅等，象一人拜於宗廟之前，有進食祭祖之義。卜辭作祭名。歆見"拓片34【字詞解析】3"。卜辭作動詞，宴飲、享飲之義。

[3] 每：卜辭假作"晦"，晦霾之事。

【價值】本片對研究商代建築和祭祀儀式有重要價值。

154

拓片154　　摹片154

【著錄】《精粹》471，《合集》30347，《鄴初下》40.6，《歷拓》3046，《京》4307

【現藏】清華大學

【分期】三期

【釋文】

1. 癸亥卜，彭[1]，貞𩃅[2]，其左[3]（佐）於𩃅[4]？

2. 貞於家[5]？

3. □亥卜，……於家？

4. 辛……貞……

【譯文】

1. 癸亥日占卜，貞人彭問卦，貞問貴族名✡者［獻進］，有所佐助於宗廟側室麼？

2. 貞問是在廟室麼？

3. 某亥日占卜……是在廟室麼？

【字詞解析】

[1] 彭：見"拓片 133 反【字詞解析】2"。卜辭作三期貞人名。

[2] ✡：字不識，卜辭作貴族名。

[3] 左：見"拓片 7 正【字詞解析】13"。卜辭用作"佐"，佐助於。

[4] 㝱：音仄，甲骨文字形有⿰、⿱等，卜辭作宗廟之側室。

[5] 家：此辭指廟室或廟堂，爲祭祀之地。

【價值】本片對研究商代宗廟建築有重要價值。

155

拓片 155

摹片 155

【著錄】《精粹》480,《合集》31674,《寧》1.518,《歷拓》3403

【現藏】清華大學

【分期】三期

【釋文】

1. 己……
2. 習[1]二卜?
3. 習三卜?
4. 習四卜?

【譯文】

1. 己某日……
2. 因襲第二卜麼?
3. 因襲第三卜麼?
4. 因襲第四卜麼?

【字詞解析】

[1] 習：甲骨文字形有⿰、⿰、⿰、⿰等，卜辭假借作"襲"，因襲之義。

【價值】本片對研究商代卜法有重要價值。

156

拓片 156

【著錄】《精粹》467,《合集》30173,《鄴三下》38.4（不全），《歷拓》1264

【現藏】北京師範大學

【分期】三期

【釋文】

1. 甲子卜，其求雨於東方？
2. 於丁卯酌南方？一
3. 庚午其求雨於山[1]？
4. 哉釐[2]，雨？兹用。
5. 哉辛酌㭉，若？一
6. 庚午卜，貞野[3]至於斨[4]，

摹片 156

卣[5]入圃[6]？兹用。

7. 屰[7]乎（呼）爵[8]野，弜於圃？

【譯文】

1. 甲子日占卜，行求雨之祭於東方神明麼？
2. 在丁卯日酒祭南方神明麼？一爲兆序。
3. 庚午日向山神行求雨之祭麼？
4. 用戠牛爲祭祀福肉，會下雨麼？此卜施行了。
5. 用戠牛爲牲於辛日行酒祭和獻衈典之祭，會順若吉利麼？一爲兆序。
6. 庚午日占卜，貞問貴族名野者到了斩地，貴族名卣者進入圃地麼？此卜施行了。
7. 貴族名屰者受命爵封貴族名野者，不在圃地麼？

【字詞解析】

[1] 山：此辭之"山"指自然山或作神祇名，指大山之神。

[2] 戠鼇：用戠牛爲祭祀福肉。

[3] 野：甲骨文字形有 、 等，卜辭作貴族名。

[4] 斩：甲骨文字形爲 ，卜辭作地名。

[5] 卣：甲骨文字形有 、 、 、 等，象酒器卣形，或卣在皿中之形。此辭作貴族名。

[6] 圃：甲骨文字形有 、 等，象田裏長草木之形，應爲"圃"之初文。卜辭作地名。

[7] 屰：可讀爲岸，甲骨文字形有 、 、 等，卜辭作貴族名。

[8] 爵：甲骨文字形有 、 、 等，象酒器爵形，即"爵"字。卜辭借作爵封、爵賞之義。

【價值】本片對研究商代祭祀、社會結構、地理、政治制度等有重要價值。

157

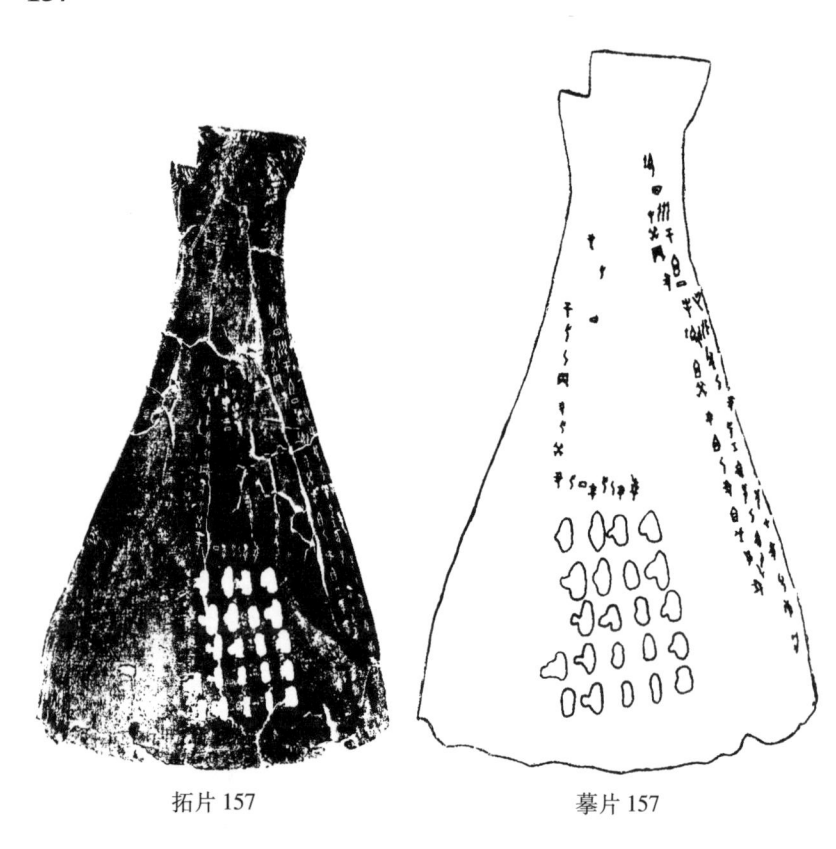

拓片 157　　　　　　摹片 157

【著録】《精粹》483,《合集》31993,《安新》1
【現藏】中國社會科學院考古研究所藏拓
【分期】四期
【釋文】
1. 作御牧[1]於妣乙盧[2]豕,妣癸彘,妣丁彘,妣乙豕?
2. 御衆於祖丁牛,御祖癸豕,祖乙彘,祖戊豕,妣癸盧豕?

3. 作御疾父乙豕，妣壬豚，兄乙豕，妣乙豕，兄甲豚，父庚[3]豕？

【譯文】

1. 爲牧正之官行御除灾殃之祭於先妣名乙者盧祭猪一頭，先妣名癸者野猪一頭，先妣名丁者野猪一頭，先妣名乙者猪一頭麽？

2. 爲自由民行御除灾殃之祭於先王祖丁用牛一頭，行御除灾殃之祭於先王祖癸用猪一頭，先王祖乙用野猪一頭，先王祖戊用猪一頭，先妣名癸者盧祭猪一頭麽？

3. 爲御除疾病行祭於商王之父小乙（即武丁）用猪一頭，先妣名壬者用小猪一頭，商王之兄名乙者用猪一頭，先妣名乙者用猪一頭，商王之兄名甲者用小猪一頭，商王父輩名庚者用猪一頭麽？

【字詞解析】

[1] 牧：甲骨文字形有 ✦、✦、✦、✦、✦ 等，象以手持棍或鞭放牧之狀。此辭"牧"作職官名，爲牧正之官。青銅器銘文中有"牧正"。

[2] 盧：見"拓片121反【字詞解析】2"。卜辭作祭名，盧祭。

[3] 父庚：即商王之父輩盤庚。

【價值】本片上的"豕"、"彘"、"豚"等犧牲字，頭部多經鏟挖，何意不明。此現象值得再研究。

158

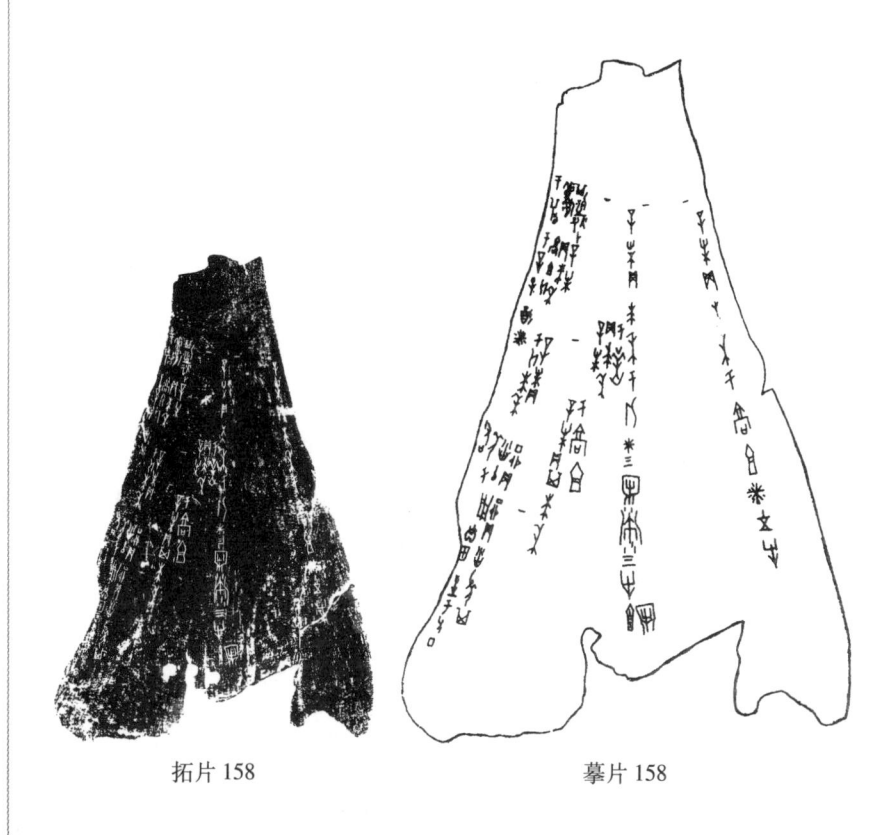

拓片 158　　　　　　　摹片 158

【著録】《精粹》484,《合集》32028,《摭續》2（不全）,《寧》1.119,《掇一》550

【現藏】上海博物館

【分期】四期

【釋文】

1. 丁卯,貞岳羌其用自上甲至於父丁[1]?

2. 丁卯,貞岳以羌於父丁?

3. 辛未，貞求禾[2]於高祖，袞五十牛？一
4. 辛未，貞其求禾於高祖？一
5. 辛未，貞求禾於岳[3]？一
6. 辛未，貞求禾於河，袞三牢，沉三牛，宜牢？一
7. 辛未，貞於河求禾？
8. 辛未，貞求禾高祖河，於辛巳酻袞？
9. 乙亥卜，其寧秋[4]於甸[5]？

【譯文】

1. 丁卯日〔占卜〕，貞問貴族名舌者（或舌地）的羌奴用於祭自上甲至父丁諸先公先王的人牲麼？
2. 丁卯日〔占卜〕，貞問貴族名舌者致進羌奴用於祭先王父丁麼？
3. 辛未日〔占卜〕，貞問行祈求禾稼豐收之祭於高祖神，燒燎五十頭牛爲獻牲麼？一爲兆序。
4. 辛未日〔占卜〕，貞問行祈求禾稼豐收之祭於高祖神麼？一爲兆序。
5. 辛未日〔占卜〕，貞問行祈求禾稼豐收之祭於先祖神岳麼？一爲兆序。
6. 辛未日〔占卜〕，貞問行祈求禾稼豐收之祭於先祖神河，燒燎三對牛，沉水三頭牛，俎宜陳放一對牛牲體爲獻麼？一爲兆序。
7. 辛未日〔占卜〕，貞問於先祖神河行祈求禾稼豐收之祭麼？
8. 辛未日〔占卜〕，貞問行祈求禾稼豐收之祭於高祖河，在辛巳日舉行酒祭和燒燎之祭麼？
9. 乙亥日占卜，行寧安秋獲之祭於甸神麼？

【字詞解析】

[1] 父丁：即商王武乙之父康丁。
[2] 求禾：即求年。第四期皆以"禾"爲"年"，求禾即祈求一年的禾稼豐收。
[3] 岳：甲骨文字形有等，卜辭作神祇名，爲殷先祖神或自然神山嶽之神。

［4］寧秋：祭名，寧安秋獲之祭。寧的甲骨文字形有 、 、 等，象室內置器皿之形，示安寧之義。卜辭作祭名，寧安之祭。

［5］𧊒：甲骨文字形有 、 、 等，卜辭作地祇神名。

【價值】 本片對研究商代社會結構、神靈崇拜和祭祀有重要價值。

159

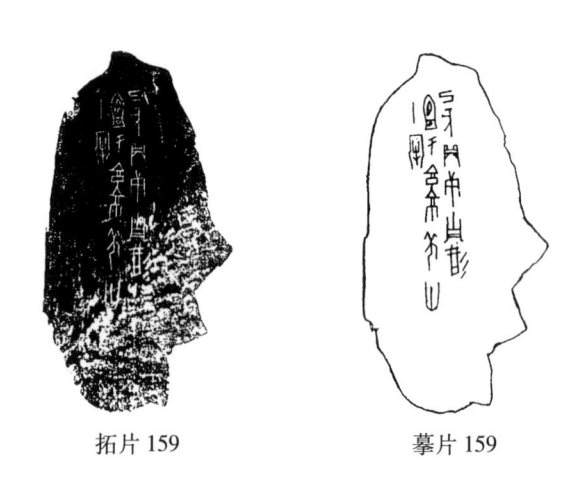

拓片 159　　　摹片 159

【著錄】《精粹》486，《合集》32051，《歷拓》7411

【現藏】 山東博物館

【分期】 四期

【釋文】

己亥，貞庚子酌宜[1]於亳[2]，羌[3]三十牢？

【譯文】

己亥日［占卜］，貞問庚子日在亳地行酒祭和宜俎陳牲體之祭，鬴殺三十對牛爲獻麼？

【字詞解析】

［1］宜：見"拓片38【字詞解析】21"。

［2］亳：可讀爲亳京，甲骨文字形有　、　等，卜辭作地名。

［3］羌：見"拓片8【字詞解析】2",此辭作用牲法,即甗殺犧牲三十對牛以祭。

【價值】本片對研究商代地理和祭祀有重要價值。

160

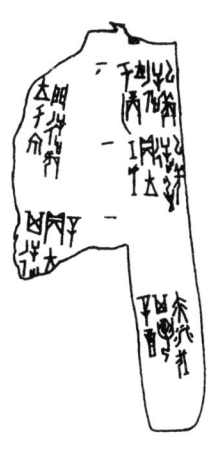

拓片160　　　　　摹片160

【著錄】《精粹》488,《合集》32035,《甲》896
【現藏】臺灣歷史語言研究所
【分期】四期
【釋文】
1. 辛酉其若,亦幾伐[1]?
2. 壬戌,貞王逆[2]辛以羌? 一
3. 於滴王逆以羌? 一
4. 辛□,貞王其逆……一
5. 王於宗門[3]逆羌[4]?

【譯文】
1. 辛酉日順若，也要釁血殺伐［人牲以祭］麼？
2. 壬戌日［占卜］，貞問商王迎用貴族名辜者致進的羌奴麼？一爲兆序。
3. 於滴水商王迎用致進的羌奴麼？一爲兆序。
4. 辛某日［占卜］，貞問商王迎用［羌奴］麼？一爲兆序。
5. 商王在宗廟門處迎用羌奴麼？

【字詞解析】

[1] 釁伐：用牲法，釁血殺伐人牲以祭。釁音機，甲骨文字形有冘、冘、冘、冘、冘等，象幾上有血滴形，示取牲血之義。卜辭作用牲法，釁殺犧牲取血以祭。伐，見"拓片4【字詞解析】6"，卜辭中"伐"作名詞時，爲犧牲名；作動詞時，爲祭名，即殺犧牲之伐祭。

[2] 逆：見"拓片51【字詞解析】1"。卜辭作迎用、迎受、迎接之義。

[3] 宗門：宗廟之門。宗的甲骨文字形有俞、俞等，象屋內有牌位之形。卜辭泛指安放祖宗牌位之處，即宗廟。宗門即宗廟之門。

[4] 逆羌：迎用羌奴。《說文》："逆，迎也。"于省吾說逆訓迎，典籍習見。卜辭作迎用、迎受、迎接之義。逆羌謂以羌爲牲而迎之以致祭。周禮大祝："隨寡逆牲"。禮記明堂位："君肉祖迎牲於門。"此乃周代迎牲之禮。甲骨文言王於南門或宗門逆羌，此殷禮之足征者也。

【價值】本片對研究商代祭祀和社會結構有重要價值。

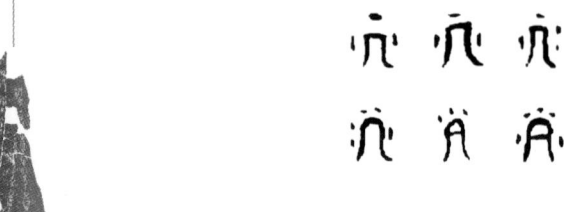

161

拓片 161　　　摹片 161

【著錄】《精粹》487,《合集》32030,《續存下》755,《歷拓》3183

【現藏】清華大學

【分期】四期

【釋文】

1. 癸……酌……

2. 庚戌卜,作婦庚[1]祄[2]?

3. 弜作祄?

4. 辛亥卜,北方[3]其出?

5. 弜禹（稱）衆[4]，不出？

6. 辛亥卜，犬延以羌用於大甲？

【譯文】

1. 癸某日……酒祭……

2. 庚戌日占卜，建造商王亡後婦庚的祊廟麼？

3. 不建造祊廟麼？

4. 辛亥日占卜，北方的方國出動〔犯邊〕了麼？

5. 不必稱集自由民，不出動了麼？

6. 辛亥日占卜，犬官名延者致進羌奴用於祭先王大甲麼？

【字詞解析】

[1] 婦庚：亦爲后庚，即商王亡后婦庚。后的甲骨文字形爲𛀁，應是"婦后"合文。

[2] 祊：甲骨文字形有𛀁、𛀁、𛀁、𛀁、𛀁、𛀁、𛀁、𛀁、𛀁等，繁文象雙手捧𛀁於牌位前，示進獻神祖貢品之義。卜辭作祊廟之義。或作祭名。也有釋爲"祕"者，亦爲廟義。

[3] 北方：北方的方國。北，見"拓片82【字詞解析】3"。

[4] 禹（稱）衆：稱集自由民。禹同"稱"，見"拓片49正【字詞解析】2"。卜辭作動詞，稱集之義。

【價值】本片對研究商代建築、戰爭、社會結構、職官、貢納等有重要價值。

162

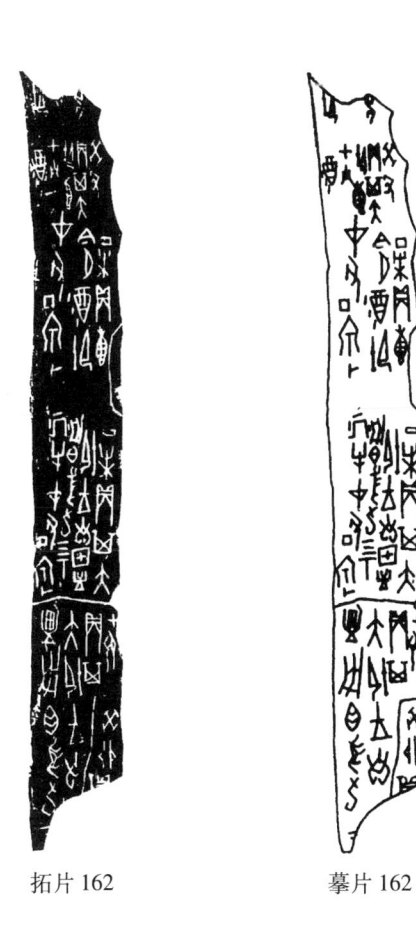

拓片 162　　　摹片 162

【著錄】《精粹》489,《合集》32330,《摭續》64
【現藏】上海博物館
【分期】四期
【釋文】
1. 癸卯, 貞……

2. 甲辰，貞其大御王，自……血[1]（盟），用白豕[2]九？
3. 丁未，貞其大御王，自上甲血（盟）用白豕九，二示幾牛？在父丁宗卜。
4. 丁未，貞叀今夕酚御？在父丁宗[3]卜。
5. 癸丑，貞其大御，叀甲子酚？
6. □申，……御……

【譯文】

1. 癸卯日［占卜］，貞問……
2. 甲辰日［占卜］，貞問爲商王大行御除災殃之祭，自（此處自後應如下辭爲先公先王名，但本辭無，應爲省略）……諸先公先王行盟血之祭，殺用白色的猪九頭麼？
3. 丁未日［占卜］，貞問爲商王大行御除災殃之祭，自先公上甲始祭諸先公先王殺用白色猪九頭行盟血之祭，二示（即示壬、示癸）釁殺牛爲獻牲麼？這是在商王之父康丁的宗廟裏占卜的。
4. 丁未日［占卜］，貞問是今天夜裏行酒祭和御除災殃之祭麼？這是商王之父康丁的宗廟裏占卜的。
5. 癸丑日［占卜］，貞問大行御除災殃之祭，是甲子日行酒祭麼？
6. 某申日［占卜］，……御除災殃之祭……

【字詞解析】

［1］血：甲骨文字形有ㄓ、ㄓ等，象血滴在皿中，釋"血"，通"盟"。卜辭作用牲法，取血以祭。

［2］白豕：白色的猪，用作祭牲。

［3］父丁宗：商王武乙之父康丁的宗廟。

【價值】本片對研究商代先祖崇拜和祭祀有重要價值。

163

拓片 163　　　　　　摹片 163

【著錄】　《精粹》491，《合集》32176，《粹》720 + 899 + 1220，《善》14253

【現藏】　北京圖書館（現中國國家圖書館）

【分期】　四期

【釋文】

1. 甲子，貞大邑[1]受禾[2]？一

2. 不受禾？一

3. 甲子，貞大邑有入，在彡[3]？

4. 甲子不緇雨[4]？一

5. 其緇雨？一

6. 戊辰卜，侑伇，妣己一女，妣庚一女？

【譯文】

1. 甲子日［占卜］，貞問大邑商都會得到禾稼豐收麽？一爲兆序。

2. 不會得到禾稼豐收麽？一爲兆序。

3. 甲子日［占卜］，貞問大邑商都有所貢入，在𠃌地麼？

4. 甲子日雨不連綿吧？一爲兆序。

5. 還是雨連綿呢？一爲兆序。

6. 戊辰日占卜，行侑求之祭以及奴爲獻牲，祭先妣名己者用一名女子，先妣名庚者用一名女子麼？

【字詞解析】

［1］大邑：即大邑商都。

［2］受禾：得到禾稼豐收。禾的甲骨文字形有𣎵、𣎵等，象禾谷形。卜辭中泛指穀類。第四期多有受禾之問，"受禾"即爲此前之"受年"。受禾與受年義同。

［3］𠃌：字不識，卜辭作地名。

［4］绵雨：雨連綿。绵可讀爲聯，甲骨文字形有𦫵、𦫵、𦫵等，卜辭作連綿不絕之義。

【價值】本片對研究商代農業、氣象、都邑等有重要價值。

164

拓片 164　　　　　摹片 164

【著録】《精粹》490,《合集》32087,《南明》477,《歷拓》4681 +《安明》2452

【現藏】故宫博物院

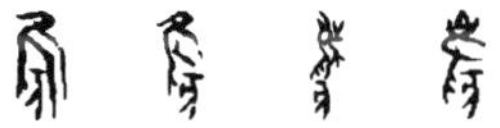

【分期】四期

【釋文】

甲午,貞乙未酌,高祖亥[1]……大乙羌五牛三,祖乙[羌]……小乙羌三牛二,父丁羌五牛三,亡𡭦?兹……

【譯文】

甲午日[占卜],貞問乙未日行酒祭,高祖王亥……先王大乙用羌奴五人牛三頭,先王祖乙用[羌奴]……先王小乙用羌奴三人牛二頭,先王父丁(即武乙之父康丁)用羌奴五人牛三頭,没有灾害之事發生吧?兹……(應爲兹用,即此卜施行了)。

【字詞解析】

[1] 亥:甲骨文字形有"亥"字加"隹"形者,如、、、等,釋爲"夒",。

此辭作"亥",爲殷先公王亥之專名。王亥又稱高祖,地位崇高。

【價值】本片對研究商代先祖崇拜和社會結構有重要價值。

165

拓片 165 　　　　　　摹片 165

【著録】《精粹》492,《合集》32099,《續存上》1786,《沫》10

【現藏】北京圖書館(現中國國家圖書館)

【分期】四期

【釋文】

　　庚寅，貞酚、升、伐自上甲六示[1]三羌三牛，六示[2]二羌二牛，小示[3]一羌一牛？二

【譯文】

　　庚寅日[占卜]，貞問行酒祭、升祭和殺伐之祭於自先公上甲起的六位先公用三名羌奴三頭牛爲獻牲，六位先王用二名羌奴二頭牛爲獻牲，旁系先王用一名羌奴一頭牛爲獻牲麽？二爲兆序。

【字詞解析】

[1] 自上甲六示：指上甲、報乙、報丙、報丁、示壬、示癸六位直系殷先公，即滅夏前殷部族祖先。

[2] 六示：指商湯（大乙）滅夏，建立商王朝後，自大乙、大丁、大甲、大庚、大戊、中丁六位直系殷先王，以與"小示"相別。

[3] 小示：指殷旁系先王。

【價值】本片對研究商代先祖崇拜和祭祀有重要價值。

166

拓片 166　　　　　　　　摹片 166

【著錄】《精粹》496，《合集》32384，《後上》8.14 + 《戩》1.10（不全），《續》1.5.8 + 《後上》8.14 + 拓本，《通》276 + 277（不全），《粹》112甲、乙、丙

【現藏】不明

【分期】四期

【釋文】

乙未酚兹品[1]上甲十，報乙□，報丙三，報丁[2]三，示壬三，示癸三，大乙十，大丁十，大甲十，大庚七，小甲三……三，祖乙……

【譯文】

乙未日行酒祭和兹進品物之祭自先公上甲獻用十（個），報乙……，報丙獻用三（個），報丁獻用三（個），示壬獻用三（個），示癸獻用三（個），先王大乙獻用十（個），大丁獻用十（個），大甲獻用十（個），大庚獻用七（個），旁系先王小甲獻用三（個）……三（個），祖乙獻用……

【字詞解析】

[1] 兹品：祭名，兹進品物之祭。兹或釋爲"系"，甲骨文字形有 、、、、、、等，象手持絲形，卜辭作祭名，供奉品物之祭。品的甲骨文字形有 、等， 在此爲容器，供裝祭品之用，用以享獻神祖，待遇有別，祭品有等差，後世遂引申爲官吏之級別。卜辭作祭名，品物之祭。

[2] 報乙、報丙、報丁：報的甲骨文字形有 、 、 等，象神龕側面形，供放神主牌位。卜辭中"三報"即殷先公報乙、報丙、報丁之集合廟主。

【價值】本片對研究先祖崇拜、商代世系和祭祀有重要價值，是王國維第一個在《殷卜辭中所見先公先王考》中綴全，并在甲骨學歷史研究中產生了重大影響。

167

拓片 167　　　摹片 167

【著錄】《精粹》503，《合集》32675，《粹》20，《善》370

【現藏】北京圖書館（現中國國家圖書館）

【分期】四期

【釋文】

1. 丁亥令……

2. 於小丁[1]御？

3. 於𠂤御？

4. 於亳土（社）[2]御？

5. 癸巳，貞御於父丁[3]，其五十小宰？

6. □□，[貞]御於父丁，其百小宰？

【譯文】

1. 丁亥日命令……

2. 於先王小丁（即商王小乙之父祖丁）行御除災殃之祭麼？

3. 於先祖神𠂤行御除災殃之祭麼？

4. 於亳地社壇行御除災殃之祭麼？
5. 癸巳日［占卜］，貞問行御除災殃之祭於先王父丁（即商王武乙之父康丁），用五十對羊爲獻牲麼？
6. ［某日占卜］，［貞問］行御除災殃之祭於先王父丁（即商王武乙之父康丁），用一百對羊爲獻牲麼？

【字詞解析】

［1］小丁：即商王小乙之父祖丁。
［2］亳土（社）：亳地社壇。亳的甲骨文字形有 、 、 等， 象高屋有支柱形。卜辭作地名。土，見"拓片13【字詞解析】7"。卜辭可用作"社"，即社壇或社神（也即土地神）。亳土即亳社。
［3］父丁：即商王武乙之父康丁。

【價值】本片對研究商代先祖崇拜和祭祀有重要價值，對傳統據稱謂斷此片爲四期也有重要價值。

168

拓片 168　　　摹片 168

【著錄】《精粹》506,《合集》32786,《粹》194,《善》436

【現藏】北京圖書館（現中國國家圖書館）

【分期】四期

【釋文】

1. 癸丑卜，侑於伊尹[1]？
2. 丁巳卜，侑於十立[2]，伊又[3]九？
3. □卯卜，……

【譯文】

1. 癸丑日占卜，行侑求之祭於名臣伊尹麼？
2. 丁巳日占卜，行侑求之祭於十位神主，即名臣伊尹再加上九位先王一起受祭麼？
3. 某卯日占卜，……

【字詞解析】

[1] 伊尹：殷名臣。伊的甲骨文字形有伊、朋等，尹的甲骨文字形有月、朋等。卜辭伊尹爲殷名臣名，此爲祭祀對象。

[2] 十立：十位神主。立的甲骨文字形爲立，象人站立於地之形。卜辭借用作"位"。

[3] 又：甲骨文字形有又、又等，象右手形。卜辭中"又"與"有"、"右"、"佑"、"侑"通用。此辭"又"爲連詞，再也。

【價值】本片對研究商代先祖崇拜和祭祀有重要價值。

169

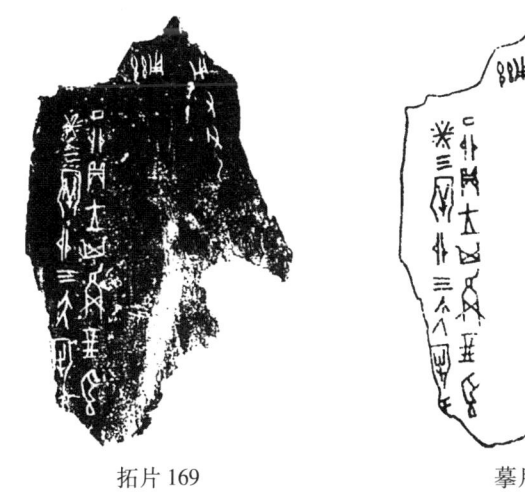

拓片 169　　　　　摹片 169

【著錄】《精粹》502,《合集》32721,《南明》614,《歷拓》4683

【現藏】故宮博物院

【分期】四期

【釋文】

1. 丁卯,貞王其爯(稱)[1]珏[2]瑹[3],尞三宰,卯三大牢,於……
2. ……用侑父乙[4]？茲用。

【譯文】

1. 丁卯日［占卜］,貞問商王稱舉雙玉和玉耳環爲獻,并燒燎三對羊牲,對剖三對牛牲,祭於……
2. ……行用侑求之祭於先王父乙（即商王之父武乙）麼？此卜施行了。

【字詞解析】

[1] 爯：同"稱",此辭作動詞,稱舉之義。

[2] 珏：見"拓片32【字詞解析】4"。

[3] 瑹：甲骨文字形有𦉢、𦉠、𦉡等,象耳戴飾品之形。卜辭指玉耳環,

用作祭品。

[4] 父乙：即商王文丁之父武乙。

【價值】本片對研究商代祭祀和玉制有重要價值，對傳統據稱謂斷此片爲第四期文丁物也有重要價值。

170

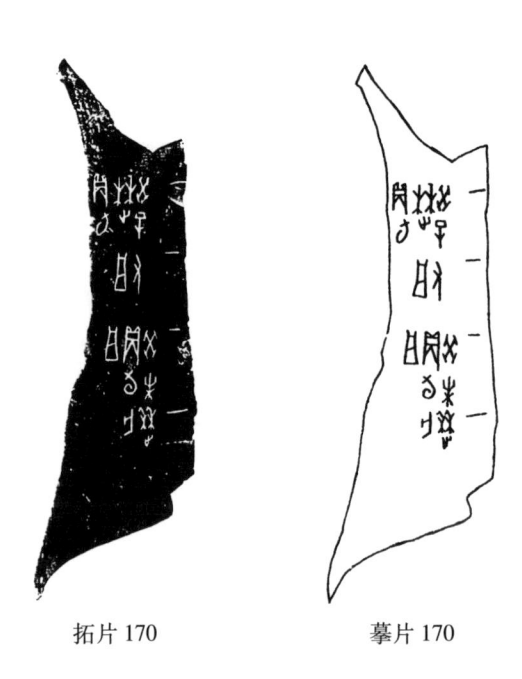

拓片 170　　　　　摹片 170

【著録】《精粹》508，《合集》32821，《寧》1.446，《歷拓》3768

【現藏】清華大學

【分期】四期

【釋文】

1. 癸未，歷[1]，貞旬亡禍[2]？一

2. 有（又）禍？一

3. 癸巳，歷，貞旬[亡禍]？一

【譯文】

1. 癸未日［占卜］，貞人歷問卦，貞問下一個十天一旬之内没有灾禍之事發生吧？一爲兆序。
2. 有灾禍之事發生麽？一爲兆序。
3. 癸巳日［占卜］，貞人歷問卦，貞問下一個十天一旬之内［没有灾禍之事發生吧］？一爲兆序。

【字詞解析】

[1] 歷：甲骨文字形有、、等，從止。歷史、經歷都是過程，此乃歷字從止之原因。卜辭作四期貞人名。

[2] ［亡禍］：3辭中的"亡禍"省略，或因骨外緣已無空隙刻字，故省之。

【價值】本片爲典型有貞人歷的"歷組卜辭"，對研究商代卜辭斷代有重要價值。

171

拓片171 　　　摹片171

【著録】《精粹》511，《合集》32897，《佚》913（不全），《歷

拓》10526

【現藏】吉林大學

【分期】四期

【釋文】

1. 丁未，貞王其令望乘帚（婦），其告於［祖乙］？

2. 丁未，貞王令卯[1]途危方[2]？

3. □［卯］……升……伊，卯一牛？

【譯文】

1. 丁未日［占卜］，貞問商王命令大將望乘之婦，要行告禱之祭於［先王祖乙］麼？

2. 丁未日［占卜］，貞問商王命令卯殺途及危方方國麼？

3. □［卯日］……升祭……伊尹，對剖一頭牛麼？

【字詞解析】

［1］卯：見"拓片4【字詞解析】2"，此辭作卯殺之義。

［2］危方：方國名。危，見"拓片4【字詞解析】7"。

【價值】本片對研究商代戰爭有重要價值。

172 正

拓片 172 正　　　　摹片 172 正

【著錄】《精粹》512 正,《合集》32992 正,《粹》1545 甲,《善》14234 正,《京》3881 正(不全)

【現藏】北京圖書館(現中國國家圖書館)

【分期】四期

【釋文】

1. 戊寅,貞叶[1]亡禍?
2. □丑,貞其寧雨[2]於方[3]?

【譯文】

1. 戊寅日[占卜],貞問貴族名叶者沒有災禍之事發生吧?
2. 某丑日[占卜],貞問行寧定止雨之祭於方神麼?

【字詞解析】

1. 叶:見"拓片10【字詞解析】2"。此辭作貴族名。
2. 寧雨:祭名,寧定止雨之祭。
3. 方:見"拓片4【字詞解析】13",借爲方國、方向之方。此辭之"方"當作神祇名,方神。

【價值】本片對研究商代方神崇拜和祭祀有重要價值。

172 反

拓片 172 反 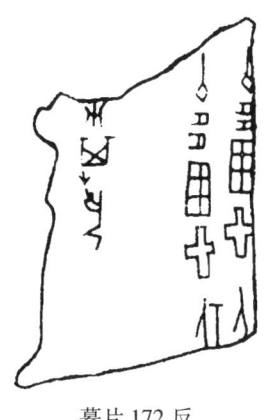　　　摹片 172 反

【著錄】《精粹》512 反，《合集》32992 反，《粹》1545 乙，《善》14234 反

【現藏】北京圖書館（現中國國家圖書館）

【分期】四期

【釋文】

1. 以[1]多田[2]、亞、任[3]？
2. 以多田、亞、任？
3. ……其杻[4]？

【譯文】

1. 致進多位甸官、亞官和任官麼？
2. 致進多位甸官、亞官和任官麼？
3. ……舉行杻燒之祭麼？

【字詞解析】

[1] 以：甲骨文字形有 ╳、╳、╳ 等，卜辭作致進之義。

[2] 田：見"拓片1【字詞解析】4"。卜辭中"田"亦用作"畋"。此辭之"田"借作"甸"，爲職官名，即主管中心之外農墾之官。

[3] 任：見"拓片62【字詞解析】9"。

[4] 杻：甲骨文字形有 ╳、╳、╳、╳ 等，卜辭作祭名，杻燒之祭，近似燎祭。

【價值】本片對研究商代職官有重要價值。

173

拓片 173　　　　　摹片 173

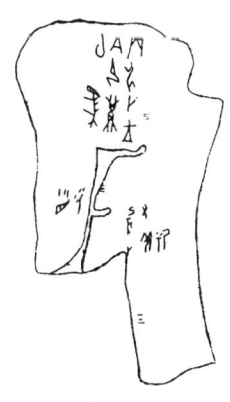

【著錄】《精粹》513，《合集》32994，《安明》2711

【現藏】加拿大皇家安大略博物館

【分期】四期

【釋文】

1. 丙申卜，王令冓[1]以多馬[2]？三
2. 己亥卜，侑羌祀？三
3. 乎（呼）省[3]？三

【譯文】

1. 丙申日占卜，商王命令貴族名冓者致進馬隊麼？三爲兆序。
2. 己亥日占卜，行侑求之祭以羌奴祭祀麼？三爲兆序。
3. 命令貴族名省者麼？三爲兆序。

【字詞解析】

[1] 冓：甲骨文字形有 、 、 、 等，"遇"字意。此辭"冓"用爲人名，由《合集》1076 正"貞冓大永不其只（獲）鹿"可証。

[2] 多馬：卜辭作馬隊之義，或作職官名，即多位馬官。

[3] 省：甲骨文字形爲╳，卜辭作貴族名。

【價值】本片對研究商代軍事和社會結構有重要價值。

174

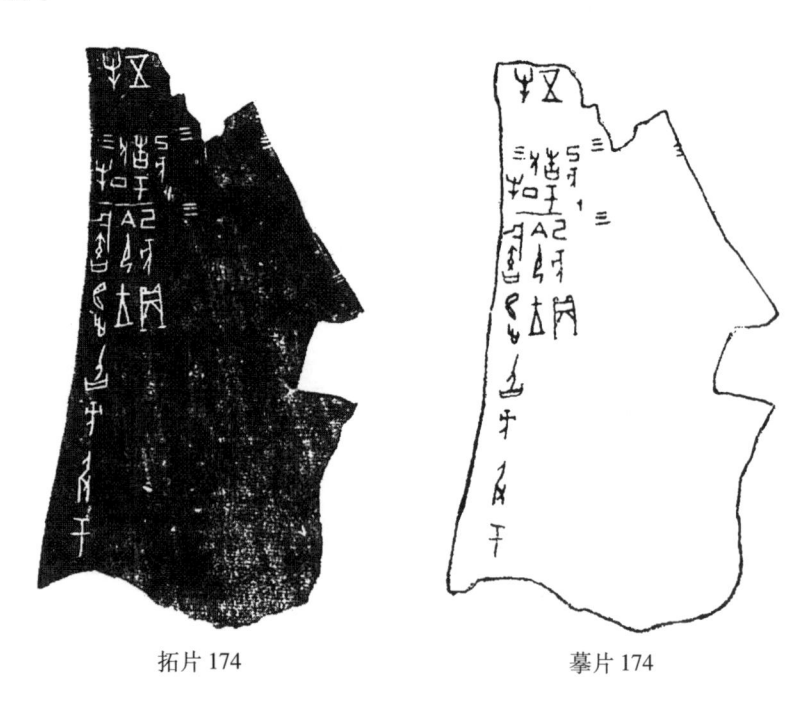

拓片 174　　　　　　摹片 174

【著録】《精粹》514，《合集》33017，《南明》616，《歷拓》4866

【現藏】故宮博物院

【分期】四期

【釋文】

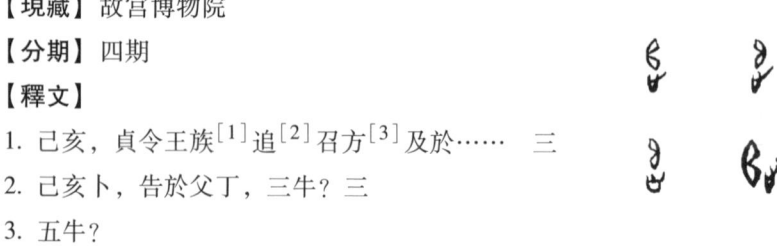

1. 己亥，貞令王族[1]追[2]召方[3]及於……　三
2. 己亥卜，告於父丁，三牛？　三
3. 五牛？

【譯文】

1. 己亥日［占卜］，貞問命令王族族軍追及召方方國之軍於……麼？三爲兆序。

2. 己亥日占卜，行告禱之祭於先王父丁（即商王武乙之父康丁），以三頭牛爲獻牲麼？三爲兆序。

3. 還是以五頭牛爲獻牲呢？

【字詞解析】

［1］王族：王族即與商土有關的家族，王族又有族軍。

［2］追：甲骨文字形有🄐、🄑、🄒、🄓等，從𠂤（師）從止（止），止爲足形，足指向師，會追趕敵兵之義。卜辭作追及、追趕、追擊之義。

［3］召方：方國名。召，見"拓片106【字詞解析】2"。卜辭作方國名。

【價值】本片對研究商代戰爭有重要價值。

175

拓片 175　　　摹片 175

【著錄】《精粹》515，《合集》33034，《安明》2719

【現藏】加拿大皇家安大略博物館

【分期】四期

【釋文】

1. 丙午，貞叀王正（征）刀[1]……

2. 丙午，貞令沐[2]甾以雀[3]啓[4]？三

3. 弗以？三

4. 弜□？

5. 己酉卜，刀，三千？

【譯文】

1. 丙午日〔占卜〕，貞問是商王出征刀方方國……

2. 丙午日〔占卜〕，貞問命令貴族名沐者和貴族名甾者以貴族名雀者爲前鋒啓行麼？三爲兆序。

3. 不致進麼？三爲兆序。

4. 不……麼？

5. 己酉日占卜，〔征伐〕刀方方國，出動三千人麼？（卜辭所見征伐方國，所列兵力者多爲商王國，而方國無列兵力者，故此三千應爲商王國兵數。）

【字詞解析】

[1] 刀：甲骨文字形有、等，爲象形字。卜辭作方國名。

[2] 沐：甲骨文字形爲，卜辭作貴族名。

[3] 雀：見"拓片60【字詞解析】6"。

[4] 啓：見"拓片5【字詞解析】2"。此辭引申爲啓行、開路之義。

【價值】本片對研究商代戰爭和社會結構有重要價值。

176

拓片 176　　　　　摹片 176

【著錄】《精粹》516，《合集》33006，《佚》86 +《粹》597，《善》4661 + 14247，《粹》598

【現藏】北京圖書館（現中國國家圖書館）

【分期】四期

【釋文】

1. 辛未卜，侑於出日？三
2. 辛未侑於出日，兹不用？
3. 乙未，貞……
4. 丁酉，貞王作三師[1]，右、中、左？三
5. 辛亥，貞侑……

【譯文】

1. 辛未日占卜，行侑求之祭於太陽升起麼？三爲兆序。
2. 辛未日行侑求之祭於太陽升起麼？此卜不施行。
3. 乙未日［占卜］，貞問……

4. 丁酉日［占卜］，貞問商王建作三師軍隊，即右師、中師、左師麼？三爲兆序。

5. 辛亥日［占卜］，貞問行侑求之祭……

【字詞解析】

［1］作三師：建造三師軍隊。作，見"拓片2【字詞解析】3"。卜辭作建造、建作之義。師見"拓片13【字詞解析】10"，卜辭作軍隊建制。三師即左、中、右三支軍隊。

【價值】本片對研究商代軍事制度有重要價值，學者多引用之。

177

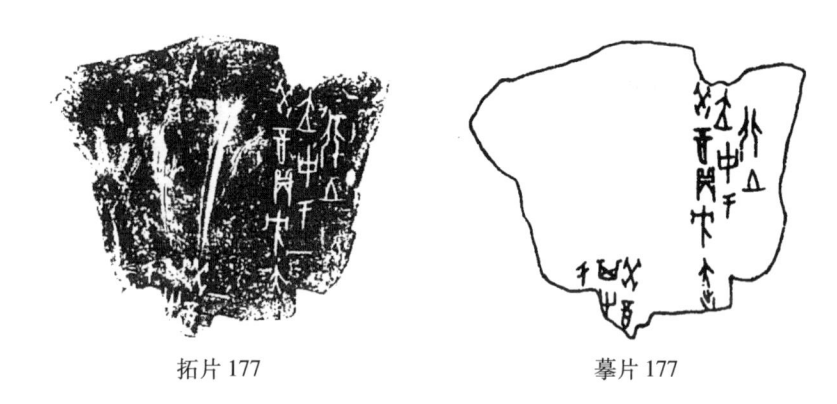

拓片 177　　　　　　　摹片 177

【著錄】《精粹》518，《合集》33049，《續存下》803，《歷拓》10654

【現藏】吉林博物館

【分期】四期

【釋文】

1. 癸酉，貞方[1]大出[2]，立中於北土[3]？

2. 癸酉，［貞］其［告］……於……

【譯文】

1. 癸酉日［占卜］，貞問方方國大舉出動，［商王國］豎立戰旗於北方邊地［以聚兵衆］麽？

2. 癸酉日［占卜］，［貞問行告禱之祭］……於……

【字詞解析】

［1］方：方國名。

［2］大出：大舉出動。

［3］北土：北方邊地。

【價值】本片對研究商代戰爭有重要價值，可與《合集》3276 綴合。

178

拓片 178　　　　　　　　　摹片 178

【著錄】《精粹》519，《合集》33208，《甲》622

【現藏】臺灣歷史語言研究所

【分期】四期

【釋文】

1. 甲子卜，王從東戈[1]米侯，弋？

2. 乙丑卜，王從南戈[2]米侯，弋？

3. 丙寅卜，王從西戈[3]米侯，弋？

4. 丁卯卜，王從北戈[4]米侯[5]，弋？

5. □辰……

6. 兕 兕 兕

【譯文】

1. 甲子日占卜，商王率領東方邊戈之地的米侯，會有弋傷麼？

2. 乙丑日占卜，商王率領南方邊戈之地的米侯，會有弋傷麼？

3. 丙寅日占卜，商王率領西方邊戈之地的米侯，會有弋傷麼？

4. 丁卯日占卜，商王率領北方邊戈之地的米侯，會有弋傷麼？

5. 某辰日……

6. 辭殘，全辭文意不詳。

【字詞解析】

[1] 東戈：東方邊戈之地。此辭之"戈"即邊戈之地。

[2] 南戈：南方邊戈之地。

[3] 西戈：西方邊戈之地。

[4] 北戈：北方邊戈之地。

[5] 米侯：米地首領。米的甲骨文字形有米、米等，卜辭作地名或方國名。

【價值】本片對研究商代戰爭有重要價值。

179

拓片 179

【著錄】《精粹》520，《合集》33241，《鄴三下》39.5 + 42.8 + 45.7（《京》4378）

【現藏】北京師範大學

【分期】四期

【釋文】

1. 戊寅，貞來歲[1]大邑受禾？在六月卜。
2. 不受禾？一
3. 庚辰卜，方不出？一
4. 方其出？一
5. 庚辰卜，纻人[2]其東饗[3]？一
6. 庚□□，貞受……
7. 庚辰卜，侑䚘人南？

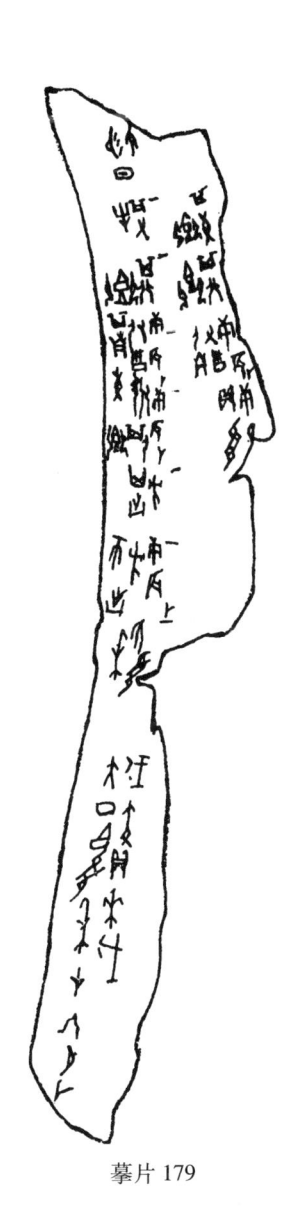

摹片 179

8. 庚辰卜，侑酉人其南？一

9. 其北饗？

10. 其北饗？一

11. 其東饗？

12. 其侑牛？一

13. 不易日？

【譯文】

1. 戊寅日［占卜］，貞問未來的一年大邑商都會得到禾稼豐收麼？這是在六月占卜的。

2. 還是不會得到禾稼豐收呢？一爲兆序。

3. 庚辰日占卜，方方國軍隊不出動麼？一爲兆序。

4. 方方國軍隊出動麼？一爲兆序。

5. 庚辰日占卜，紣地之人在東方行饗食之祭麼？一爲兆序。

6. 庚［某日占卜］，貞問會得到……

7. 庚辰日占卜，行侑求之祭酉砍人牲於南方麼？

8. 庚辰日占卜，行侑求之祭酉砍人牲在南方麼？一爲兆序。

9. 在北方行饗食之祭麼？

10. 在北方行饗食之祭麼？一爲兆序。

11. 在東方行饗食之祭麼？

12. 行侑求之祭以牛爲獻牲麼？一爲兆序。

13. 天氣不陰蔽吧？

【字詞解析】

［1］來歲：未來的一年。商代一年收穫一次，一歲即一收穫季。

［2］紣人：紣地之人。紣的甲骨文字形爲，卜辭作地名或人名，紣人或爲貴族名者之族人。

［3］饗：見"拓片29【字詞解析】1"。此辭作祭名，饗食之祭。

【價值】本片對研究商代農業、方神崇拜和祭祀有重要價值。

甲骨拓片精選導讀

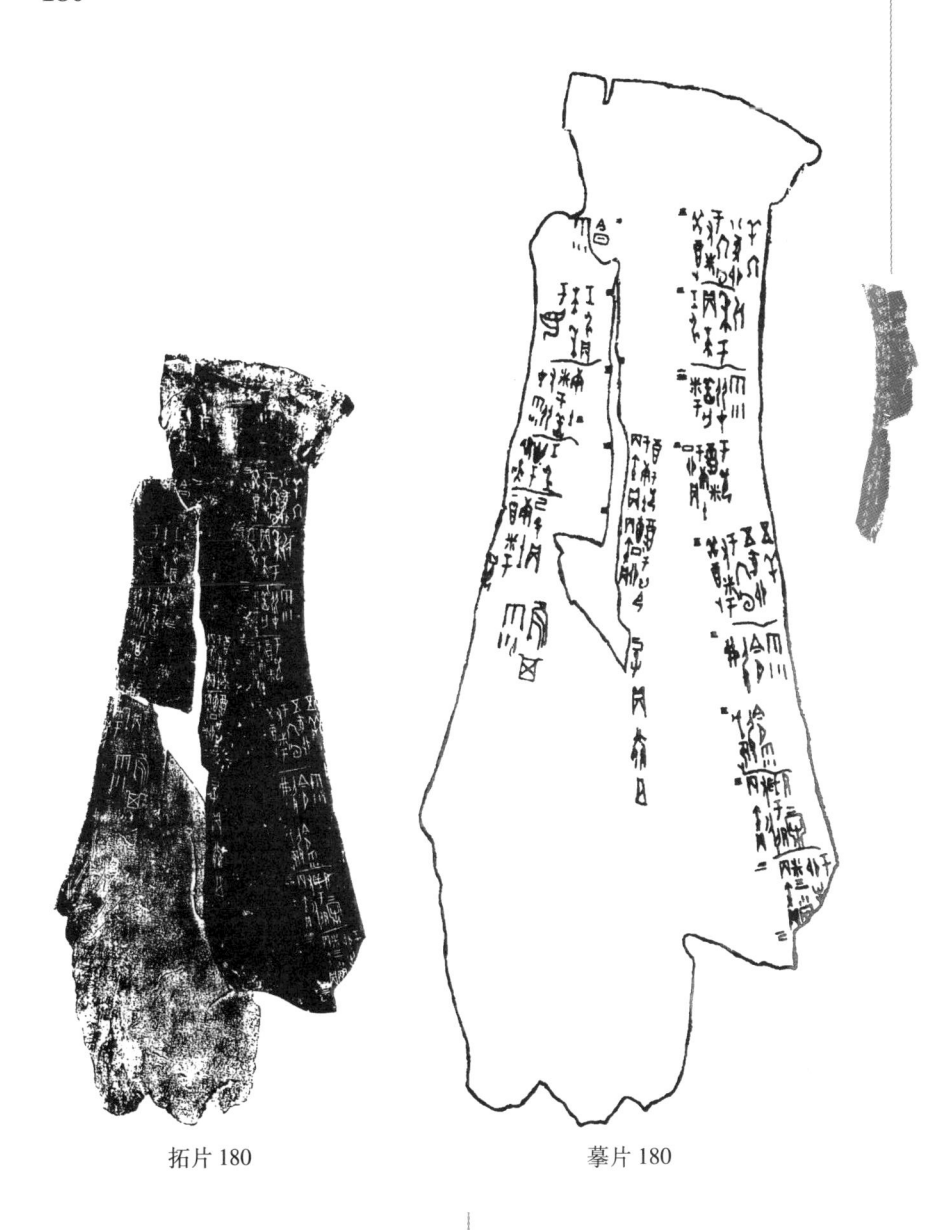

180

拓片 180

摹片 180

【著録】《精粹》527，《合集》33273，《後上》22.3 + 22.4 +《續》4.21.10，《通》259

【現藏】不明

【分期】四期

【釋文】

1. 丙寅，貞米[1]三小宰，卯牛……於……三
2. 丙寅，貞侑、升、歲於伊尹，二牢？三
3. 丙寅，貞叀丁卯酻於&[2]？
4. 丙寅，貞於庚午酉（酻）於&？
5. 丁卯，貞於庚午酻、米於&？三
6. 戊辰卜，及今夕雨？三
7. 弗及今夕雨？三
8. 己巳，貞庚午酻、米於&？三
9. 己巳，貞非禍[3]？
10. 隹其雨？
11. 庚午，米於岳，有從[4]在雨？三
12. 米於岳，亡從在雨？三
13. 壬申剛[5]於伊奭？三
14. 壬申，貞求禾於夔？三
15. 壬申，貞求禾於河？三
16. 癸酉卜，侑、米於六雲[6]，五豖，卯五羊？三
17. 癸酉卜，侑、裒於六雲，八豖，卯羊六？三
18. 今日雨？三

【譯文】

1. 丙寅日［占卜］，貞問行米祭用三對羊牲，對剖牛牲……於……麽？三爲兆序。
2. 丙寅日［占卜］，貞問行侑求之祭、升祭和劌殺犧牲之祭於名臣伊

尹，以二對牛爲獻牲麼？三爲兆序。

3. 丙寅日［占卜］，貞問是丁卯日行酒祭於先祖神𔒚麼？

4. 丙寅日［占卜］，貞問還是庚午日行酒祭於先祖神𔒚呢？

5. 丁卯日［占卜］，貞問是在庚午日行酒祭和米祭於先神祖𔒚麼？三爲兆序。

6. 戊辰日占卜，到今天夜裏下雨麼？三爲兆序。

7. 還是不到今天夜裏下雨呢？三爲兆序。

8. 己巳日［占卜］，貞問庚午日行酒祭和米祭於先祖神𔒚麼？三爲兆序。

9. 己巳日［占卜］，貞問不是災禍之事吧？

10. 是下雨了麼？

11. 庚午日占卜，行米祭於先祖神岳，有急雨降下吧？三爲兆序。

12. 行米祭於先祖神岳，沒有急雨降下麼？三爲兆序。

13. 壬申日行剛祭於名臣之配麼？三爲兆序。

14. 壬申日［占卜］，貞問行祈求禾稼豐收之祭於先祖神夔麼？三爲兆序。

15. 壬申日［占卜］，貞問行祈求禾稼豐收之祭於先祖神河麼？三爲兆序。

16. 癸酉日占卜，行侑求之祭和米祭於六雲之神，以五頭小豬爲獻，并對剖五頭羊牲麼？三爲兆序。

17. 癸酉日占卜，行侑求之祭和燒燎之祭於六雲之神，以八頭小豬爲獻，并對剖六頭羊牲麼？三爲兆序。

18. 今天下雨吧？三爲兆序。

【字詞解析】

[1] 米：甲骨文字形有䊆、䊇等，象米粒形。卜辭作祭名，米祭。從第16辭"侑米於六雲五羖"和第17辭"侑燎於六雲八羖"看，米祭與燎祭在辭中所處位置相同，所祭對象相同，所用犧牲相同，"米祭"與"燎祭"應相近，只是文字略異而已。

［2］ ᙸ：字不識，卜辭作神衹，殷先祖神。
［3］ 非禍：不是災禍之事。非的甲骨文字形有ᙸ、ᙸ、ᙸ、ᙸ等，象二人相背之形。卜辭作否定詞，同"不"。
［4］ 從：此辭借作"縱"，急也。從雨即急雨。
［5］ 剛：甲骨文字形有ᙸ、ᙸ、ᙸ、ᙸ、ᙸ、ᙸ等，象以刀割網形，從網從刀，以示刀子剛硬鋒利之義。卜辭作祭名，剛祭。
［6］ 六雲：卜辭作神衹名，六雲之神。或爲六種顏色的雲，即彩雲。
【價值】本片對研究商代神靈崇拜和祭祀有重要價值。

181 正

拓片 181 正 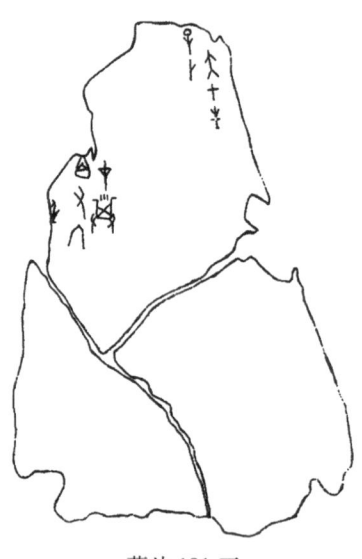　　　　　摹片 181 正

【著録】《精粹》528 正，《合集》33374 正，《摭續》161 正（不全），《掇二》399 正
【現藏】上海博物館
【分期】四期

【釋文】

1. ……皋……百又六,在萁[1]。
2. □巳卜,……大甲封[2]?

【譯文】

1. ……貴族名皋者……一百零六(個),在萁地。
2. 某巳日占卜,……先王大甲的封志之處麼?

【字詞解析】

[1] 萁:或音其,甲骨文字形爲📷,卜辭作地名。
[2] 封:見"拓片138【字詞解析】2"。卜辭作封志之義。古者不封不樹,葬處無丘墓類標誌。但商代不盡如此,河南安陽殷墟婦好墓上建有"享堂",此"大甲封",當爲商先王大甲之墓(或大甲神位)有封志處也。

【價值】本片之"大甲封"值得研究。

181 反

拓片 181 反　　　　　摹片 181 反

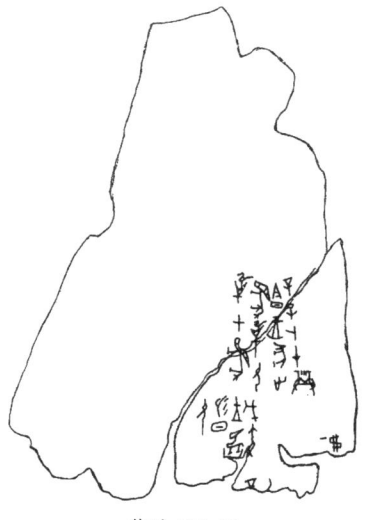

【著録】《精粹》528 反，《合集》33374 反，《撫續》125 反（不全），《掇二》399 反

【現藏】上海博物館

【分期】四期

【釋文】
1. 戊寅王陷，易日？允。
2. 辛巳卜在茅，今日王逐兕，隻[1]？允隻七兕。
3. 弗……一

【譯文】
1. 戊寅日商王〔舉行〕陷獵活動，天氣陰蔽了麼？事後所記的應驗結果是：果然天氣陰蔽了。
2. 辛巳日在茅地占卜，〔貞問〕今天商王逐獵兕牛，有所擒獲麼？事後所記的應驗結果是：果然擒獲了七頭兕牛。
3. 不……麼？一為兆序。

【字詞解析】

[1] 隻：音禽，甲骨文字形有 、 、 等，象以長柄網捕鳥之形。卜辭作動詞，擒獲、獵獲、捕獲之義。

【價值】本片對研究商代田獵有重要價值。

182

拓片 182

【著錄】《精粹》521,《合集》33209,《書道》44,《京人》2363

【現藏】京都大學人文科學研究所

【分期】四期

【釋文】

1. 癸亥,貞於昊[1]皇……
2. 癸亥,貞王令多尹皇田[2]於西,受禾?
3. 癸亥,貞多尹[3]弜受禾?

摹片 182

4. 癸亥，貞其求禾[4]自上甲？
5. 乙丑，貞王令㘯田於京[5]？
6. 戊辰，貞求禾自上甲，其袞？
7. 龍㘯田？

【譯文】

1. 癸亥日〔占卜〕，貞問於昊地衺田……
2. 癸亥日〔占卜〕，貞問商王命令多位尹官率族衆衺田於西方，會得到禾稼豐收麽？
3. 癸亥日〔占卜〕，貞問多位尹官不會得到禾稼豐收麽？
4. 癸亥日〔占卜〕，貞問行祈求禾稼豐收之祭自先公上甲開始麽？
5. 乙丑日〔占卜〕，貞問商王命令衺田在京地麽？
6. 戊辰日〔占卜〕，貞問行祈求禾稼豐收之祭自先公上甲開始，并舉行燒燎之祭麽？
7. 貴族名龍者率族衆衺田麽？

【字詞解析】

[1] 昊：甲骨文字形有⿰、⿰等，象以矢射目形。卜辭作地名。

[2] 㘯田：即衺田，開墾荒地。㘯的甲骨文字形有⿰、⿰、⿰、⿰等，象單手或雙手起土，或從用，用乃桶形，有用桶去土之義，爲"墾"、"聖"之初文。卜辭或釋作"墾田"，開墾荒地之義。或釋作"聖田"，壅苗固株之義。而衺田即造新田、墾田。

[3] 多尹：多位尹官。

[4] 求禾：與"求年"義同，本期"禾"同"年"，禾稼豐收即好年成。求，卜辭作祭名，祈求之祭。

[5] 京：甲骨文字形有⿰、⿰、⿰等，象建築物在高丘之上。此辭作地名。

【價值】本片對研究商代農業和職官有重要價值。

183

拓片 183　　　　摹片 183

【著錄】《精粹》532，《合集》33694，《簠天》1 +《簠人》1，《佚》374
【現藏】天津歷史博物館
【分期】四期
【釋文】
1. 癸酉，貞於上甲？
2. 於南兮[1]？
3. 於正京[2]北？

4. 癸酉，貞日月有食[3]，佳若[4]？

5. 癸酉，貞日月有食，非若[5]？

6. 乙亥，貞侑伊尹？

7. 乙亥，貞其侑伊尹，二牛？

8. 王出？

9. 貞……　三

【譯文】

1. 癸酉日〔占卜〕，貞問於先公上甲〔行祭〕麼？

2. 還是〔行祭於〕南兮之地〔的神明〕呢？

3. 還是〔行祭於〕正京之北〔的神明〕呢？

4. 癸酉日〔占卜〕，貞問發生了日食和月食，是順若吉利之象麼？

5. 癸酉日〔占卜〕，貞問發生了日食和月食，不順若吉利麼？

6. 乙亥日〔占卜〕，貞問行侑求之祭於名臣伊尹麼？

7. 乙亥日〔占卜〕，貞問行侑求之祭於名臣伊尹，以二頭牛爲獻牲麼？

8. 商王出行麼？

9. 貞問……　三爲兆序。

【字詞解析】

[1] 南兮：地名。兮的甲骨文字形有丫、丫、丫、丫等，卜辭作地名。

[2] 正京：地名。

[3] 日月有食：或釋爲日夕有食，即太陽在夜裏發生日食，但夜裏是不能見太陽的。商人仰觀天象，何以能在夜裏觀察到日食？此説不甚合理，故不從之。食，見"拓片141【字詞解析】3"。卜辭借作"蝕"，日蝕或月蝕之義。

[4] 佳若：順若吉利。

[5] 非若：不順若吉利。

【價值】本片對研究商代天象有重要價值。

184

拓片 184　　　　　　摹片 184

【著錄】《精粹》534，《合集》33698，《粹》55，《善》106
【現藏】北京圖書館（現中國國家圖書館）
【分期】四期
【釋文】
1. 庚辰，貞日有戠[1]，非禍，隹若？一
2. 庚辰，貞日戠[2]，其告於河？一
3. 庚辰，貞日有戠，其告於父丁，用牛九在斅[3]？一

【譯文】
1. 庚辰日［占卜］，貞問太陽出現了黑子，沒有禍事，是順若吉利吧？一爲兆序。
2. 庚辰日［占卜］，貞問太陽出現了黑子，行告禱之祭於先祖神河麼？一爲兆序。
3. 庚辰日［占卜］，貞問太陽出現了黑子，行告禱之祭於先王父丁（即商王武乙之父康丁），在斅地用九頭牛爲獻牲麼？一爲兆序。

【字詞解析】

[1] 日有戠：郭沫若謂即太陽出現了黑子。戠的甲骨文字形有 ᇰ、ᇰ 等，此辭作黑子之義。又作顏色名。也有學者釋"戠"爲"蝕"，如按此釋即應貞問發生了日蝕……。

[2] 日戠：即太陽出現了黑子。或謂出現日蝕。

[3] 燮：可讀爲曌，甲骨文字形有 ᇰ、ᇰ、ᇰ、ᇰ 等，卜辭作地名。

【價值】本片對研究商代天象有深入討論的價值。

185

拓片 185

摹片 185

【著錄】《精粹》535，《合集》34103，《粹》79，《善》205

【現藏】北京圖書館（現中國國家圖書館）

【分期】四期

【釋文】

1. 癸卯，貞……豭九，下示[1]畿［血（盟）］……
2. 甲辰，貞其大御王自上甲，血（盟）用白豭[2]九，下示畿［血（盟）］……
3. 癸丑，貞其大御，叀甲子酌？
4. 於甲申酌、御？

【譯文】

1. 癸卯日［占卜］，貞問……公豬九頭，自先王小乙始的下示畿殺［取血釁祭］……
2. 甲辰日［占卜］，貞問大行御除商王灾殃之祭於自先公上甲以下諸先公，取血用殺白色公豬九頭爲犧牲，自先王小乙以下諸先王畿殺取血釁祭……（據此辭，第一辭可補爲"癸卯，貞［其大御王自上甲，血（盟）用白］豭九，下示畿血（盟）……"。）
3. 癸丑日［占卜］，貞問大行御除灾殃之祭，是在甲子日舉行酒祭麼？
4. 還是在甲申日舉行酒祭和御除灾殃之祭呢？

【字詞解析】

[1] 下示：即小乙以下殷先王。據《合集》32616"求其下自小乙"和《屯南》2706"大御王，自上甲血（盟）用白豭九，下示畿牛，在祖乙宗卜"，此辭"下示"應指小乙以下殷先王。

[2] 白豭：白色的公豬。豭的甲骨文字形有 、 等，象有勢之豕，爲沒有閹過的公豬。卜辭作祭牲。

【價值】本片對研究商代先祖崇拜和祭祀有重要價值。

186

拓片 186

摹片 186

【著錄】《精粹》536,《合集》33986,《安明》438＋2528,《歷拓》5240

【現藏】故宫博物院

【分期】四期

【釋文】

1. 甲申卜,乙易日? 一
2. 不啓? 一
3. 延啓? 允。一
4. 乙未……歲祖□,三十牢,夕……兹用。羞[1]申歲、叔雨,不延雨? 一
5. 飤大丁? 三
6. 乙未卜,今日啓? 二
7. 乙不啓?
8. 不啓? 三
9. 不啓?

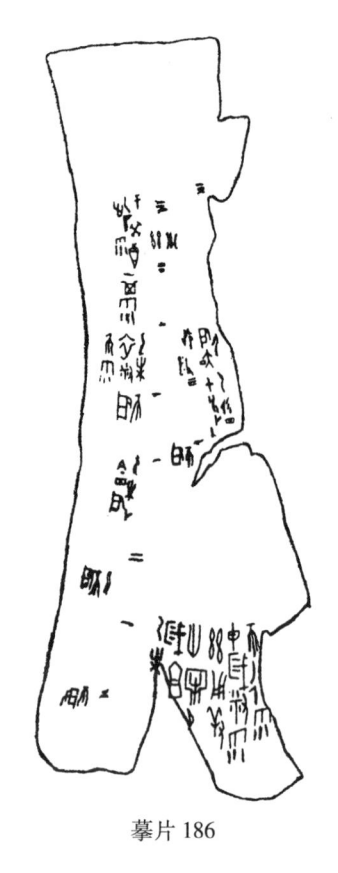

10. 乙未，衣、叔[2]，不雨？一

11. 其雨？一

12. 於癸酉延雨？二 三 茲用。

13. 三

【譯文】

1. 甲申日占卜，乙日天氣陰蔽麼？一爲兆序。

2. 不晴好麼？一爲兆序。

3. 延長天氣晴好麼？事後所記的應驗結果是：果然延長天氣晴好。一爲兆序。

4. 乙未日……行劌殺犧牲之祭於先王祖某，以三十對牛爲獻牲，晚上……此卜施行了。進饍并行劌殺犧牲之祭和叔祭下雨了，不會綿延不止地下雨吧？一爲兆序。

5. 脆裂擊殺祭牲獻於先王大丁麼？三爲兆序。

6. 乙未日占卜，今天天氣晴好麼？二爲兆序。

7. 乙日天氣不晴好麼？

8. 天氣不晴好麼？三爲兆序。

9. 天氣不晴好麼？

10. 乙未日［占卜］，舉行合祭和叔祭，不下雨麼？一爲兆序。

11. 會下雨麼？一爲兆序。

12. 在癸酉日會綿延不止地下雨麼？二、三爲兆序。此卜施行了。

13. 辭殘，全辭文意不詳。三爲兆序。

【字詞解析】

[1] 羞：甲骨文字形有 等，象以手持羊，示進獻之義。卜辭作進饍之義。或作祭名，進獻之祭。

[2] 叔：甲骨文字形有 等，卜辭作祭名，叔祭。

【價值】本片對研究商代氣象和祭祀有重要價值。

187

拓片 187 　　　　　　摹片 187

【著録】《精粹》538，《合集》34044 正，《南明》523 正，《歷拓》4920 正

【現藏】故宫博物院

【分期】四期

【釋文】

1. 貞辛亥酌、彡（肜）[1] 自上甲？在大宗[2] 彝[3]。

2. ……酌於……

【譯文】

1. 貞問辛亥日行酒祭和肜祭於自先公上甲以下諸先公先王麼？這是在大宗的宗廟裏舉行的祭儀。

2. ……行酒祭於……

【字詞解析】

[1] 彡：通"肜"，甲骨文字形有彡、彡、彡等，均象徵爲聲波。卜辭作祭名，肜祭即擊鼓行祭，爲連續不絕之祭。有學者認爲肜祭爲祭了又祭，而在"五種祭祀"中，"肜"爲鼓樂樂神祭。

[2] 大宗：爲殷人同宗共有之宗廟，内供有自先公上甲以下諸直系先公先王之神龕。

[3] 彝：見"拓片105【字詞解析】6"。卜辭作祭儀。

【價值】 本片對研究商代先祖崇拜和祭祀有重要價值。

188

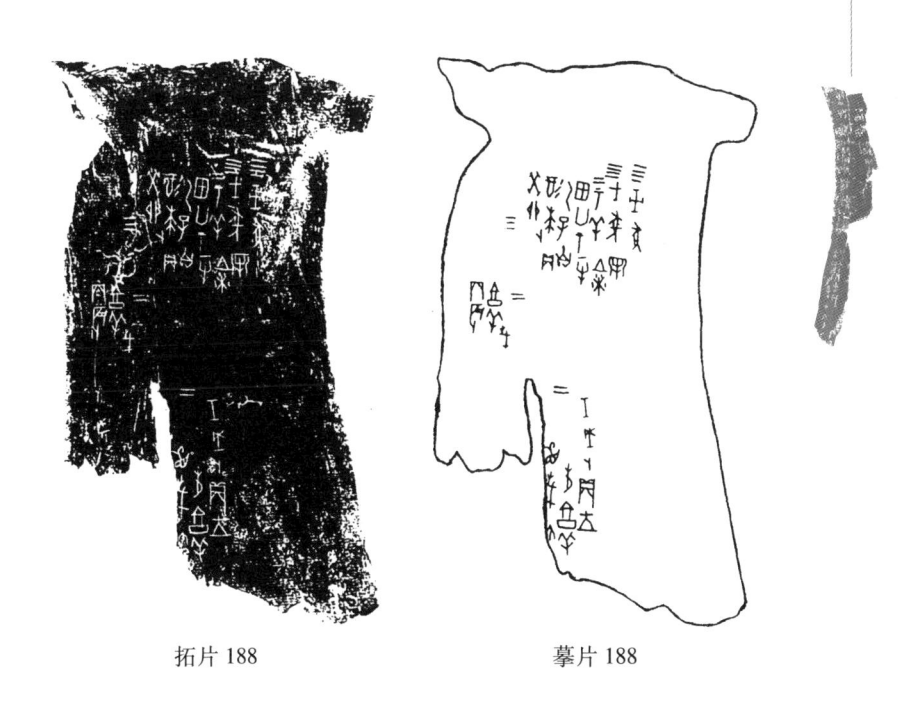

拓片188　　　　　　　摹片188

【著錄】《精粹》541，《合集》34120，《戩》1.9（不全），《歷拓》441，《續》1.2.4（不全），《佚》884（不全）

【現藏】 中國社會科學院歷史研究所

【分期】 四期

【釋文】

1. 癸卯卜，貞彰、求，乙巳自上甲二十示[1]一牛，二示[2]羊，土[3]

（社）裸，四戈[4]彘、牢，四巫[5]彘？三

2. 丙辰卜，敦，戋？二

3. 壬戌卜，貞王生月[6]敦，眚戋不……二

【譯文】

1. 癸卯日占卜，貞問行酒祭和祈求之祭，乙巳日祭自先公上甲起二十位先公先王用一牛爲獻牲，示壬、示癸二位先公用羊爲獻牲，社壇行燒燎之祭，四方邊戈之神用小猪和一對牛爲獻牲，四方巫神用小猪爲獻牲麼？三爲兆序。

2. 丙辰日占卜，進行軍事敦伐，有所戋傷麼？二爲兆序。

3. 壬戌日占卜，貞問商王在下個月敦伐，戋傷不……二爲兆序。

【字詞解析】

[1] 二十示：即上甲、報乙、報丙、報丁、示壬、示癸、大乙、大丁、大甲、大庚、大戊、中丁、祖乙、祖辛、祖丁、小乙、武丁、祖甲、康丁、武乙等二十位殷先公先王。

[2] 二示：即示壬、示癸二位殷先公。

[3] 土：見"拓片13【字詞解析】7"，此辭指殷先公相土。或用作"社"，即社壇或社神（也即土地神）。

[4] 四戈：四方邊戈之神，即前178片之東戈、南戈、西戈、北戈。此辭之"戈"亦作地名，代指該地之神。

[5] 四巫：四方巫神。巫，卜辭作神祇名，巫神。

[6] 生月：下個月。生，來也，生月即未來之下月。生，見"拓片6【字詞解析】5"。卜辭作未來的之義。

【價值】本片對研究商代先祖崇拜、祭祀和戰爭有重要價值。

189

拓片 189 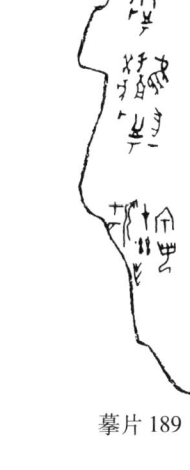　　摹片 189

【著録】《精粹》542,《合集》34139,《歷拓》4378

【現藏】故宮博物院

【分期】四期

【釋文】

1. 甲［辰卜］,弜[1]在兹作宗[2],若?
2. 癸亥卜,於南寧風[3],豕? 一
3. □亥卜,□北寧□□?

【譯文】

1. 甲［辰日占卜］,貴族名弜者在這裏建造宗廟,會若順吉利麼?
2. 癸亥日占卜,在南方行寧止定風之祭,用猪爲獻牲麼? 一爲兆序。
3. 某亥日占卜,在北方行寧止［定風之祭］……

【字詞解析】

[1] 弜:甲骨文字形有𢎘、𢎗、𢎞、𢎟等,卜辭一般作否定詞,同"弗"。此辭作貴族名。

［2］作宗：建造宗廟。

［3］寧風：寧爲祭名，寧風即寧止定風之祭。

【價值】本片對研究商代建築和祭祀有重要價值。

190

拓片 190 　　　　　摹片 190

【著錄】《精粹》543，《合集》34123，《京》4101，《歷拓》4751

【現藏】故宮博物院

【分期】四期

【釋文】

1. □戌卜，侑、歲於伊二十示又三？兹用。
2. 辛……王今……厚[1]示……□？
3. 更新丕[2]用？

【譯文】

1. 某戌日占卜，行侑求之祭和劌殺犧牲之祭於名臣伊尹再加上二十三位先祖神主麽？此卜施行了。
2. 辛卯日……商王今……厚獻祭於神主……□？
3. 是用新的丕作祭品麽？

【字詞解析】

［1］厚：甲骨文字形爲厚，卜辭作祭名，厚獻之祭。

[2] 𠂤：字不識，卜辭作祭品。

【價值】本片對研究商代先祖崇拜和祭祀有重要價值。

191

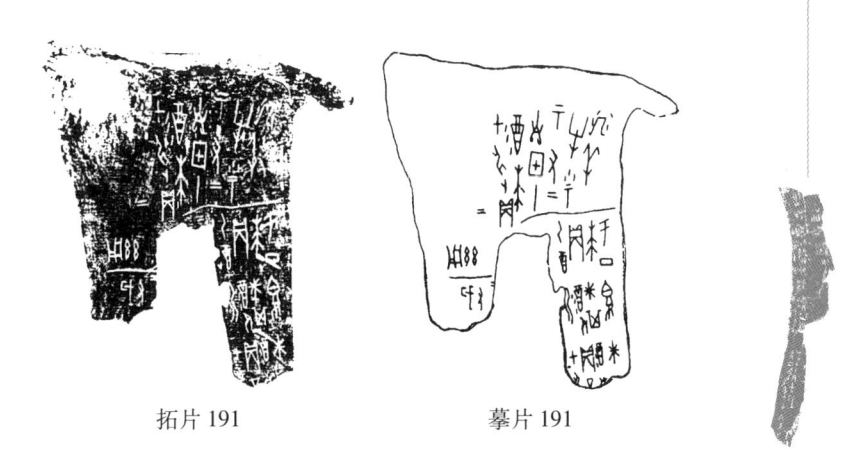

拓片 191　　　　　　摹片 191

【著錄】《精粹》544，《合集》34115，《續存上》1785，《沭》8

【現藏】北京圖書館（現中國國家圖書館）

【分期】四期

【釋文】

1. 甲申卜，貞酻、求自上甲十示又二[1]，牛。小示[2]幾羊？二

2. 甲申，貞□酻□袞……

3. 弜酻河，袞，其復[3]？

4. 乙酉，貞求於丁[4]？

5. ……侑、歲？二　茲用。

【譯文】

1. 甲申日占卜，貞問行酒祭和祈求之祭於自先公上甲起共十二位先公先王，用牛爲獻牲。於旁系先王行幾殺羊取血釁祭麽？二爲兆序。

2. 甲申日［占卜］，貞問……行酒祭……燒燎之祭……

319

3. 貴族名弜者行酒祭於先祖神河，并行燒燎之祭，復命而回麼？
4. 乙酉日［占卜］，行祈求之祭於名丁的先王麼？
5. ……行侑求之祭和劇殺犧牲之祭麼？二爲兆序。此卜施行了。

【字詞解析】

［1］十示又二：即上甲、報乙、報丙、報丁、示壬、示癸、大乙、大丁、大甲、大庚、大戊、中丁等十二位殷先公先王。

［2］小示：殷旁系先王。

［3］復：甲骨文字形有 ？、？、？ 等，卜辭作復命或返歸之義。

［4］丁：卜辭中共有八位名丁的商王，此"丁"名不能確指何王。

【價值】本片對研究商代先祖崇拜和祭祀有重要價值。

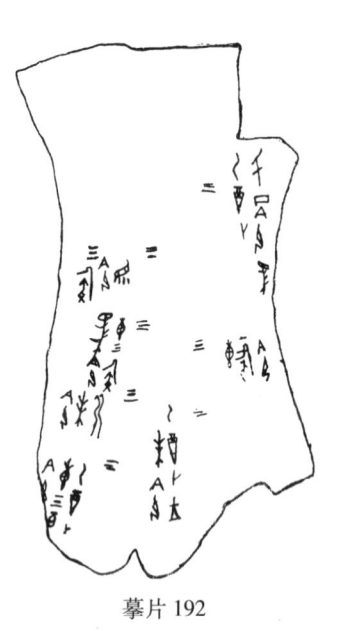

192

拓片 192　　　　　　　摹片 192

【著錄】《精粹》545,《合集》34136,《寧》1.506,《歷拓》3911

【現藏】清華大學

【分期】四期

【釋文】

1. 乙酉卜,王求令?三

2. 弜求令?三

3. 乙酉卜,叀三百令?三

4. 叀三族馬[1]令?三

5. 眔令三族?三

6. 叀族令?三

7. 乙酉卜,於丁令馬[2]?三

【譯文】

1. 乙酉日占卜,商王行祈求之祭并發佈命令麽?三爲兆序。

2. 還是不行祈求之祭并發佈命令呢?三爲兆序。

3. 乙酉日占卜,是命令三百名麽?三爲兆序。

4. 是命令三個族的馬軍麽?三爲兆序。

5. 和命令三個族麽?三爲兆序。

6. 是命令一個族麽?三爲兆序。

7. 乙酉日占卜,在丁日命令馬隊之官麽?三爲兆序。

【字詞解析】

[1] 三族馬:三個族的馬軍。馬,見"拓片140【字詞解析】1"。此辭作馬軍、馬隊之義。

[2] 馬:卜辭又作武官名,率馬隊者。

【價值】本片對研究商代軍事制度有重要價值。

193

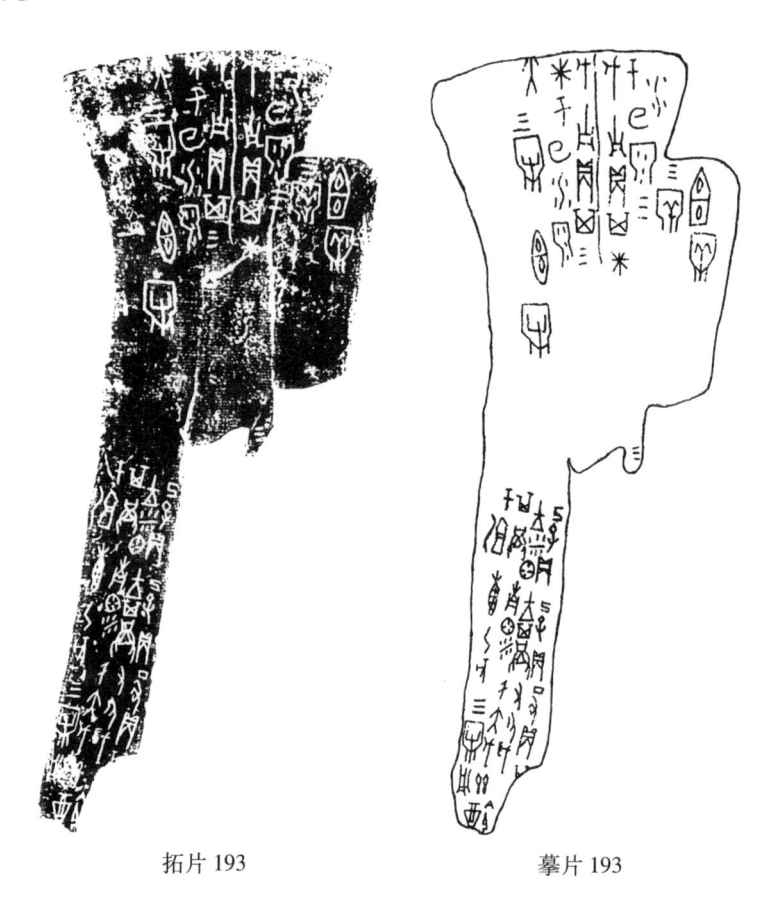

拓片 193　　　　　　　摹片 193

【著録】《精粹》548,《合集》34165,《甲》903
【現藏】臺灣歷史語言研究所
【分期】四期
【釋文】
1. 己巳,貞王其登南囧米[1],叀乙亥?
2. 己巳,貞王米囧其登於祖乙?

3. 丁丑，貞［其］侑、升、歲於大戊，三牢？茲用。
4. 戊子，貞其尞於洹泉[2]，三牢，宜？宰？三
5. 戊子，貞其尞於洹泉，大三牢，宜牢？三

【譯文】
1. 己巳日［占卜］，貞問商王登進獻南囧米以祭，是乙亥日麼？
2. 己巳日［占卜］，貞問商王登進獻囧米以祭先王祖乙麼？
3. 丁丑日［占卜］，貞問行侑求之祭、升祭和劌殺犧牲之祭於先王大戊，以三對牛爲獻牲麼？此卜施行了。
4. 戊子日［占卜］，貞問行燒燎之祭於洹水之泉，用三對羊爲獻牲，并俎陳殺剖一對羊爲祭麼？三爲兆序。
5. 戊子日［占卜］，貞問行燒燎之祭於洹水之泉，用三對牛爲獻牲，并俎陳殺剖一對牛爲祭麼？三爲兆序。

【字詞解析】

［1］南囧：地名。囧的甲骨文字形有❋、✿、❀等，象窗户中有交叉之形。卜辭作地名。

［2］洹泉：洹水之泉。泉的甲骨文字形有♁、♁、♁、♁等，象水流出泉源之形。卜辭作泉水、水源之義。

【價值】本片對研究商代先祖崇拜和祭祀有重要價值。

194

拓片 194　　　　　摹片 194

【著錄】《精粹》550,《合集》34240,《南明》479,《歷拓》4854

【現藏】故宮博物院

【分期】四期

【釋文】

1. 癸巳卜,侑於河? 一

2. 癸巳卜,侑於河? 二　不用。

3. 癸巳卜,侑於𣲒? 二　茲用。

4. 癸巳卜，侑於王亥[1]？二
5. 癸巳［卜］，力[2]於伊尹牛五？二
6. 乙未卜，侑、升、歲於父乙，三牛？二　茲用。
7. 辛丑，貞㝬叀疾[3]以舀？三
8. 㝬叀✡[4]人以舀？
9. □多［射］[5]以舀？

【譯文】
1. 癸巳日占卜，行侑求之祭於先祖神河麼？一爲兆序。
2. 癸巳日占卜，行侑求之祭於先祖神河麼？二爲兆序。此卜不施行。
3. 癸巳日占卜，行侑求之祭於先祖神✡麼？二爲兆序。此卜施行了。
4. 癸巳日占卜，行侑求之祭於先公王亥麼？二爲兆序。
5. 癸巳日［占卜］，舌殺五頭牛祭名臣伊尹麼？二爲兆序。
6. 乙未日占卜，行侑求之祭、升祭和劇殺犧牲之祭於商王之父武乙（即商王文丁之父），以三頭牛爲獻牲麼？二爲兆序。此卜施行了。
7. 辛丑日［占卜］，貞問貴族名㝬者是致進疾地之人（據下辭"叀✡人以舀"、"多射以舀"，此處"疾"應爲"疾人"省）供給武官舀麼？三爲兆序。
8. 還是貴族名㝬者致進✡地之人供給武官舀呢？
9. ……致進多名［射兵］供給武官舀麼？

【字詞解析】
[1] 王亥：殷先公名，即高祖亥。
[2] 力：甲骨文字形有丿、丿等，卜辭作用牲法，舌殺犧牲以祭。
[3] 疾：見"拓片7正【字詞解析】24"，此辭作地名。
[4] ✡人：✡地之人。✡不識，卜辭作地名。
[5] 多射：多名射兵。此辭"射"作射兵之義。"射"或作職官名，爲司射之武官。

【價值】本片對研究商代神靈崇拜、先祖崇拜和祭祀有重要價值。

195

拓片 195　　　　　摹片 195

【著錄】《精粹》551，《合集》34483，《甲》637

【現藏】臺灣歷史語言研究所

【分期】四期

【釋文】

1. 戊戌卜，隹焱[1]鳳[2]，雨？
2. 不雨？
3. 於舟[3]焱，雨？
4. 於𠂤[4]焱，雨？

【譯文】

1. 戊戌日占卜，是炆焚鳳鳥以祭，會下雨麼？
2. 不下雨麼？
3. 在舟地舉行炆焚之祭，會下雨麼？
4. 於𠂤地舉行炆焚之祭，會下雨麼？

【字詞解析】

[1] 焱：见"拓片 20【字詞解析】1"。卜辭作祭名，炆焚犧牲之祭。

或作用牲法，炈焚犧牲以祭。

[2] 鳳：見"拓片7正【字詞解析】2 風"。卜辭中"風"、"鳳"一字。此辭指鳳鳥，鳳鳥是一種較珍貴、特殊的鳥類。

[3] 舟：甲骨文字形有♂、⊟等，象舟形。此辭之"舟"，據《屯南》4547"由壬出舟"、"由癸出舟"及《英藏》749"貞乎往於舟"來看應爲地名，當非船舟之舟。

[4] ☒：字不識，卜辭作地名。

【價值】本片對研究商代祭祀和地理有重要價值。

196

拓片196 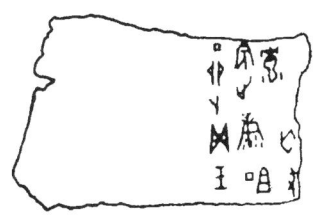 摹片196

【著錄】《精粹》561，《合集》35955，《續》1.26.10（不全），《歷拓》5474

【現藏】北京大學

【分期】五期

【釋文】
　　丁卯卜，貞王賓康祖丁[1]袁[2]，亡尤？

【譯文】
　　丁卯日占卜，貞問商王儐祭先王康丁并行袁祭，沒有災憂之事發生吧？

【字詞解析】

[1] 康祖丁：即殷先王康丁，爲殷人直系先王。

[2] 袁：甲骨文字形爲☒，卜辭作祭名，設食之祭。自第五期後，有一

種翌、祭、𡔲、劦、肜五種祀典首尾相接，連綿不斷地舉行的嚴密祀典。翌祭和肜祭單獨舉行，而祭、𡔲、劦三種祀典相疊舉行。董作賓大師最先發現此規律，後多有學者進行研究，稱爲"五種祀典"或"周祭"，即周祭先王、先妣需時一年左右。董作賓謂"翌祭"爲羽毛之祭，"祭祭"爲獻肉酒之祭，"𡔲祭"爲粟米進食之祭，"劦祭"爲大合祭，"肜祭"爲鼓樂之祭。翌，音異。𡔲，音灌。劦，音協。肜，音容。此外，在各種祀典舉行之前，都有貢獻典册於神主之前的祭儀"貢典"，即卜辭中之"工典"，或記某日以某種祀典祭祀某祖先也。關於"五種祀典"，可參見《甲骨學一百年》第十三章"商代宗教祭祀及其規律的認識"第二節"商代周祭制度及其規律的探索"，以下不再一一説明。

【價值】本片對研究商代周祭制度有重要價值。

197

拓片 197　　摹片 197

【著錄】《精粹》554,《合集》35347,《前》5.6.1,《歷拓》6435,《通》604

【現藏】山東博物館

【分期】五期

【釋文】

1. 其雉眾[1]？吉。

2. 其雉眾？吉。

3. 其雉眾？吉。

4. 中[2]不雉眾？王固曰：弘吉[3]！

5. 左[4]不雉眾？王固曰：弘吉！

【譯文】

1. 傷損了眾人麼？此卜吉利。

2. 傷損了眾人麼？此卜吉利。

3. 傷損了眾人麼？此卜吉利。

4. 中路軍隊不傷損眾人麼？商王看了卜兆以後判斷說：此卜非常吉利！

5. 左路軍隊不損傷眾人麼？商王看了卜兆以後判斷說：此卜非常吉利！

【字詞解析】

[1] 雉眾：傷損了眾人。雉的甲骨文字形有䏨、䏨、䏨、䏨等，卜辭作傷損之義。也有學者認爲有整理之義。本辭從傷損說。

[2] 中：甲骨文字形有䏨、䏨、䏨、䏨、䏨、䏨、䏨、䏨等，䏨本旗形，氏族社會各部落都建旗徽以作爲自己氏族的標誌，凡有大事都要立中，立中即立旗，以便眾人望而聚之。卜辭借作方位詞，中間之義。

[3] 弘吉：即大吉，非常吉利。弘的甲骨文字形有䏨、䏨等，也有學者釋爲"引"，卜辭作大之義。

[4] 左：甲骨文字形有䏨、䏨等，象左手之形。卜辭作方位詞，左右之左。商王國軍隊有右、中、左三師，"眾"作爲極下層平民（或釋爲奴隸），可當兵。

【價值】本片對研究商代社會結構和軍事制度有重要價值。

198

拓片 198

【著錄】《精粹》579,《合集》36484,《南明》786,《歷拓》5442

【現藏】故宮博物院

【分期】五期

【釋文】

摹片 198

1. 癸巳卜,黃[1],貞王旬亡禍?在十月又二隹征人方[2],在伇[3]。
2. 癸卯卜,黃,貞王旬亡禍?在正月王來征人方,在攸侯喜[4]鄙[5]永[6]。
3. ……在正月,王來[征]人方,在攸。

【譯文】

1. 癸巳日占卜,貞人黃問卦,貞問商王在下一個十天一旬之內沒有災禍之事發生吧?在十二月征人方方國,停駐在伇地。
2. 癸卯日占卜,貞人黃問卦,貞問商王在下一個十天一旬之內沒有災禍之事發生吧?在一月(正月)商王征人方回程,停駐在攸方國首領名喜者的城鄙永地。
3. ……在一月(正月),商王[征]人方回程,停駐在攸地。

【字詞解析】

[1] 黃：見"拓片14【字詞解析】1"。卜辭作五期貞人名。

[2] 人方：方國名，在今淮河流域。

[3] 㚔：或音保，甲骨文字形有⿱、⿱、⿱等，卜辭作地名。

[4] 攸侯喜：攸方國首領名喜者。攸的甲骨文字形有⿰、⿰、⿰等，卜辭作方國名，爲商代諸侯國之一，其地在商王國東南。第五期征東夷時，商王常於攸地駐蹕。攸方國的首領除名喜者外，還有名唐者（《合集》3330）、名載者（《合集》32982）。

[5] 鄙：見"拓片47【字詞解析】1"。

[6] 永：見"拓片12【字詞解析】6"。此辭作地名。

【價值】本片對研究商代戰爭和地理有重要價值。

199

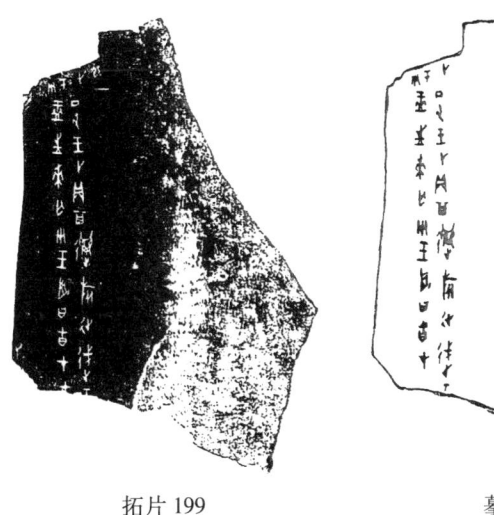

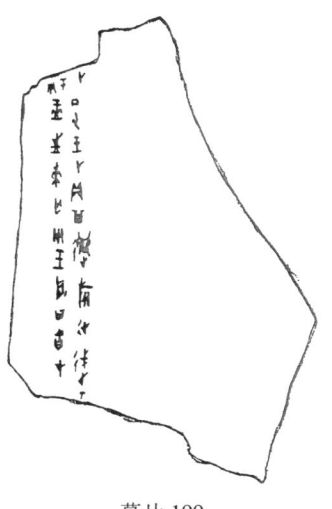

拓片199　　　　　　摹片199

【著錄】《精粹》577，《合集》36426，《簠游》51，《歷拓》10104，《續》3.23.7（不全），《佚》971（不全）

【現藏】天津歷史博物館

【分期】五期

【釋文】

1. 丁丑王卜，貞其振旅[1]延迩[2]於盂，往來亡灾[3]？王固曰：吉！在……

2. ……卜，……於……灾？

【譯文】

1. 丁丑日商王占卜，貞問以整軍回都城的模式在盂地延長了迩練，去程和回程都沒有災禍之事發生吧？商王看了卜兆以後判斷說：吉利！在……

2. 某日占卜，……於某地……災禍之事發生吧？

【字詞解析】

[1] 振旅：振的甲骨文字形爲，旅，見"拓片128【字詞解析】1"。卜辭作軍旅、軍隊之義。古代"出曰治兵，入曰振旅"。卜辭中之"振旅"，不一定是嚴格的回國整軍儀式，但爲整頓軍隊的一種操練模式無疑。

[2] 迩：音簡，甲骨文字形有、、等，卜辭作動詞，迩練或巡遊之義。

[3] 往來亡灾：去程和回程都沒有災禍之事發生。

【價值】本片對研究商代軍事制度有重要價值。

200

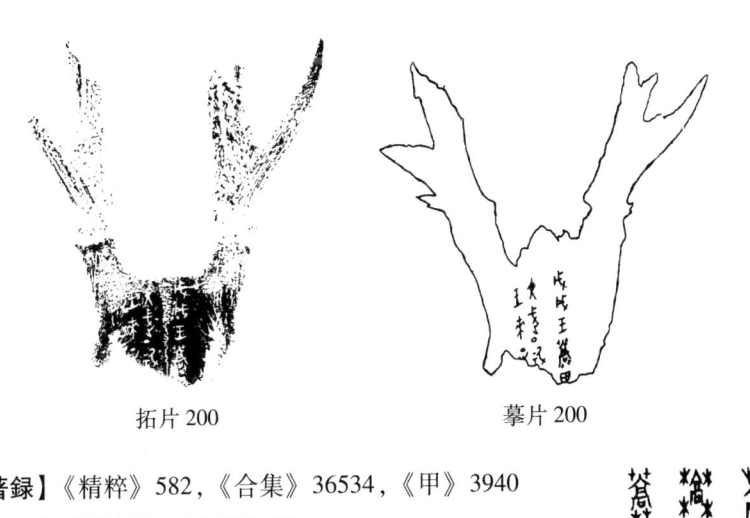

拓片 200　　　　摹片 200

【著錄】《精粹》582，《合集》36534，《甲》3940
【現藏】臺灣歷史語言研究所
【分期】五期
【釋文】

戊戌王蒿[1]田……文武丁[2]祊[3]……王來征……

【譯文】

戊戌日商王於蒿地田獵……［祭］先王文丁祊廟（即文武丁廟）……商王征伐某方國回程之時……

【字詞解析】

[1] 蒿：音浩，甲骨文字形有 𦰩、𦱵、𦱳 等，卜辭作地名。

[2] 文武丁：即殷先王文丁。武的甲骨文字形有 𢖩、𢎒，從戈從止，止本足形，"止戈爲武"，示征伐、動武之義。卜辭作商王謚號。

[3] 祊：卜辭作祊廟之義。或作祭名。也有釋爲"祕"者，亦爲廟義。

【價值】本片爲著名的"鹿頭刻辭"，記事文字刻於鹿頭骨之上。在十五萬片甲骨中，鹿頭刻辭僅臺灣歷史語言研究所在河南安陽小屯村北發現二件，著錄在《殷虛文字甲編》之中。

333

201

拓片 201

摹片 201

【著錄】《精粹》585,《合集》36975,《粹》907,《善》9046

【現藏】北京圖書館(現中國國家圖書館)

【分期】五期

【釋文】

1. 己巳王卜,貞[今]歲商受[年]?王固曰:吉!
2. 東土[1]受年?
3. 南土[2]受年?吉。
4. 西土[3]受年?吉。
5. 北土[4]受年?吉。

【譯文】

1. 己巳日商王占卜,貞問[今]年商王國會得到[好年成]麼?商王看了卜兆以後判斷說:吉利!

2. 東方的國土會得到好年成麼？

3. 南方的國土會得到好年成麼？此卜吉利。

4. 西方的國土會得到好年成麼？此卜吉利。

5. 北方的國土會得到好年成麼？此卜吉利。

【字詞解析】

［1］東土：東方的國土。此辭之"土"作國土、疆土之義。

［2］南土：南方的國土。

［3］西土：西方的國土。

［4］北土：北方的國土。

【價值】本片對研究商代農業有重要價值。

202

拓片 202　　摹片 202

【著錄】《精粹》588，《合集》37514，《前》2.5.7＋4.47.5，《通》730

【現藏】不明

【分期】五期
【釋文】
1. 戊午卜，在潢[1]貞，王其皇[2]大兕[3]，叀犳[4]眔鄡[5]亡灾？毕。
2. 叀稝[6]眔騺[7]子亡灾？
3. 叀左馬[8]眔馬[9]亡灾？
4. 叀鄡[10]眔小鄡[11]亡灾？
5. 叀騽[12]眔鄡亡灾？
6. 叀竝[13]鞢[14]亡灾？

【譯文】
1. 戊午日占卜，在潢地貞問，商王去衷獵大兕牛，所駕之名馬犳和鄡沒有灾禍之事發生吧？果然擒獲了〔大兕牛〕。
2. 名馬稝和騺子沒有灾禍之事發生吧？
3. 左邊的馬和名馬馬沒有灾禍之事發生吧？
4. 名馬鄡和小鄡沒有灾禍之事發生吧？
5. 名馬騽和鄡沒有灾禍之事發生吧？
6. 竝地的名馬鞢沒有灾禍之事發生吧？

【字詞解析】
[1] 潢：甲骨文字形有▢、▢等，卜辭作地名。
[2] 皇：甲骨文字形有▢、▢、▢、▢等，此辭作衷獵之義。
[3] 大兕：大兕牛。
[4] 犳：可讀爲豖馬，甲骨文字形爲▢，卜辭作馬之專名。
[5] 鄡：可讀爲習馬，甲骨文字形爲▢，卜辭作馬之專名。
[6] 稝：可讀爲利馬，甲骨文字形有▢、▢、▢等，卜辭作馬之專名，深黑色之馬。
[7] 騺：可讀爲騺馬，甲骨文字形爲▢，卜辭作馬之專名。
[8] 左馬：商代馬多用於拉車，考古發掘出土車實物與甲骨文車字字形相同，即由輪、輿、軸、輈、衡組成，輈（轅）和衡可駕左、右

二馬，殷墟考古發掘多見一車二馬，與今天農村地區之"二牛抬杠"駕車法同。此"左馬"，當即左邊駕車的馬。

[9] 焉：似可讀爲左馬，甲骨文字形爲🐴，卜辭作馬之專名。

[10] 夒馬：可讀爲夒馬，甲骨文字形爲🐴，卜辭作馬之專名。

[11] 小𩡮：馬之專名。𩡮的甲骨文字形爲🐴，卜辭作長鬃馬名。

[12] 𩡭：可讀爲鹿馬，甲骨文字形爲🐴，卜辭作馬之專名。

[13] 並：甲骨文字形爲🚶🚶，象二人并立之形。卜辭作地名。并地在山西，古代以産名馬著稱，如古籍裏所説"屈産之乘"。

[14] 牢：可讀爲牢馬，甲骨文字形有🐴、🐴等，卜辭作馬之專名。

【價值】因爲商王對馬十分珍愛，所以商代養馬業頗爲發達，可參看王宇信《商代的馬和養馬業》。以上各種名目之馬，可統稱之爲"馬"。如細分，可讀爲"豕馬"、"習馬"、"利馬"、"焉馬"、"犾馬"、"夒馬"、"鹿馬"、"牢馬"等。不同品種的馬，即"相馬"爲商代發明之濫觴。

203

拓片 203　　　　　　摹片 203

【著録】《精粹》580，《合集》36522，《前》2.5.3，《通》595

【現藏】不明

【分期】五期

【釋文】

庚寅王卜，在義[1]貞，余[2]其次[3]在茲上䚷[4]，今秋[5]其敦，其乎（呼）淵[6]示在商，正。余受有佑？王固曰：吉！

【譯文】

庚寅日商王占卜，在義地貞問，我駐次在上䚷之地，今年秋天敦伐，命令淵祭神主在商地，禎祥。我受到保佑麼？商王看了卜兆以後判斷説：吉利！

【字詞解析】

[1] 義：或讀爲西，甲骨文字形爲𦥯，卜辭作地名。

[2] 余：甲骨文字形有𠂈、𠂆、𠂇等，卜辭同"我"，多爲商王自稱。

[3] 次：见"拓片57【字詞解析】3"。
[4] 上鼄：鼄音魚，甲骨文字形有𩵋、𩵋等，卜辭作地名，有學者考其地爲今浙江上虞。
[5] 今秋：今年秋天。秋的甲骨文字形有𥤷、𥤸、𥤹等，象蝗蟲形。所從之火，爲焚蝗保收之義。卜辭指秋天或收穫季節。
[6] 湘：甲骨文字形爲𠕅，卜辭作祭名，湘祭。

【價值】本片對研究商代地理有重要價值。

204

拓片204　　　摹片204

【著録】《精粹》592，《合集》37836，《前》3.27.7，《通》287

【現藏】不明

【分期】五期

【釋文】

癸未王卜，貞酉（肜）、彡（肜）[1]日，自上甲至於多毓[2]衣，亡耄自禍？在四月隹王二祀[3]。

【譯文】

癸未日商王占卜，貞問行酒祭和肜日之祭，對自先公上甲以下的多位先公先王進行合祭，沒有祟害災禍之事發生吧？這是在商王（帝乙）二年四月占卜的。

【字詞解析】

[1] 彡（肜）日：祭名，肜日之祭，爲連續不絕之祭。

[2] 多毓：多位先公先王。毓的甲骨文字形有 、 、 、 、 等，象婦女產子之形，爲"毓"、"育"之初文。殷稱先人爲毓，典籍作後。卜辭稱殷先公、先王、先妣爲毓。

[3] 祀：殷人稱"年"曰"祀"，祀即年。

【價值】本片對研究商代周祭制度有重要價值。

205

拓片 205 　　　　　　摹片 205

【著錄】《精粹》594，《合集》37743，《甲》3941

【現藏】臺灣歷史語言研究所

【分期】五期

【釋文】

己亥王田於羌[1]……在九月隹王……

【譯文】

　　己亥日商王田獵於羌地……在九月隹商王（某祀）……

【字詞解析】

［1］羌：甲骨文字形有⺈、⺈等，"羌"同"羌"，此辭作地名。

【價值】本片爲"牛頭刻辭"，乃記事文字，對研究商代田獵和地理有重要價值。1928年至1937年15次殷墟科學發掘只得一件"牛頭刻辭"，著錄於《殷虛文字甲編》，其後《甲骨文合集》亦收入，爲37743號。

206

拓片 206　　　　　　摹片 206

【著錄】《精粹》598,《合集》37986,《契》165
【現藏】北京大學
【分期】五期
【釋文】

甲子	乙丑	丙寅	丁卯	戊辰	己巳	庚午	辛未	壬申	癸酉
甲戌	乙亥	丙子	丁丑	戊寅	己卯	庚辰	辛巳	壬午	癸未
甲申	乙酉	丙戌	丁亥	戊子	己丑	庚寅	辛卯	壬辰	癸巳
甲午	乙未	丙申	丁酉	戊戌	己亥	庚子	辛丑	壬寅	癸卯
甲辰	乙巳	丙午	丁未	戊申	己酉	庚戌	辛亥	壬子	癸丑
甲寅	乙卯	丙辰	丁巳	戊午	己未	庚申	辛酉	壬戌	癸亥

【解析】
　　此版爲干支表,一甲十癸,六旬文字無缺損,排列有序,甚爲難得。
【價值】本片爲十五萬片甲骨文中最完整的六旬干支表,對研究商代曆法有重要價值。

207

拓片 207　　　　　　　　摹片 207

【著録】《精粹》599,《合集》37849,《粹》896,《善》244
【現藏】北京圖書館（現中國國家圖書館）
【分期】五期
【釋文】
　　癸丑卜，貞今歲[1]受禾？弘吉！在八月隹王八祀。
【譯文】
　　癸丑日占卜，貞問今年會得到禾稼豐收麼？［商王看了卜兆以後判斷説］（"王固曰"省刻）：非常吉利！是在商王（應爲帝乙）八年八月占卜的。
【字詞解析】
[1] 今歲：今年。商代一年收穫一次，一歲即一收穫季，也即一年。
【價值】本片對研究商代農業和紀年有重要價值。

208

拓片208　　　　　　　摹片208

【著録】《精粹》609,《合集》38310,《前》4.43.4（不全），《歷拓》6614

【現藏】山東博物館

【分期】五期

【釋文】

1. 癸未卜，貞王旬亡禍？在五月。一
2. 癸卯卜，貞王旬亡禍？在六月乙巳，工典[1]、祼[2]。一

【譯文】

1. 癸未日占卜，貞問商王在下一個十天一旬之內没有灾禍之事發生吧？這是在五月占卜的。一爲兆序。
2. 癸卯日占卜，貞問商王在下一個十天一旬之內没有灾禍之事發生吧？在六月乙巳日這一天，行貢獻典册之祭和祼祭。一爲兆序。

【字詞解析】

[1] 工典：即貢典，卜辭作祭名，貢獻典册之祭，爲第五期周祭典儀，濫觴自第二期。典的甲骨文字形有䒑、䒑、䒑、䒑、䒑等，象雙手捧册形。卜辭作典册之義。

[2] 祼：甲骨文字形有䒑、䒑、䒑、䒑、䒑、䒑等，卜辭作祭名，祼祭。

【價值】本片對研究商代周祭制度有重要價值。

209

拓片 209　　　　　摹片 209

【著錄】《精粹》612,《屯南》9

【現藏】中國社會科學院考古研究所

【分期】武乙（四期）

【釋文】

1. 癸卯,貞燎至於……

2. 癸卯,貞射臿[1]以羌,其用叀乙?

3. 甲辰,貞射臿以羌,其用自上甲,燎至於……

4. 丁未,貞㠱以牛,其用自上甲,燎大示?

5. 己酉，貞皋以牛，……自上甲五牢，畿大示五牢？

6. 己酉，貞皋以牛，其用自上甲，三牢畿？二

7. 己酉，貞皋以牛，其用自上甲，畿大示[2]叀牛？二

8. □戌，［貞］皋［以］牛，……叀……

【譯文】

1. 癸卯日［占卜］，貞問畿血釁祭至於……

2. 癸卯日［占卜］，貞問射官名臿者致進羌奴，用在乙日爲犧牲麼？

3. 甲辰日［占卜］，貞問射官名臿者致進羌奴，獻用自先公上甲開始的諸先公先王，畿血釁祭至於……

4. 丁未日［占卜］，貞問貴族名皋者致進牛牲，獻用自先公上甲開始的諸先公先王，畿血釁祭直系先公先王麼？

5. 己酉日［占卜］，貞問貴族名皋者致進牛牲，……［獻用］自先公上甲開始的諸先公先王以五對牛爲牲，畿血釁祭直系先公先王以五對牛爲獻牲麼？

6. 己酉日［占卜］，貞問貴族名皋者致進牛牲，獻用自先公上甲開始的諸先公先王，并畿血釁殺三對牛爲獻牲麼？二爲兆序。

7. 己酉日［占卜］，貞問貴族名皋者致進牛牲，獻用自先公上甲開始的諸先公先王，畿血釁祭直系先公先王以牛爲獻牲麼？二爲兆序。

8. 某戌日［占卜］，［貞問］貴族名皋者［致進］牛牲，……

【字詞解析】

［1］射臿：射官名臿者。

［2］大示：自先公上甲始的諸直系先公先王，由《合集》32090"丁丑，貞侑升伐自上甲大示五羌二牢"可證。

【價值】本片對研究商代社會結構、先祖崇拜和祭祀有重要價值。

210

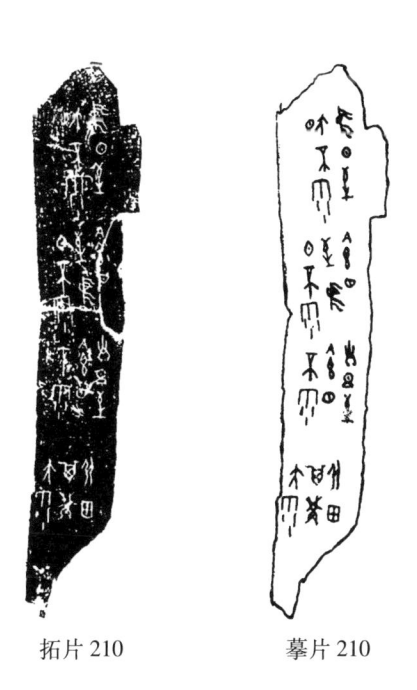

拓片 210　　　　摹片 210

【著錄】《精粹》614,《屯南》42
【現藏】中國社會科學院考古研究所
【分期】康丁（三期）
【釋文】
1. 弜田，其冓（遘）大雨？
2. 自旦[1]至食日[2]，不雨？
3. 食日至中日[3]，不雨？
4. 中日至昃[4]，不雨？

【譯文】
1. 不舉行田獵了，會遇到大雨麼？
2. 從早晨日方明之時到接近中午的時候，不下雨麼？

347

3. 接近中午的時候到正當中午的時候，不下雨麼？

4. 正當中午的時候至太陽偏西的時候，不下雨麼？

【字詞解析】

［1］旦：甲骨文字形有🜛、🜚等，卜辭作時稱，早晨日方明之時。

［2］食日：時稱，接近正午之時。

［3］中日：時稱，正午之時。

［4］昃：見"拓片80反【字詞解析】5"。

【價值】本片對研究商代時稱和氣象有重要價值。

211

【著錄】《精粹》615，《屯南》60

【現藏】中國社會科學院考古研究所

【分期】康丁（三期）

【釋文】

1. 弜尋？

2. 入叀癸尋？

3. 於十尋？

4. 於祖丁旦尋？

5. 於庭[1]旦尋？

6. 於大學[2]尋？

【譯文】

1. 不舉行尋祭麼？

2. 進入在癸日行尋祭麼？

3. 於十處行尋祭麼？

4. 於先王祖丁早晨行尋祭麼？

5. 於庭院早晨行尋祭麼？

6. 於大學行尋祭麼？

拓片211　　摹片211

【字詞解析】

[1] 庭：見"拓片80正【字詞解析】5"。此辭作庭院之義，或爲祭祀之處。

[2] 大學：即太學，古時訓練貴族子弟之處，也稱辟雍。

【價值】本片對研究商代祭祀和教育有重要價值。

212

【著錄】《精粹》625，《屯南》539

【現藏】中國社會科學院考古研究所

【分期】武乙（四期）

【釋文】

1. 叀皋令省廩？
2. 叀竝令省廩？
3. 叀貯壴[1]令省廩？
4. 叀馬令省廩？
5. 甲辰侑祖乙，一牛？
6. 其侑祖乙，大牢？
7. 辛酉卜，犬延以羌用自上甲？

【譯文】

1. 是命令貴族名皋者去巡視省察倉廩麼？
2. 是命令貴族名竝者去巡視省察倉廩麼？
3. 是命令貯官名壴者去巡視省察倉廩麼？
4. 還是命令馬官去巡視省察倉廩呢？
5. 甲辰日行侑求之祭於先王祖乙，以一牛爲獻牲麼？
6. 還是行侑求之祭於先王祖乙，以一對牛爲獻牲呢？
7. 辛酉日占卜，犬官名延者致進的羌奴獻用自先公上甲始的諸先公先王麼？

拓片212　　摹片212

【字詞解析】

[1] 貯壴：貯官名壴者。貯的甲骨文字形爲㊉，爲貯器。卜辭作職官名，貯官。壴的甲骨文字形有🙵、🙵、🙵等，即鼓，卜辭作人名。

【價值】本片對研究商代社會結構、職官、農業等有重要價值。

213

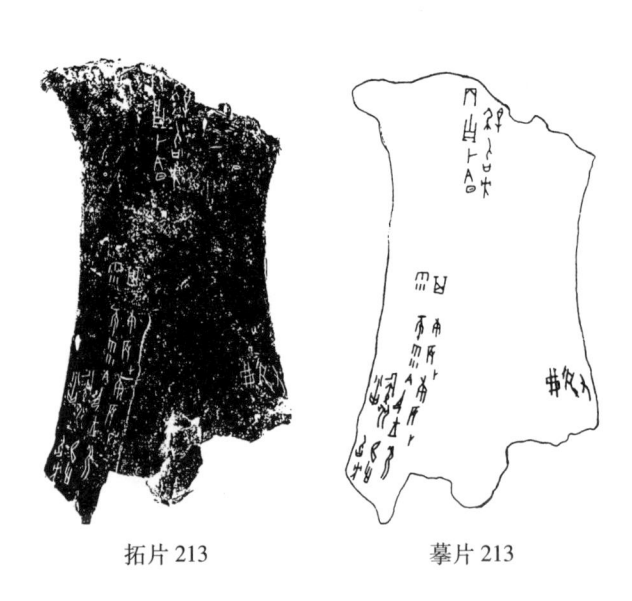

拓片 213　　　摹片 213

【著錄】《精粹》621,《屯南》190
【現藏】中國社會科學院考古研究所
【分期】武乙—文丁（四期）
【釋文】
1. 丙子卜，今日𠬝[1]召方，[幸][2]？
2. 弜追召方？
3. 庚辰卜，令王族從𠦪？
4. 庚辰卜，不雨？一
5. 其雨？

6. 弗受佑？

【譯文】
1. 丙子日占卜，今天對召方方國有軍事行動，[能幸執]麼？
2. 不追擊召方軍隊麼？
3. 庚辰日占卜，命令王族族軍率領武官名甾者麼？
4. 庚辰日占卜，不下雨吧？一爲兆序。
5. 會下雨麼？
6. 不會受到保佑麼？

【字詞解析】
[1] ：字不識，卜辭或有軍事行動之義。
[2] 幸：甲骨文字形有 、 、 等，象枷手具，即古代之手銬。卜辭有幸執、捉住、執捕、鉗制、夾取之義。

【價值】本片對研究商代戰爭有重要價值。

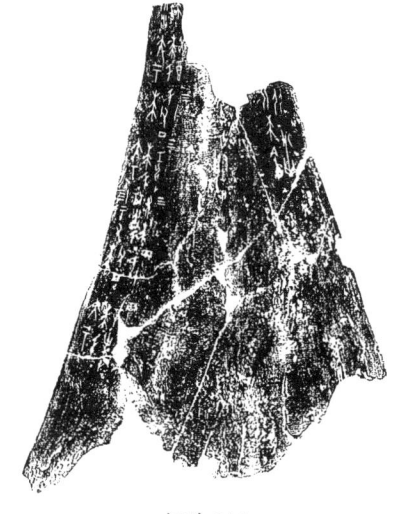

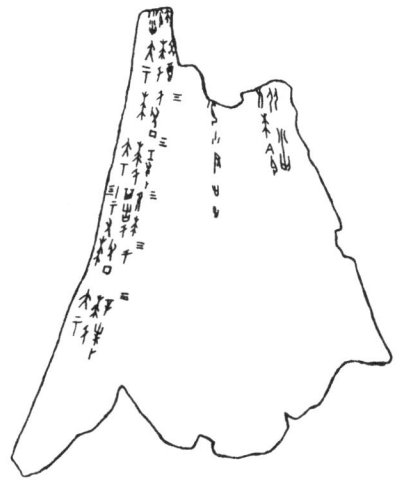

214

拓片 214　　　　　　　摹片 214

【著錄】《精粹》627,《小屯》601

【現藏】中國社會科學院考古研究所

【分期】武乙（四期）

【釋文】

1. 辛未卜，求於大示？三

2. 於父丁求？三

3. 弜求其告於十示又四？三

4. 壬申卜，求於大示？三

5. 於父丁求？三

6. 癸酉求於大示？

7. ……求……令……甾？

8. 弜求，令從甾？

9. 令小尹[1]步[2]？

【譯文】

1. 辛未日占卜，行祈求之祭於自上甲起的直系先公先王麼？三為兆序。

2. 於先王父丁（即商王武乙之父康丁）行祈求之祭麼？三為兆序。

3. 不行祈求之祭和告禱之祭於十四位先王的神位麼？三為兆序。

4. 壬申日占卜，行祈求之祭於自上甲起的直系先公先王麼？三為兆序。

5. 於先王父丁（即商王武乙之父康丁）行祈求之祭麼？三為兆序。

6. 癸酉日行祈求之祭於自上甲起的直系先公先王麼？

7. ……祈求之祭……命令……貴族名甾者麼？

8. 不行祈求之祭，命令率領貴族名甾者麼？

9. 命令小尹官行步脯之祭麼？

【字詞解析】

[1] 小尹：職官名。

[2] 步：此辭作祭名，步脯之祭。

【價值】本片對研究商代先祖崇拜和祭祀有重要價值。

215

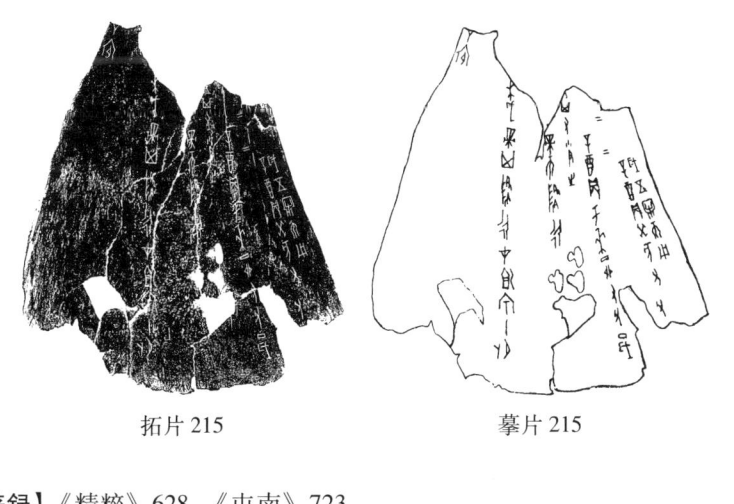

拓片 215　　　　　　　　摹片 215

【著錄】《精粹》628，《屯南》723
【現藏】中國社會科學院考古研究所
【分期】武乙（四期）
【釋文】

1. 辛酉，貞於來丁卯侑父丁，歲□□？
2. 辛酉，貞癸亥侑父［丁］，歲五牢？不用。
3. ……其侑小尹之？
4. ……來戌帝其降永[1]？在祖乙宗，十月卜。
5. ……帝不降永？
6. ……在庭？

【譯文】

1. 辛酉日［占卜］，貞問在未來的丁卯日行侑求之祭於先王父丁（商王武乙之父康丁），行劓殺犧牲之祭……［爲獻牲］麽？
2. 辛酉日［占卜］，貞問癸亥日行侑求之祭於先王父丁（商王武乙之父康丁），行劓殺犧牲之祭以五對牛爲獻牲麽？此卜不施行。

3. ……行侑求之祭於小尹官麼？
4. ……未來的戌日上帝降下吉祥永久的保佑麼？這是十月在先王祖乙的宗廟占卜的。
5. ……上帝不降下吉祥永久的保佑麼？
6. ……在庭院麼？

【字詞解析】

［1］降永：降下吉祥永久的保佑。此辭之"永"作吉祥用語，永久、長久之義。

【價值】本片對研究商代神靈崇拜和祭祀有重要價值。

216

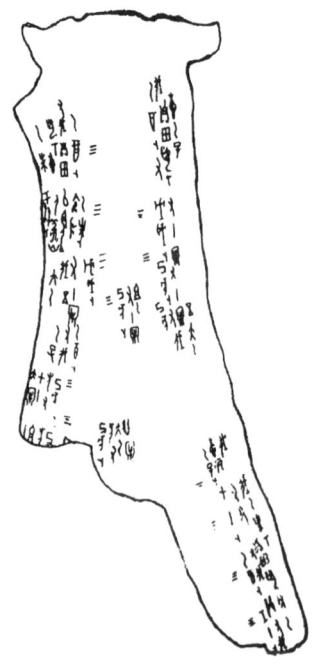

拓片 216　　　　　摹片 216

【著錄】《精粹》629,《屯南》751
【現藏】中國社會科學院考古研究所
【分期】文丁(四期)
【釋文】

1. 壬午卜,爭[1]侑、伐父乙?三
2. 乙酉卜,侑、伐自上甲,柵?三
3. 乙酉卜,侑、伐自上甲,柵示,叀乙未?三
4. 乙酉卜,侑、伐自上甲,柵示,叀乙巳?
5. 乙酉卜,侑、伐,乙巳?
6. 甲午卜,侑、升、伐,乙未?
7. 乙未卜,令長[2]以望人[3],秋於篆[4]?三
8. 戊戌卜,侑十牢、伐[5]五,大乙?三
9. 戊戌卜,侑十牢?三
10. 己亥卜,侑、伐牢五,大乙?
11. 己亥卜,侑十牢?三
12. 己亥卜,先侑大乙,二十牢?
13. 己亥卜,先侑大甲,十牢?三
14. 己亥卜,侑十牢,祖乙?
15. 己[亥卜],先……祖……
16. 乙巳卜,叀戔、伐?二

【譯文】

1. 壬午日占卜,商王子輩名爭者行侑求之祭和砍伐犧牲之祭於先王父乙(即商王文丁之父武乙)麼?三爲兆序。

2. 乙酉日占卜,行侑求之祭和砍伐獻牲之祭於自先公上甲始的諸直系先公先王,并行燒燎之祭麼?三爲兆序。

3. 乙酉日占卜,行侑求之祭和砍伐獻牲之祭於自先公上甲始的諸直系先公先王,并行燒燎之祭於神主,是在乙未日麼?三爲兆序。

4. 乙酉日占卜，行侑求之祭和砍伐獻牲之祭於自先公上甲始的諸直系先公先王，并行燒燎之祭於神主，是在乙巳日吧？

5. 乙酉日占卜，行侑求之祭和砍伐犧牲之祭，是在乙巳日麼？

6. 甲午日占卜，行侑求之祭、升祭和砍伐犧牲之祭，是在乙未日麼？

7. 乙未日占卜，命令貴族名長者致進望地之人，行告秋之祭於篹地麼？三爲兆序。

8. 戊戌日占卜，行侑求之祭以十對牛和五名伐牲爲獻牲，祭先王大乙麼？三爲兆序。

9. 戊戌日占卜，行侑求之祭以十對牛爲獻牲麼？三爲兆序。

10. 己亥日占卜，行侑求之祭和砍伐犧牲之祭以五對牛爲獻牲，祭先王大乙麼？

11. 己亥日占卜，行侑求之祭以十對牛爲獻牲麼？三爲兆序。（10、11辭同日占卜，兩辭相鄰局促，因而"卜"字、"牢"字共用。）

12. 己亥日占卜，先行侑求之祭於先王大乙，以二十對牛爲獻牲麼？

13. 己亥日占卜，還是先行侑求之祭於先王大甲，以十對牛爲獻牲呢？三爲兆序。

14. 己亥日占卜，行侑求之祭以十對牛爲獻牲，祭先王祖乙麼？

15. 己［亥日占卜］，先行……祭先王祖某……

16. 乙己日占卜，是行畿血釁祭和砍伐犧牲之祭麼？二爲兆序。

【字詞解析】

[1] 罙：甲骨文字形有𩇦、𩇧等，卜辭作人名，即子罙，乃商王子輩。

[2] 長：此辭作貴族名。

[3] 望人：望地之人，卜辭作祭祀用人牲。望的甲骨文字形有𦣻、𦣼、𦣽等，此辭作地名。

[4] 篹：或音晋，卜辭作地名，當在商王國西北之長地附近，見前47正（《合集》6057正）之"示篹田"。

[5] 伐：見"拓片4【字詞解析】6"，原爲殺伐之義。此辭作伐牲，也

有學者釋爲舞者。

【價值】本片對研究商代先祖崇拜和祭祀有重要價值。

217

拓片 217 　　　　摹片 217

【著錄】《精粹》630,《屯南》867

【現藏】中國社會科學院考古研究所

【分期】武乙（四期）

【釋文】

1. 壬午卜，其畐[1]、秋於上甲，卯牛？ 一　三
2. 其告秋[2]於上甲，牛？ 三
3. 辛……
4. 三　三

【譯文】

1. 壬午日占卜，行福祭和告秋之祭於先公上甲，對剖牛牲爲獻麼？一、三爲兆序。

2. 行告禱秋獲之祭於先公上甲，以牛爲獻牲麼？三爲兆序。
3. 辛某日……
4. 三、三爲兆序。

【字詞解析】

[1] 畐：音福，甲骨文字形爲，卜辭作祭名，福祭。
[2] 告秋：祭名，告禱秋獲之祭。告秋、帝秋、寧秋皆爲秋收前之祭祀活動。

【價值】本片對研究商代先祖崇拜和祭祀有重要價值。

218

拓片 218 　　　　　摹片 218

【著錄】《精粹》632，《屯南》930
【現藏】中國社會科學院考古研究所
【分期】武乙（四期）
【釋文】

1. ……入商[1]？左卜[2]固曰：弜入商。甲申秋[3]，夕至，寧用三大牢。

2. 貞其寧秋[4]於帝五玉臣[5]，於日告？
3. 於滴[6]寧？三
4. 己……三

【譯文】

1. ……進入商地麼？左卜看了卜兆以後判斷説：不進入商地了。事後所記的應驗結果是：甲申日行告秋之祭，晚上到了，行寧安之祭用掉了三對牛牲。
2. 貞問行寧安秋獲之祭於上帝的五玉臣，并對太陽行告禱之祭麼？
3. 在滴地（或滴水旁）行寧安之祭麼？三爲兆序。
4. 己某日……三爲兆序。

【字詞解析】

[1] 入商：進入商地。
[2] 左卜：本版第一辭之"左卜"，即前拓片7正之"左告曰"之"左"。殷人占卜愈益制度化，有元卜、左卜、右卜接連占卜，即"三卜制"。參見《甲骨學一百年》第212頁至217頁。
[3] 秋：甲骨文字形有 、 、 等，此辭作祭名，告秋之祭。
[4] 寧秋：祭名，寧安秋獲之祭。告秋、帝秋、寧秋皆爲秋收前之祭祀活動。
[5] 五玉臣：也有釋爲"五工臣"、"五豐臣"的，均作上帝的五位臣正解。玉的甲骨文字形有 、 、 等，象一串玉形。穿玉成串，便於携帶。
[6] 滴：此辭作地名或水名。滴水即今漳水。

【價值】本片對研究商代神靈崇拜和祭祀有重要價值。

219

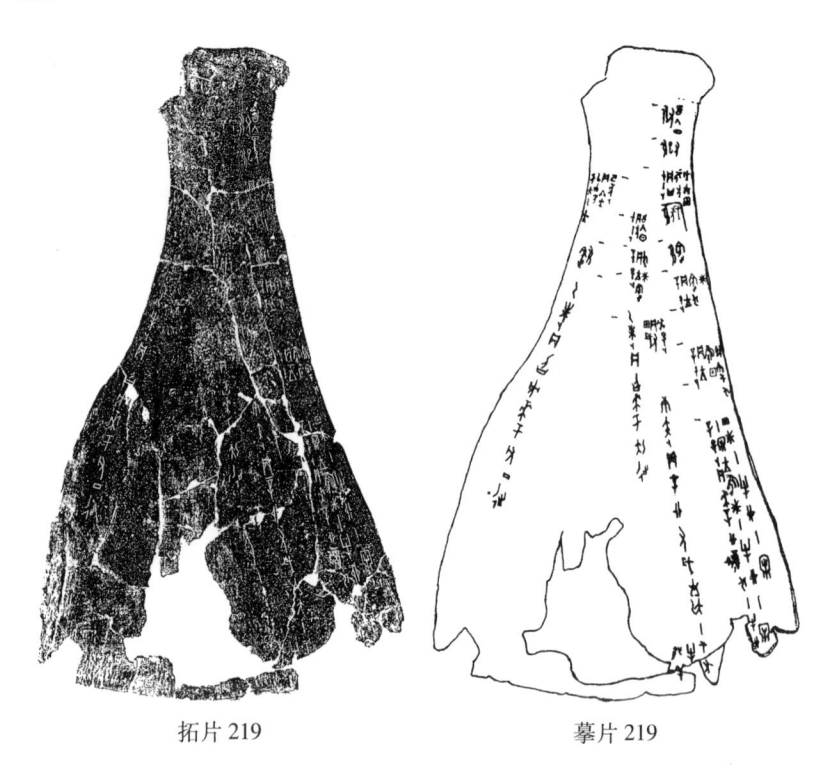

拓片 219　　　　　　　　　摹片 219

【著錄】《精粹》640,《屯南》1116

【現藏】中國社會科學院考古研究所

【分期】武乙（四期）

【釋文】

1. 辛巳卜，貞來辛卯酌河十牛，卯十牢。王叀夒十牛，卯十牢。上甲夒十牛，卯十牢？一

2. 辛巳卜，貞王叀[1]、上甲，即宗於河？一

3. 辛巳卜，王賓河，夒？一

4. 辛巳卜，貞王賓河，煑？一一
5. 弜賓？一
6. 庚寅卜，貞辛卯侑、歲自大乙十示又□牛，畿羊？
7. 甲午卜，侑出入日[2]？一
8. 弜侑出入日？一
9. 甲午卜，貞其侑、歲自上甲？一
10. 弜侑、歲？
11. 弜祀、侑？一
12. 乙未卜，貞召[3]來，於大乙延[4]？一
13. 乙未卜，貞召方來，於父丁延？一
14. 弜賓？一
15. 己亥卜，貞竹[5]來以召方，於大乙䇂[6]？一

【譯文】

1. 辛巳日占卜，貞問未來的辛卯日酒祭先祖神河用十頭牛，對剖十對牛爲獻。祭先祖神王亥燒燎十頭牛，對剖十對牛爲獻。祭先公上甲燒燎十頭牛，對剖十對牛爲獻麼？一爲兆序。

2. 辛巳日占卜，貞問［祭］先公王亥和上甲，行飤食之祭在先祖神河的宗廟麼？一爲兆序。

3. 辛巳日占卜，商王儐祭於先祖神河，行燒燎之祭麼？一爲兆序。

4. 辛巳日占卜，貞問商王儐祭於先祖神河，行燒燎之祭麼？一爲兆序。

5. 不行儐祭麼？一爲兆序。

6. 庚寅日占卜，貞問辛卯日行侑求之祭和劌殺犧牲之祭於自先王大乙起十□位先王以牛爲獻牲，并行畿血釁殺之祭以羊爲獻牲麼？

7. 甲午日占卜，行侑求之祭於太陽升起和太陽落下麼？一爲兆序。

8. 還是不行侑求之祭於太陽升起和太陽落下呢？一爲兆序。

9. 甲午日占卜，貞問行侑求之祭和劌殺犧牲之祭於自先公上甲始的諸

直系先公先王麼？一爲兆序。
10. 還是不行侑求之祭和劇殺犧牲之祭呢？
11. 不行祀祭和侑求之祭麼？一爲兆序。
12. 乙未日占卜，貞問召方方國前來［貢納］，在先王大乙［的宗廟］延見麼？一爲兆序。
13. 乙未日占卜，貞問召方方國前來［貢納］，還是在先王父丁（即商王武乙之父康丁）［的宗廟］延見呢？一爲兆序。
14. 不行儐祭麼？一爲兆序。
15. 己亥日占卜，貞問貴族名竹者前來致進召方方國之物（或奴俘），在先王大乙的宗廟麼？一爲兆序。

【字詞解析】

［1］王夒：即殷先公王亥。夒的甲骨文字形有𩫖、𩫖、𩫖、𩫖等，卜辭爲殷先公王亥名之專用字。此版"亥"上有"隹"，即鳥。乃商代鳥圖騰遺迹加王亥頭上，王亥在殷人心目中的重要地位可見。

［2］出入日：太陽升起和太陽落下。

［3］召：見"拓片106【字詞解析】2"。卜辭作方國名，召方。

［4］延：甲骨文字形有𨓜、𨓜、𨓜、𨓜等，會意字。此辭作延見之義。

［5］竹：甲骨文字形有𠂉、𠂉、𠂉等，象竹形。卜辭作貴族名。

［6］朱：字不識，卜辭或爲宗廟名。

【價值】本片對研究商代鳥圖騰崇拜、太陽崇拜、先祖崇拜、神靈崇拜、祭祀等有重要價值。

220

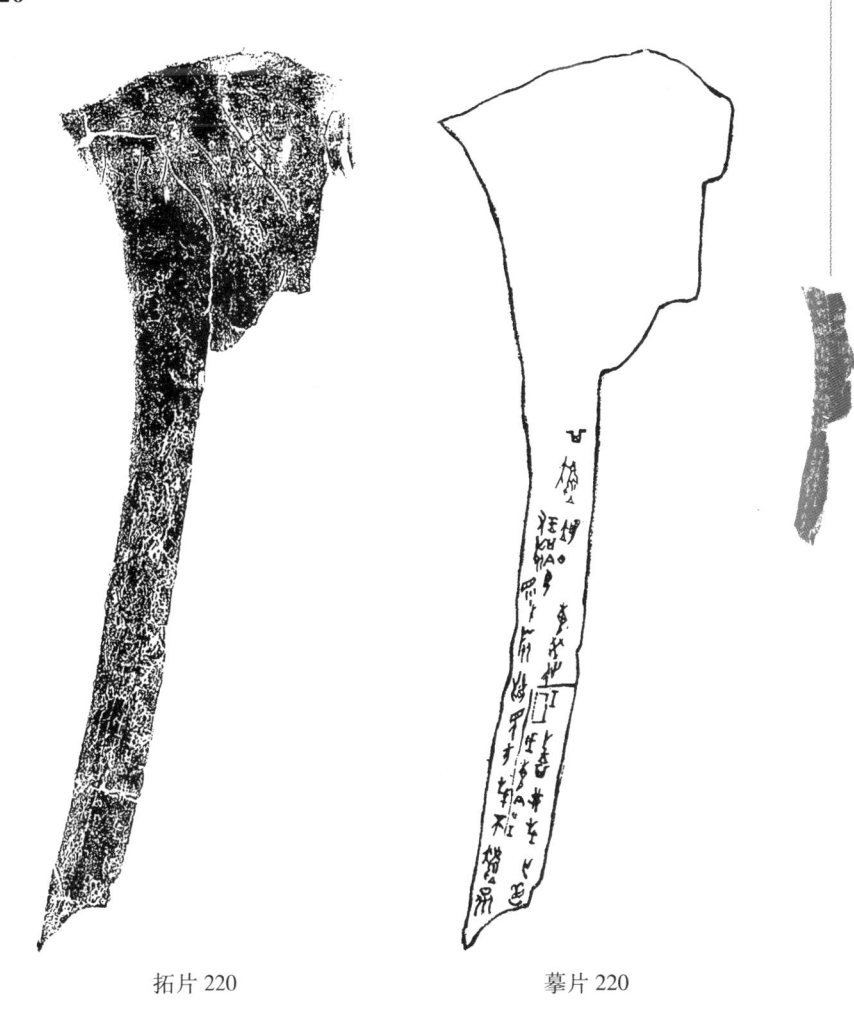

拓片 220　　　　　　　　摹片 220

【著録】《精粹》644,《屯南》2328
【現藏】中國社會科學院考古研究所
【分期】康丁（三期）

【釋文】

1. 翌日[1]，王其令右旅[2]眔左旅[3]舀[4]見方[5]，戈[6]，不雉眔？
2. 其雉？
3. 壬□卜，王其弗戈，亡眚[7]？
4. □戌，叀今日壬？
5. 叀癸延？

【譯文】

1. 未來的日子，商王命令右旅之軍和左旅之軍攻打見方方國，有所捷伐，不傷損自由民兵眔吧？
2. 有所傷損〔自由民兵眔〕麼？
3. 壬某日占卜，商王沒有捷伐，沒有災害吧？
4. 某戌日〔占卜〕，是今天壬日麼？
5. 是推延至癸日麼？

【字詞解析】

[1] 翌日：未來的日子。

[2] 右旅：右旅之軍。卜辭中"旅"爲軍隊建制，有左、中、右之分。

[3] 左旅：左旅之軍。

[4] 舀：此辭作攻打、攻擊、討伐之義。

[5] 見方：方國名。

[6] 戈：見"拓片12【字詞解析】18"。此辭作捷伐之義。

[7] 亡眚：沒有災害。眚見"拓片125【字詞解析】3"。

【價值】本片對研究商代軍事制度、戰爭和社會結構有重要價值。

221

拓片 221　　　　　　　　摹片 221

【著錄】《精粹》646，《屯南》2320

【現藏】中國社會科學院考古研究所

【分期】康丁（三期）

【釋文】

1. 癸酉卜，戍[1]伐右牧[2]，皋啓[3]人方[4]，戍有戋？弘吉。

2. ……有戋？弘吉。

3. 中戍[5]有戋？

4. 左戍[6]有戋？吉。

5. 亡戋？

6. 右戍[7]不雉眾？吉。

7. 中戍不雉眾？

8. 左戍不雉衆？吉。

9. 甲辰卜，在⊡牧[8]延啓，⊡兄丁[10]？

10. 在瀘[11]？

11. 弜每？吉。

【譯文】

1. 癸酉日占卜，戍兵征伐右牧之地，貴族名皋者帶兵先行攻打人方方國，戍兵會有災傷麼？此卜非常吉利。

2. ……有災傷麼？此卜非常吉利。

3. 中間的戍隊有災傷麼？

4. 左邊的戍隊有災傷麼？此卜吉利。

5. 沒有災傷麼？

6. 右邊的戍隊不傷損自由民麼？此卜吉利。

7. 中間的戍隊不傷損自由民麼？

8. 左邊的戍隊不傷損自由民麼？此卜吉利。

9. 甲辰日占卜，在⊡牧之地天氣遲延晴好，⊡祭商王兄輩名丁者麼？

10. 在瀘地麼？

11. 不晦氣麼？此卜吉利。

【字詞解析】

［1］戍：此辭作戍兵之義。

［2］右牧：地名或牧場名。

［3］啓：見"拓片5【字詞解析】2"。此辭引申爲先行、啓行、開路之義。

［4］人方：方國名。

［5］中戍：中間的戍隊。此辭之"戍"作戍隊之義。

［6］左戍：左邊的戍隊。

［7］右戍：右邊的戍隊。

［8］⊡牧：地名或牧場名。⊡地名牧或⊡地之牧場。

[9] 𠂤：字不識，卜辭作祭名，𠂤祭。

[10] 兄丁：商王兄輩名丁者。

[11] 盧：甲骨文字形爲𤉢，卜辭作地名。

【價值】 本片對研究商代戰争、軍事制度、社會結構、地理等有重要價值。

222

拓片 222 　　　　　　　摹片 222

【著録】《精粹》647，《屯南》2350

【現藏】 中國社會科學院考古研究所

【分期】 康丁（三期）

【釋文】

1. ……王其以衆[1]合[2]右旅……旅，酋[3]於隹[4]，𢦒？
2. ……吉，在舊[5]。

【譯文】

1. ……商王帶來的自由民配合右旅之軍……軍旅，攻擊討伐隹地，有所災傷麼？

2. ……吉利，在舊地。

【字詞解析】

［1］以衆：帶來的自由民。此辭之"以"有致進、帶來之義。

［2］合：甲骨文字形有⌂、⌂、⌂等，象器蓋相合之形。卜辭作配合、結合、會合之義。

［3］畐：此辭作攻擊、討伐、攻打之義。

［4］隹：見"拓片4【字詞解析】17"。此辭作地名。

［5］舊：甲骨文字形有⌂、⌂、⌂等，卜辭作地名。

【價值】本片對研究商代社會結構、軍事制度、戰爭、地理等有重要價值。

223

拓片 223　　　　　　　摹片 223

【著録】《精粹》649，《屯南》2384
【現藏】中國社會科學院考古研究所
【分期】同版不同期

【釋文】

1. 庚辰，貞其陟[1]高祖上甲，茲[2]？王固：茲！一
2. 庚辰卜，王。
3. 庚辰卜，王。二
4. 庚辰卜，王。三
5. 庚辰卜，王。三
6. 庚辰卜，王。
7. 庚辰卜，王。
8. 庚辰卜，王。
9. 庚辰卜，王。
10. 庚辰［卜］，王。

【譯文】

1. 庚辰日［占卜］，貞問陟祭高祖上甲，如此［祭祀］麼？商王看了卜兆以後判斷［説］：如此！一爲兆序。
2. 庚辰日占卜，商王。
3. 庚辰日占卜，商王。二爲兆序。
4. 庚辰日占卜，商王。三爲兆序。
5. 庚辰日占卜，商王。三爲兆序。
6. 庚辰日占卜，商王。
7. 庚辰日占卜，商王。
8. 庚辰日占卜，商王。
9. 庚辰日占卜，商王。
10. 庚辰日［占卜］，商王。

【字詞解析】

[1] 陟：甲骨文字形有⿰、⿰、⿰、⿰等，從阜從步，示步登阜上。卜辭作祭名，陟祭。

[2] 兹：如此、這樣。甲骨文字形有⿰、⿰等，卜辭作此、這之義。

【價值】本片 2 至 10 辭均爲"干支卜，王"，第二期卜辭常見，習稱"卜王"辭。其所卜內容或省略，或待填，迄無定說。而第 1 辭字體爲"曆組"作風。主張"曆組"卜辭爲"武丁晚至祖庚"之物者，以此片爲其說的重要佐証。但主張"曆組"四期說者，認爲是四期貞人利用二期遺留舊骨繼續卜問。

224

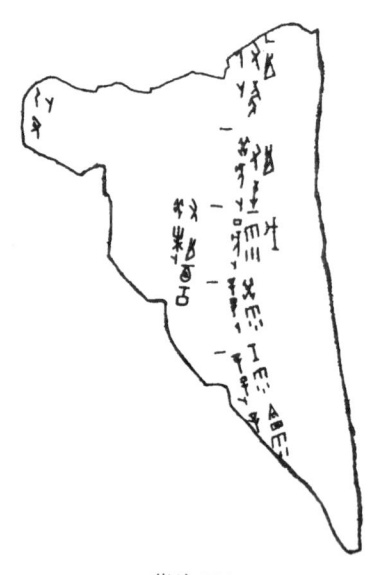

拓片 224　　　　　摹片 224

【著錄】《精粹》650，《屯南》2525
【現藏】中國社會科學院考古研究所

【分期】文丁（四期）

【釋文】

1. 癸亥卜，有（又）至禍？一

2. 乙丑卜，……

3. 辛［巳卜］，今日雨？

4. 辛巳卜，壬雨？一

5. 辛巳卜，癸雨？一

6. 癸未卜，有（又）禍百工[1]？

7. 丁亥卜，雨戊？

8. □□卜，有（又）祟禍[2]？

【譯文】

1. 癸亥日占卜，有灾禍之事吧？一爲兆序。

2. 乙丑日占卜，……

3. 辛［巳日占卜］，今天下雨麽？

4. 辛巳日占卜，壬日下雨麽？一爲兆序。

5. 辛巳日占卜，癸日下雨麽？一爲兆序。

6. 癸未日占卜，有禍事於百工工官麽？

7. 丁亥日占卜，下雨是在戊日麽？

8. 某日占卜，有祟害灾禍發生吧？

【字詞解析】

[1] 百工：百工工官。工的甲骨文字形有𠭰、工等，象斧類工具形。此辭作職官名，爲主管工匠之官。

[2] 祟禍：祟害灾禍。祟，見"拓片63【字詞解析】12"。卜辭作祟害、灾害、禍祟之義。

【價值】本片對研究商代職官有重要價值。

225

拓片 225 　　　　　摹片 225

【著錄】《精粹》653,《屯南》2673

【現藏】中國社會科學院考古研究所

【分期】武乙（四期）

【釋文】

1. □辰母庚至小子[1]卯? 二

2. 卯[2]母庚,宰? 三

【譯文】

1. 某辰日對商王母輩名庚者至小王子行御除災殃之祭麼? 二爲兆序。

2. 對商王母輩名庚者行御除災殃之祭,以一對羊爲獻牲麼? 三爲兆序。

【字詞解析】

[1] 小子：商王室小王子。

[2] 卯：甲骨文字形有 、 等,象杵形。"午"即"卯",與"御"同,卜辭作祭名,御除災殃之祭。爲母庚及小子行御祭,或此時均尚未死去。如理解爲已故,則當在母庚及小子前爲商王行御除災殃之祭了。

【價值】本片對研究商代先祖崇拜和祭祀有重要價值。

226

拓片 226　　　摹片 226

【著録】《精粹》660，《屯南》4362

【現藏】中國社會科學院考古研究所

【分期】武乙—文丁（四期）

【釋文】

1. 丁卯卜，於南單[1]立岳？三

2. 己卯卜，求雨[2]於上甲？

【譯文】

1. 丁卯日占卜，在南單之地莅臨［祭］先祖神岳麼？三爲兆序。

2. 己卯日占卜，行祈求下雨之祭於先公上甲麼？

【字詞解析】

[1] 南單：地名。

[2] 求雨：求祭名，求雨即祈求下雨之祭。

【價值】本片對研究商代先祖崇拜和祭祀有重要價值。

227 正

拓片 227 正 　　　　摹片 227 正

【著録】《精粹》661 正，《安懷》0043 正
【現藏】加拿大皇家安大略博物館
【分期】一期
【釋文】
1. 貞御於羌甲、蔡[1]，卯？一
2. 壬戌卜，争，貞勿御？
3. 貞其侑前[2]？一

【譯文】
1. 貞問行御除災殃之祭於先王羌甲、地祇之神蔡（示），并卯砍犧牲以祭麼？一爲兆序。
2. 壬戌日占卜，貞人争問卦，貞問不行御除災殃之祭麼？
3. （此辭費解，或釋爲）貞問行侑求之祭於前地之神祇麼？一爲兆序。

【字詞解析】
[1] 蔡：甲骨文字形爲，卜辭有"蔡示"，爲神祇名。
[2] 前：甲骨文字形有、、等，卜辭作地名或人名。

【價值】本片對研究商代神靈崇拜和祭祀有重要價值。

227 反

拓片 227 反 　　　　摹片 227 反

【著錄】《精粹》661 反，《安懷》0043 反
【現藏】加拿大皇家安大略博物館
【分期】一期
【釋文】 
1. 丁［酉］……婦廿（二十）。
2. 叙[1]。

【譯文】
1. 丁［酉日］……婦某二十［對龜甲］。（此爲甲橋刻辭，多記龜甲某人來源、數目、貢者，爲記事文字。）
2. 亦爲記事文字，叙爲史官簽名。

【字詞解析】
[1] 叙：甲骨文字形有 、 、 、 等，卜辭作人名。

【價值】本片對研究商代貢納有重要價值。

228 正

拓片 228 正 　　　　　　　摹片 228 正

【著錄】《精粹》667 正，《安懷》0452 正
【現藏】加拿大皇家安大略博物館
【分期】一期
【釋文】
1. 甲寅卜，亙，乎（呼）犬登[1]執[2]豕[3]，幸[4]？
2. 貞弗幸？一
【譯文】
1. 甲寅日占卜，貞人亙問卦，命令犬官名登者執捕野猪，能捉住麼？
2. 貞問還是不能捉住呢？一爲兆序。

【字詞解析】
[1] 犬登：犬官名登者。犬爲主管防衛、狩獵的武官。
[2] 執：甲骨文字形有 等，象一人戴有手銬之形。卜辭作動詞，執捕、抓到之義。
[3] 豕：見"拓片 13【字詞解析】5"。此辭作獸名，野猪。
[4] 幸：見"拓片 213【字詞解析】2"。卜辭有執捕、鉗制、夾取之義。

【價值】本片對研究商代職官和田獵有重要價值。

228 反

拓片 228 反 　　　　摹片 228 反

【著錄】《精粹》667 反,《安懷》0452 反
【現藏】加拿大皇家安大略博物館
【分期】一期
【釋文】
　　王固［曰］：隹乙［吉］！
【譯文】
　　商王看了卜兆以後判斷［說］：只有乙日才［吉利］！
【價值】本片對研究商代卜法文例有重要價值。

229

拓片 229 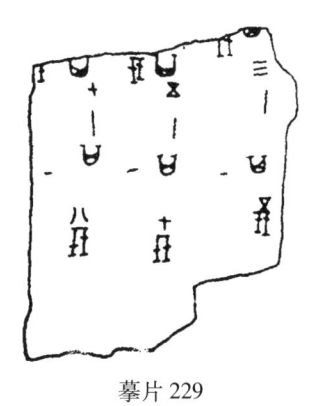　　　　摹片 229

【著録】《精粹》663,《安懷》0142

【現藏】加拿大皇家安大略博物館

【分期】一期

【釋文】

1. 其五朋[1]？一

2. 其七朋？一

3. 其八朋？一

4. ［其］三十［朋］？

5. 其五十朋？

6. 其七十［朋］？

【譯文】

1. 五朋貝麼？一爲兆序。

2. 七朋貝麼？一爲兆序。

3. 八朋貝麼？一爲兆序。

4. 三十［朋貝］麼？

5. 五十朋貝麼？

6. 七十［朋貝］麼？

【字詞解析】

[1] 朋：甲骨文字形有丰、丰、丰等，均象以綫或繩穿貝成串之形。卜辭作量詞，爲貝的單位，十貝爲一朋。

【價值】本片爲僅見商代最大紀貝數字，對研究商代貨幣制度有重要價值。

230

拓片 230　　　摹片 230

【著錄】《精粹》669,《安懷》0898
【現藏】加拿大皇家安大略博物館
【分期】一期
【釋文】

1. 貞三元示[1]五牛，蠱示[2]三牛？一
2. 貞升、歲、酒？十三月。

【譯文】

1. 貞問祭先公上甲等三元示用五頭牛，祭蠱神用三頭牛爲獻牲麼？一爲兆序。
2. 貞問行升祭、劌殺犧牲之祭和酒祭麼？這是在十三月占卜的。

【字詞解析】

[1] 元示：即殷先公上甲。三元示不明所指。
[2] 蠱示：神祇名，蠱神。蠱的甲骨文字形有等，卜辭作神祇名，蠱神。也有學者釋爲"它示"，即殷旁系小宗。

【價值】本片對研究商代神靈崇拜、祭祀及養蠱業有重要價值。

231

拓片 231　　　　　摹片 231

【著錄】《精粹》674，《安懷》0956

【現藏】加拿大皇家安大略博物館

【分期】一期

【釋文】

1. 丁巳卜，殷，貞乎（呼）師般[1]往於長？一　二　三
2. 己巳卜，殷，貞犬延亡其工[2]？六月。四
3. 貞［犬］延其有工？
4. 貞告於大示？

【譯文】

1. 丁巳日占卜，貞人殷問卦，貞問命令貴族名師般者去往長地麼？一、二、三爲兆序。
2. 己巳日占卜，貞人殷問卦，貞問犬官名延者的工奴沒有了麼？這是在六月占卜的。四爲兆序。
3. 貞問［犬官］名延者的工奴還有麼？
4. 貞問行告禱之祭於自先公上甲始的諸直系先公先王麼？

【字詞解析】

［1］師般：貴族名。

［2］工：見"拓片224【字詞解析】1"。此辭作工奴之義。卜辭中"工官"亦稱爲"工"。

【價值】本片對研究商代社會結構和職官有重要價值。

232

拓片 232 　　　　　　摹片 232

【著錄】《精粹》678,《安懷》1262

【現藏】加拿大皇家安大略博物館

【分期】二期

【釋文】

1. 己卯卜，大，貞婦幷[1]冥（娩），妫（嘉）？

2. 貞婦幷［不］其［妫（嘉）］？

3. 貞婦嬌[2]不其妫（嘉）？

4. 己亥卜，大，貞今歲受年？二月。

5. 丁未〔卜〕，貞告□於南室[3]？

6. 貞告執[4]於南室，三牢？

7. 戊申。一

【譯文】

1. 己卯日占卜，貞人大問卦，貞問名婦𡥉者分娩，會吉嘉生男孩麽？

2. 貞問名婦𡥉者〔不會吉嘉生男孩〕麽？

3. 貞問名婦𡥉者不會吉嘉生男孩麽？

4. 己亥日占卜，貞人大問卦，貞問今年會得到好年成麽？這是在二月占卜的。

5. 丁未日〔占卜〕，貞問行告禱〔執俘〕勝利之祭於宗廟的南室麽？

6. 貞問行告禱執俘勝利之祭於宗廟的南室，以三對羊爲獻牲麽？

7. 戊申日。一爲兆序。

【字詞解析】

[1] 𡥉：甲骨文字形有 、 、 等，卜辭作人名。

[2] 𡥉：甲骨文字形爲 ，卜辭作人名。

[3] 南室：宗廟的南室。室的甲骨文字形有 、 等，卜辭多作居室之義。此辭指祭祀之室。

[4] 告執：祭名，行告禱執俘於宗廟以慶祝勝利之祭儀。告，見"拓片7正【字詞解析】14"。執，見"拓片228正【字詞解析】2"，作祭祀用人牲的被捕俘虜稱爲"執"。

【價值】本片對研究殷人生育觀念和商代祭祀、宗廟建築等有重要價值。

233

拓片 233　　　摹片 233

【著錄】《精粹》677，《安懷》1267
【現藏】加拿大皇家安大略博物館
【分期】二期

【釋文】

1. 丙寅卜，卜出，貞翌丁卯龜，益酉（酹）[1]，龜？
2. 壬申卜，出，貞丁[2]宗户[3]歲[4]，亡咎[5]？
3. 辛卯卜，貞來丁巳易日？十月。
4. 貞不其易日？

【譯文】

1. 丙寅日占卜，卜師出問卦，貞問在未來的丁卯日天氣有龜之天象時，舉行益酉（酹）之祭，還會有龜之天象麼？

2. 壬申日占卜，貞人出問卦，貞問在名丁的先王宗廟門處進行歲祭，沒有災害吧？

3. 辛卯日占卜，貞問未來的丁巳日天氣陰蔽麼？這是在十月占卜的。

4. 貞問還是天氣不陰蔽呢？

【字詞解析】

[1] 益𠻸（酬）：祭名，益𠻸（酬）之祭。益，見"拓片135【字詞解析】2"。

[2] 丁：卜辭中共有八位名丁的商王，此"丁"名不能確指。

[3] 戶：甲骨文字形有𠂇、𢰣等，象單扇門形。宗戶即宗門。

[4] 盇：音益，也有釋爲"盛"者，甲骨文字形有𥁑、𥁕等，卜辭作祭名，盇祭。

[5] 匄：甲骨文字形爲𠂉，從人從亡，會意字。人有亡失，求乞於人也。卜辭作災害之義，亡匄即無害。

【價值】本片對研究商代天象、祭祀、建築、氣象等有重要價值。

234

拓片 234

【著錄】《精粹》679，《安懷》1432
【現藏】加拿大皇家安大略博物館
【分期】三期
【釋文】

1. ⋯⋯田，其⋯⋯

摹片 234

2. 於壬王廼田，湄日亡戋？泳[1]。

3. 弜田牢，其每？

4. 叀盂[2]田，弗每，亡戋？

【譯文】

1. ……田獵，其……

2. 在壬日商王才舉行田獵，整天沒有灾傷之事發生吧？一直長久吉利。

3. 不在牢地田獵，令人晦氣吧？

4. 是在盂地田獵，不使人晦氣，沒有灾傷之事發生吧？

【字詞解析】

[1] 泳：見"拓片14【字詞解析】2"。此辭作一直長久吉利之義。

[2] 盂：甲骨文字形有 ⚬、⚬、⚬ 等，卜辭作地名，或爲田獵區。

【價值】本片對研究商代田獵和地理有重要價值。

235

拓片 235　　　　　摹片 235

【著錄】《精粹》681,《安懷》1371

【現藏】加拿大皇家安大略博物館

【分期】三期

【釋文】

1. 辛未〔卜〕,中己[1]歲,其戠日[2]?
2. 弜戠日,其侑歲於中己?茲用。
3. 癸未卜,父甲[3]杏[4],勿(物)牛[5]?茲用。
4. 勿(物)?

【譯文】

1. 辛未日〔占卜〕,於先王祖己行劌殺犧牲之祭,太陽出現黑子了麼?
2. 太陽沒有出現黑子,是行侑求之祭和劌殺犧牲之祭於先王祖己了麼?此卜施行了。
3. 癸未日占卜,對先王父甲(即商王廩辛之父祖甲)行杏祭,以雜色的牛爲獻牲麼?此卜施行了。
4. 雜色的〔牛〕麼?

【字詞解析】

[1] 中己:即商王武丁之子祖己。商先王名己者,前有雍己,祖己(即孝己,祖庚、祖甲稱兄己)次其後,故稱"中己",見《甲骨學一百年》第442頁。

[2] 戠日:太陽出現黑子。也有學者釋爲"出現日食",我們認爲釋爲"太陽出現黑子"較合理。

[3] 父甲:即商王廩辛、康丁之父祖甲。

[4] 杏:甲骨文字形爲 ,卜辭作祭名,杏祭。

[5] 勿牛:雜色的牛,卜辭多用作祭牲。

【價值】本片對研究商代天象、先祖崇拜和祭祀有重要價值。

236

拓片 236 　　　摹片 236

【著錄】《精粹》683，《安懷》1464
【現藏】加拿大皇家安大略博物館
【分期】三期
【釋文】
1. 叀旐[1]用東行[2]，王受佑？
2. 叀［隻[3]］從上行[4]左旐[5]，王受佑？
3. 叀隻右旐[6]，王受佑？

【譯文】
1. 是用東行軍隊的旗旐［布陣行動］，商王會受到保佑麼？
2. 是貴族名隻者從上行軍隊左邊的旗旐［布陣行動］，商王會受到保佑麼？
3. 還是貴族名隻者從右邊的旗旐［布陣行動］，商王會受到保佑呢？

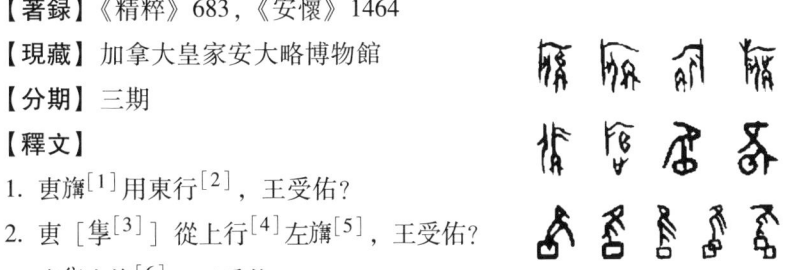

【字詞解析】

[1] 旞：音構，甲骨文字形有, , , , 等，卜辭作旗旞之義。

[2] 東行：東行軍隊。

[3] 隹：也有釋爲"雔"者，甲骨文字形有, , , , , , 等，卜辭作貴族名。

[4] 上行：上行軍隊。

[5] 左旞：左邊的旗旞。

[6] 右旞：右邊的旗旞。

【價值】本片在甲骨中少見，對研究商代軍事制度有重要價值。

237

拓片 237 　　　摹片 237

【著録】《精粹》685，《安懷》1576

【現藏】加拿大皇家安大略博物館

【分期】四期

【釋文】

1. 丁未其即日[1]？
2. 戊申於南門[2]？二
3. 戊申於王宅[3]？二

【譯文】

1. 丁未日行飯日之祭麼？

2. 戊申日在南門［行祭］麽？二爲兆序。
3. 還是戊申日在商王的宅院［行祭］呢？二爲兆序。

【字詞解析】

［1］即日：祭名，饁日之祭。

［2］南門：宗廟的南門。

［3］王宅：商王的宅院。宅，見"拓片123【字詞解析】1"。卜辭作宅院、住宅、宅居之義。

【價值】本片對研究商代建築有重要價值。

238

拓片238　　摹片238

【著録】《精粹》688，《安懷》1581

【現藏】加拿大皇家安大略博物館

【分期】四期

【釋文】

1. 戊□□，貞……
2. 其御[1]？
3. 弜御？

4. 辛酉卜，叀大行[2]用？

5. 師叀律[3]用？

【譯文】

1. 戊某日［占卜］，貞問……

2. 進行抵禦麼？

3. 還是不進行抵禦呢？

4. 辛酉日占卜，是動用以大行爲編制的軍隊麼？

5. 軍隊［行動］是用紀律指揮麼？

【字詞解析】

[1] 御：見"拓片10【字詞解析】6"。本版之"御"，當有抗禦、抵禦之軍事行動意。因4、5辭均與軍事行動有關，故2、3辭之"御"不解爲御祭。

[2] 大行：以大行爲編制的軍隊。

[3] 律：甲骨文字形有 、 、 、 等，卜辭作紀律、法律之義，學者認爲是以軍隊的紀律、法令指揮軍隊行動。也有學者認爲以鼓鐘等樂器的音律指揮軍隊行動。我們從前者。

【價值】本片內容在甲骨中少見，對研究商代軍事制度有重要價值。

239

拓片239

摹片239

【著錄】《精粹》689，《安懷》1611

【現藏】加拿大皇家安大略博物館

【分期】四期

【釋文】

甲戌卜，立中[1]，易日？乙亥允易日。

【譯文】

甲戌日占卜，竪立中旗以聚衆，天氣要陰蔽了麼？事後所記的應驗結果是：第二天乙亥日果然天氣陰蔽了。

【字詞解析】

[1] 立中：竪立中旗以聚兵衆。立的甲骨文字形爲䇂，象一人立於平地之上。卜辭作竪立之義。中的甲骨文字形有﹁、﹁、﹁、﹁、﹁、﹁、﹁等，﹁體旗形，氏族社會各部落都建旗徽以作爲自己氏族的標誌，凡有大事都要立中，立中即立旗，以便衆人望而聚之。"中"字爲旗，古代召集族衆出兵，必立旗於廣曠之處。天氣晴好，遠處皆能望見，以便及時趕來。而天氣陰蔽，能見度差，要延誤族衆會聚於旗下。故商王立旗致衆時，關心天氣情況。又，商代立旗，其竿必高，爲立竿牢固，其下當有旗鐏。前不久安陽殷墟發現之 0.5m 左右之青銅尖狀"不知名器"，當爲旗鐏。見拙著《殷墟出土不知名銅器用途考》（2003 年 8 月出版之《殷商文明暨紀念三星堆遺址發現 70 週年國際學術研討會論文集》）。卜辭又有"立中"與"有風"、"亡風"連言者，當爲風吹旗旒，以辨風向。但風吹霧散，天氣當晴朗。此辭"立中"主卜天氣陰蔽，與"有風"、"亡風"無關，故應爲立旗聚衆之義。

【價值】本片對研究商代軍事制度有重要價值。

240

拓片 240　　　　摹片 240

【著録】《精粹》690,《安懷》1640

【現藏】加拿大皇家安大略博物館

【分期】四期

【釋文】

1. 庚寅，貞敦[1]缶[2]於蜀[3]，戋右旅？在配[4]。一月。
2. 甲午卜，王叀廪[5]？
3. ［壬］辰，貞乎（呼）……
4. 甲……王……於……

【譯文】

1. 庚寅日［占卜］，貞問敦伐貴族名缶者於蜀地，右旅之軍有所灾傷麼？這是一月在配地占卜的。
2. 甲午日占卜，商王是在廪地麼？
3. ［壬］辰日［占卜］，貞問命令……
4. 辭殘，全辭文意不詳。

【字詞解析】

［1］敦：見"拓片53正【字詞解析】4"。

［2］缶：見"拓片60【字詞解析】3"，卜辭作人名或地名。

［3］蜀：甲骨文字形有⿱、⿱、⿱、⿱等，象爬蟲類動物形。卜辭作地名。

［4］配：甲骨文字形有⿱、⿱、⿱等，象人蹲在酉前。卜辭作地名。

［5］廩：見"拓片16反【字詞解析】7"。卜辭作地名。據《安懷》0071"□巳卜，爭，員令王族從廩蜀叶王事看"，廩、蜀已被征服。但本版與缶、蜀當有敦伐行動，故2辭之"王叀廩"之廩地，應未被征服，是說王應專門征伐廩地也。

【價值】本片對研究商代軍事制度、戰爭和地理有重要價值。

241

拓片241　　　摹片241

【著錄】《精粹》692，《安懷》1915

【現藏】加拿大皇家安大略博物館

【分期】五期

【釋文】

辛酉王[1]田於雞彔（麓）[2]，隻（獲）大霖虎[3]。在十月隹王三祀叠日[4]。

【譯文】

辛酉日商王田獵於雞彔（麓）之地，擒獲了大的霖虎。這是在商王三年舉行叠日祀季的時候。

【字詞解析】

1. 王：此時的商王應爲帝乙。
2. 雞彔（麓）：地名，爲商王狩獵之地。彔的甲骨文字形有 、 、 、 等，卜辭借"彔"爲"麓"，山麓之義。
3. 大霖虎：虎的專門品種。霖可讀爲束，甲骨文字形爲 ，卜辭作一種虎名。
4. 叠日：祭名。叠，見拓片"1【字詞解析】4"，卜辭作祭名，叠祭即協合之祭。商代紀時，以干支十（加）月份十（加）祀（年）爲序。按現今計時習慣，此版所記之事應發生在商王帝乙三年十月辛酉日行叠祭之祀季。協合之祭，在最後舉行，或同時聯合其他祀典一并舉行。

【價值】本片爲十五萬片甲骨中唯一一片虎骨刻辭，乃記事文字。因獵得此虎特殊，故商王用其骨刻記其經過，以資紀念。本片對研究商代田獵、紀年和周祭制度有重要價值。

附錄一　拓片來源表

導讀號	合集號	著拓號	選定號	重見情況	拼合號	精粹號
1	1	《簠歲》5	《簠拓》85	《續》2.28.5		1
2	8	《歷拓》10771				2
3	67 正	《簠游》36 正	《簠拓》703 正	《續》3.37.1 正		4
4	32 正	《乙》1873＋（正）	《丙》22 正		1884＋1925＋1986＋2615＋2616＋6859＋6888＋7237＋7275＋7486	3
5	122	《乙》5224				5
6	116 正	《乙》1052 正				7
7 正	137 正	《菁》5.1 正	《歷博拓》179 正	《通》430（縮小）正		8 正
7 反	137 反	《菁》6.1 反	《歷博拓》179 反	《通》（縮小）513 反		8 反
8	156	《續存下》107	《歷拓》2398			11
9	154	《簠人》59＋	《簠拓》398	《續》4.29.2	《簠典》116（《續》4.29.2）	10
10	177	《甲》3338				13

續表

導讀號	合集號	著拓號	選定號	重見情況	拼合號	精粹號
11	300	《簠帝》26 +	《歷拓》10150	《續》1.10.7，《佚》873	《簠人》5（《續》1.10.7，《佚》873）	17
12	248 正	《乙》2139 +（正）				15
13	779 正	《續存下》182 正	《歷拓》10292	《甲零》17 正		19
14	563	《簠人》18 +	《簠拓》486		32 + 33 + 96	22
15	599	《續存上》1084				20
16 正	583 正	《寧》2.28 +（正）	《歷拓》3894 正		2.30 正	24 正
16 反	583 反	《寧》2.29 +（反）	《歷拓》3894 反		2.31 反	24 反
17	787	《乙》7750				25
18	540	《簠征》4	《簠拓》777	《續》3.2.3（不全）		26
19	850	《南輔》24	《歷拓》1412			29
20	1136	《簠天》44 +	《簠拓》94	《續》5.14.2	(《簠帝》1 + 《簠雜》124)（《續》5.14.2）	33
21	1824 正	《前》1.35.1 +（正）	《甲綴》2		1.51.1	46
22	2496	《寧》2.37	《歷拓》3944			55
23	2530 正	《乙》1281 +（正）	《丙》267 正			56
24	2940	《乙》4952 +	《丙》552			63
25	2972	《前》5.44.4				67

附錄一　拓片來源表

續表

導讀號	合集號	著拓號	選定號	重見情況	拼合號	精粹號
26	3250	《龜》2.25.9（不全）	《珠》304	《珠》304		69
27	3266	《錄》794＋			795＋849	70
28	4570	《前》3.20.3			＋《合集》3286 正	94
29	5245	《前》4.21.6	《歷拓》6495			101
30	3286 正	《續存上》667（正，不全）	《外》458 正	《外》458 正	＋《合集》4570 正	74
31	3397	《後下》4.11		《通》551		76
32	4059 正	《前》5.4.6（正，不全）	《歷拓》7149 正	《通》471（正，不全），《續存下》72（正）		84
33	3755	《簠地》4＋	《簠拓》739		《簠貞》31	86
34	4284	《寧》2.52＋	《歷拓》3893		2.55	90
35	5445 正	《乙》4923＋（正）	《丙》583 正			105
36	5520	《鐵》23.1＋			《歷拓》8110	107
37	5574	《前》7.7.2				112
38	5468 正	《歷拓》4792 正				109
39	5611 正	《乙》867 正				116
40	5647 正	《歷拓》6044 正				115
41	5708 正	《續存上》66 正				118
42	5663	《簠雜》58	《簠拓》727			119
43	5994	《前》4.32.8				124
44	5997	《後下》15.7				126

397

續表

導讀號	合集號	著拓號	選定號	重見情況	拼合號	精粹號
45	6002 正	《粹》257 正	《善》942 正	《京》749 正		127
46	6037 正	《乙》6419 正				129
47 正	6057 正	《菁》1.1 正				130 正
47 反	6057 反	《菁》2.1 反				130 反
48 正	6063 正	《前》6.34.7 +（正）		《甌》2.10.13 正		131 正
48 反	6063 反	《前》7.4.2 +（反）		《甌》2.22.6 反		131 反
49 正	6087 正	《簠征》18 +（正）	《簠拓》840 正	《續》3.10.2 正	（19 +36）（《續》3.10.2）	132 正
49 反	6087 反	《簠典》105 反	《簠拓》841 反			132 反
50 正	6093 正	《簠征》23 +（正）	《簠拓》781 正	《續》3.3.1 正	47 正	133 正
50 反	6093 反	《簠人》111 +（反）	《簠拓》782 反	《續》4.32.5 反	《簠典》103 反	133 反
51	6199	《後上》16.11（不全）	《歷拓》7074	《通》493（不全）		141
52	6168	《續》1.10.3	《歷拓》5538			142
53 正	6354 正	《簠地》59 +（正）	《簠拓》838 正	《續》3.10.1 正	《簠游》3	147 正
53 反	6354 反	《簠典》36 +（反）	《簠拓》839 反	《續》5.9.2 反	《簠游》3	147 反
54	6402 正	《歷拓》10374 正				148
55	6441	《虛》2338	《南博》839			150
56	6498	《粹》1113 甲、乙	《善》14218 +5768			151

附錄一 拓片來源表

續表

導讀號	合集號	著拓號	選定號	重見情況	拼合號	精粹號
57	6536	《簠游》68+	《簠拓》566	《續》2.24.4+6.7.1	《簠雜》84+85	152
58	6543	《續存上》627（不全）	《歷拓》10333			156
59	6567	《北圖》2335+		《文捃》1024	2532	157
60	6572	《乙》2065+	《丙》171		2108	158
61	6812 正	《簠人》31+（正）	《簠拓》442 正	《續》5.2.2 正	84(《續》3.38.6)	160
62	7859 正	《天》87+甲	《歷拓》9988 正	《歷拓》6031+《南師》2.118 正		167
63	6834 正	《乙》1915+（正）	《丙》1 正		(2000+2358+2388+2434+2696+3377+7795)（正）	161
64	7780 正	《簠游》60 正	《簠拓》596 正	《續》3.14.1 正		171
65	8884	《前》7.42.2				172
66	8398 正	《前》7.34.2 正（不全）	《歷拓》7097 正	《續存下》47 正		176
67	8329	《續存下》176	《歷拓》3254			175
68	9468	《甲零》100	《歷拓》10237			181
69	8996 正	《續存下》57+（正）	《歷拓》7157 正	《綜述》21.1 正	《文捃》1049	180
70	9572	《續存下》166	《歷拓》1151			184
71	9506	《前》7.15.3		《通》454		187
72	10076	《前》7.5.2		《通》458		194
73	9663	《北圖》2412		《文捃》772		189
74	10043	《佚》400	《鄴初下》27.4	《鄴初下》27.4,《續存上》180		198

399

續表

導讀號	合集號	著拓號	選定號	重見情況	拼合號	精粹號
75 正	10133 正	《乙》7781 正				200 正
75 反	10133 反	《乙》7782 反				200 反
76	10199 正	《續》4.7.2 正	《歷拓》5699 正	《南師》2.16 正		204
77	10222	《前》3.31.3		《通》377		205
78	10307	《後下》1.4		《通》20		206
79	10475	《前》6.50.7		《通》748		207
80 正	10405 正	《菁》3.1（正，不全）	《中國歷史博物館》正，《傳》2.8 正（縮小，不全）	《通》735 正（縮小，不全）		211 正
80 反	10405 反	《菁》4.1（反，不全）	《中國歷史博物館》反，《傳》2.7 反（縮小，不全）	《通》426 反（縮小，不全）		211 反
81 正	10406 正	《寧》2.24 +（正）	《掇一》454 正	《外》462 正，《續存上》972 正	（《故宮》365 + 《寧》2.26）（正）	212 正
81 反	10406 反	《寧》2.25 +（反）	《掇一》454 反	《外》463 反，《續存上》973 反	（《故宮》365 + 《寧》2.27）（反）	212 反
82	10903	《綜述》21.3	《文捃》415			215
83	11406	《前》4.35.1		《通》465		219
84	11501	《前》7.26.3		《通》429		223
85	11482 反	《簠天》2 反	《簠拓》2 反			222 反

附錄一　拓片來源表

續表

導讀號	合集號	著拓號	選定號	重見情況	拼合號	精粹號
86	11497 正	《乙》6664 正	《丙》207 正			225
87	12814 正	《粹》1043 甲	《善》14203 正			232
88	12870 甲、乙	《前》6.57.7 +（甲）	《前》6.57.7 +（甲）《後上》32.6（乙）	《後上》32.6（乙），《通》375 甲、乙	《龜》1.21.4	233
89	13307	《前》7.4.1				236
90	13359	《後下》33.6		《通》412		237
91	13399 正	《契》2 正				239
92	13613	《前》6.17.7（不全）	《龜》2.16.4	《龜》2.16.4		243
93	13634 正	《戩》34.4 正	《歷拓》9463 正	《續》5.17.3 正		244
94	13630	《珠》271				245
95	13628	《拾》10.3	《歷拓》11546			246
96	13651	《南師》1.43	《外》35	《外》35		247
97	13688 正	《鄴三下》35.6 +（正）	《歷拓》1266 正		《南輔》17	248
98	13679 正	《乙》7488 正				250
99	13689	《北圖》5038		《文捃》601		251
100	13693	《乙》1187				254
101	14009 正	《簠典》117 +（正）	《簠拓》404 正	《續》4.25.1（正，不全）	《契》184	255
102	13752 正	《乙》4130 正				256

401

續表

導讀號	合集號	著拓號	選定號	重見情況	拼合號	精粹號
103	14201	《乙》1947 +	《丙》93		6750	263
104	14210 正	《乙》4534 正	《丙》73 正			264
105	14294	《掇二》158	《善》7388	《京》520		270
106	14807 正	《簠人》29 正	《簠拓》537 正			276
107	14822	《重博》12			+ 《合集》14354 + 《合集》14824	277
108	14778	《前》4.52.2	《慶甲》5.1	《通》357		278
109	14875	《後上》28.12				281
110	14881	《掇二》166		《續存下》191		283
111	17055 正	《安懷》959a		《國文》38 期		291
112	17071	《後下》29.7				293
113	17171	《粹》1213	《善》5800			295
114	17366 反	《海枞》1 反				299
115	17513	《簠典》40	《簠拓》476	《續》5.11.7		300
116	17450	《簠雜》65（不全）	《簠拓》948			305
117	19280	《戩》38.10	《歷拓》9517	《續》3.37.6（不全）		306
118	18793	《簠雜》116	《簠拓》517			307
119	19798	《乙》8660				308
120	19907	《甲》2348 +	《甲釋》93		2356	319
121 正	19957 正	《佚》383 正	《歷拓》11006 正	《鄴初下》26.3 正		320 正

402

附錄一　拓片來源表

續表

導讀號	合集號	著拓號	選定號	重見情況	拼合號	精粹號
121 反	19957 反	《佚》383 反	《歷拓》11007 反	《鄴初下》26.4 反		320 反
122	19987	《前》1.33.7（不全）	《歷拓》7276			324
123	20327	《歷拓》5743				335
124	20348	《甲》209				333
125	20397	《佚》276		《美》419		339
126	20731	《甲》3003				343
127	21494	《後下》14.8				349
128	22560	《虛》740	《南博拓》159			360
129	21768	《歷拓》10466				355
130	23705	《前》5.10.7				390
131	23805	《存真》8.32	《錄》519	《錄》519		394
132	23002	《佚》401（不全）	《歷拓》2524	《鄴初下》27.5（不全）		370
133 正	23241 正	《佚》397 正	《歷拓》3030 正	《鄴初下》27.1 正		380 正
133 反	23241 反		《歷拓》3030 反			380 反
134	23347	《續存下》632	《歷拓》3273		+《合集》24005	385
135	23717	《珠》397 +			《軀》1.26.7	391
136	25892	《錄》544 +			629	404
137	27310	《甲》639 +			641	424
138	27893	《歷拓》10434				431
139	27628	《南明》641	《歷拓》5352			433
140	27945	《粹》1154	《善》5756			436
141	28000	《安明》2106				437

403

續表

導讀號	合集號	著拓號	選定號	重見情況	拼合號	精粹號
142	28008	《粹》1162	《善》14259			438
143	28180	《寧》1.115 +				442
144	29415	《寧》1.521	《歷拓》3698			449
145	29248	《粹》996	《善》7400			455
146	28905	《寧》1.411 +	《考郭》5 + 32	《掇一》403	1.412	453
147	29794	《粹》715	《善》7602			457
148	29789	《安明》1846				458
149	29776	《粹》700	《善》7850			460
150	29687	《甲》1647				462
151	29783	《粹》1000	《善》602			464
152	29984	《粹》1547	《善》7574			465
153	30285	《庫》1002	《美》27	《美》27		466
154	30347	《鄴初下》40.6	《歷拓》3046	《京》4307		471
155	31674	《寧》1.518	《歷拓》3403			480
156	30173	《鄴三下》38.4（不全）	《歷拓》1264			467
157	31993	《安新》1				483
158	32028	《撫續》2（不全）		《寧》1.119，《掇一》550		484
159	32051	《歷拓》7411				486
160	32035	《甲》896				488
161	32030	《續存下》755	《歷拓》3183			487
162	32330	《撫續》64				489
163	32176	《粹》720 +	《善》14253		899 + 1220	491
164	32087	《南明》477	《歷拓》4681 + 《安明》2452			490

附錄一 拓片來源表

續表

導讀號	合集號	著拓號	選定號	重見情況	拼合號	精粹號
165	32099	《續存上》1786	《沐》10			492
166	32384	《後上》8.14+	《續》1.5.8+《後上》8.14+拓本	《通》276+277（不全），《粹》112甲、乙、丙	《戬》1.10（不全）	496
167	32675	《粹》20	《善》370			503
168	32786	《粹》194	《善》436			506
169	32721	《南明》614	《歷拓》4683			502
170	32821	《寧》1.446	《歷拓》3768			508
171	32897	《佚》913（不全）	《歷拓》10526			511
172正	32992正	《粹》1545甲	《善》14234正	《京》3881正（不全）		512正
172反	32992反	《粹》1545乙	《善》14234反			512反
173	32994	《安明》2711				513
174	33017	《南明》616	《歷拓》4866			514
175	33034	《安明》2719				515
176	33006	《佚》86+	《善》4661+14247	《粹》598	《粹》597	516
177	33049	《續存下》803	《歷拓》10654			518
178	33208	《甲》622				519
179	33241	《鄴三下》39.5+			42.8+45.7（《京》4378）	520
180	33273	《後上》22.3+		《通》259	(22.4+《續》4.21.10)（《通》259）	527

續表

導讀號	合集號	著拓號	選定號	重見情況	拼合號	精粹號
181 正	33374 正	《摭續》161（正，不全）	《掇二》399 正	《掇二》399 正		528 正
181 反	33374 反	《摭續》125（反，不全）	《掇二》399 反	《掇二》399 反		528 反
182	33209	《書道》44		《京人》2363		521
183	33694	《簠天》1+	《佚》374	《佚》374	《簠人》1	532
184	33698	《粹》55	《善》106			534
185	34103	《粹》79	《善》205			535
186	33986	《安明》438+	《歷拓》5240		2528	536
187	34044 正	《南明》523 正	《歷拓》4920 正			538
188	34120	《戩》1.9（不全）	《歷拓》441	《續》1.2.4（不全），《佚》884（不全）		541
189	34139	《歷拓》4378				542
190	34123	《京》4101	《歷拓》4751			543
191	34115	《續存上》1785	《沐》8			544
192	34136	《寧》1.506	《歷拓》3911			545
193	34165	《甲》903				548
194	34240	《南明》479	《歷拓》4854			550
195	34483	《甲》637				551
196	35955	《續》1.26.10（不全）	《歷拓》5474			561
197	35347	《前》5.6.1	《歷拓》6435	《通》604		554
198	36484	《南明》786	《歷拓》5442			579
199	36426	《簠游》51	《歷拓》10004	《續》3.23.7（不全），《佚》971（不全）		577

附錄一 拓片來源表

續表

導讀號	合集號	著拓號	選定號	重見情況	拼合號	精粹號
200	36534	《甲》3940				582
201	36975	《粹》907	《善》9046			585
202	37514	《前》2.5.7+		《通》730	4.47.5（《通》730）	588
203	36522	《前》2.5.3		《通》595		580
204	37836	《前》3.27.7		《通》287		592
205	37743	《甲》3941				594
206	37986	《契》165				598
207	37849	《粹》896	《善》244			599
208	38310	《前》4.43.4（不全）	《歷拓》6614			609
209		《屯南》9				612
210		《屯南》42				614
211		《屯南》60				615
212		《屯南》539				625
213		《屯南》190				621
214		《屯南》601				627
215		《屯南》723				628
216		《屯南》751				629
217		《屯南》867+				630
218		《屯南》930				632
219		《屯南》1116				640
220		《屯南》2328				644
221		《屯南》2320				646
222		《屯南》2350				647
223		《屯南》2384				649
224		《屯南》2525				650

407

續表

導讀號	合集號	著拓號	選定號	重見情況	拼合號	精粹號
225		《屯南》2673				653
226		《屯南》4362				660
227 正		《安懷》0043 正				661 正
227 反		《安懷》0043 反				661 反
228 正		《安懷》0452 正				667 正
228 反		《安懷》0452 反				667 反
229		《安懷》0142				663
230		《安懷》0898				669
231		《安懷》0956				674
232		《安懷》1262				678
233		《安懷》1267				677
234		《安懷》1432				679
235		《安懷》1371				681
236		《安懷》1464				683
237		《安懷》1576				685
238		《安懷》1581				688
239		《安懷》1611				689
240		《安懷》1640				690
241		《安懷》1915				692

附錄二　著錄書、拓本簡稱全稱對應表

（以简称首字拼音为序）

簡　稱	全　稱	出版單位、年代
《安新》	《安陽新出土的牛胛骨及其刻辭》	《考古》，1972 年第 2 冊
《北圖》	《原北京圖書館（現中國國家圖書館）拓片》	國家博物院藏拓本冊
《通》	《卜辭通纂》	日本東京文求堂，1933 年
《重博》	《重慶博物館（現三峽博物館）拓片》	重慶校博物院存拓本冊
《簠地》	《簠室殷契徵文・地望》	天津博物院，1925 年
《簠帝》	《簠室殷契徵文・帝系》	天津博物院，1925 年
《簠典》	《簠室殷契徵文・典禮》	天津博物院，1925 年
《簠人》	《簠室殷契徵文・人名》	天津博物院，1925 年
《簠歲》	《簠室殷契徵文・歲時》	天津博物院，1925 年
《簠天》	《簠室殷契徵文・天象》	天津博物院，1925 年
《簠拓》	《簠室甲骨拓本（王襄）》	王襄自存拓本冊
《簠游》	《簠室殷契徵文・遊田》	天津博物院，1925 年

續表

簡稱	全稱	出版單位、年代
《簠貞》	《簠室殷契徵文·貞人》	天津博物院，1925年
《簠征》	《簠室殷契徵文·征伐》	天津博物院，1925年
《簠雜》	《簠室殷契徵文·雜事》	天津博物院，1925年
《故宮》	《故宮博物院拓片》	故宮博物院藏拓本冊
《龜》	《龜甲獸骨文字》	日本商周建文會，1921年
《海棪》	《海外甲骨錄遺·李棪所藏甲骨》	香港大學出版社，1958年
《安懷》	《懷特氏等收藏甲骨文集》	加拿大皇家黑博物院，1979年
《合集》	《甲骨文合集》	中華書局，1978~1983年
《合集補》	《甲骨文合集補編》	語文出版社，1999年
《精粹》	《甲骨文精粹釋譯》	雲南人民出版社，2004年
《文捃》	《甲骨文捃（曾毅公）》	曾毅公藏拓本冊
《甲零》	《甲骨文零拾》	天津人民出版社，1959年
《錄》	《甲骨文錄》	河南通誌館，1937年
《續存上》	《甲骨續存（上）》	群聯出版社，1955年
《續存下》	《甲骨續存（下）》	群聯出版社，1955年
《甲綴》	《甲綴附圖》	修文堂書房，1950年
《戩》	《戩壽堂所藏殷虛文字》	《藝術叢編》第三集，1917年
《京人》	《京都大學人文科學研究所藏甲骨文字》	日本京都大學人文科學研究所，1959年
《庫》	《庫方二氏所藏甲骨卜辭》	商務印書館，1935年

附錄二　著錄書、拓本簡稱全稱對應表

續表

簡　稱	全　稱	出版單位、年代
《美》	《美國所藏甲骨錄》	美國加利福尼亞大學，1976年
《安明》	《明義士收藏甲骨文集》	加拿大皇家安大略博物院，1972年
《沐》	《羅伯昭沐園舊藏甲骨拓片》	羅伯昭藏拓本册
《南輔》	《戰後南北所見甲骨錄·輔仁大學藏甲骨文字》	來熏閣書店，1951年
《南博拓》	《南京博物院拓本》	南京博物院藏拓本册
《南明》	《戰後南北所見甲骨錄·明義士舊藏甲骨文字》	來熏閣書店，1951年
《南師》	《戰後南北所見甲骨錄·南北師友所見甲骨錄》	來熏閣書店，1951年
《慶甲》	《慶雲堂甲骨拓本（甲）》	考古研究所藏拓本册
《善》	《善齋甲骨拓本（劉體智）》	考古研究所藏劉氏拓本册
《書道》	《書道全集·第一卷》	日本舉丸社，1931年
《天》	《天壤閣甲骨文存》	輔仁大學，1939年
《鐵》	《鐵雲藏龜》	抱殘守缺齋，1903年
《拾》	《鐵雲藏龜拾遺》	1925年
《屯南》	《小屯南地甲骨》	中華書局，1980年
《鄴初下》	《鄴中片羽初集（下）》	1935年
《鄴三下》	《鄴中片羽三集（下）》	1942年
《契》	《殷契卜辭》	北京哈佛燕京學社，1933年

續表

簡　稱	全　稱	出版單位、年代
《粹》	《殷契粹編》	日本東京文求學，1937年
《掇一》	《殷契拾掇》	上海出版公司，1951年
《掇二》	《殷契拾掇二編》	來熏閣書店，1951年
《珠》	《殷契遺珠》	上海中法文化出版委員會，1939年
《佚》	《殷契佚存》	全校大學中國文化研究所，叢刊1933年
《摭續》	《殷契摭佚續編》	商務印書館，1950年
《虛》	《殷虛卜辭》	自寫石印本，1917年
《綜述》	《殷虛卜辭綜述》	科學出版社，1956年
《前》	《殷虛書契前編》	《國學叢列》石印本三筆 1911年，1913年
《後上》	《殷虛書契後編（上卷）》	《藝術叢編》第一集本，1916年
《後下》	《殷虛書契後編（下卷）》	《藝術叢編》第一集本，1916年
《續》	《殷虛書契續編》	1933年版。又，臺灣藝文印書館，1970年
《菁》	《殷虛書契菁華》	1914年
《甲釋》	《殷虛文字甲編考釋（附圖）》	中研院歷史語言研究所，1961年
《甲》	《殷虛文字甲編》	中研院歷史語言研究所，1949年

附錄二　著錄書、拓本簡稱全稱對應表

續表

簡　稱	全　稱	出版單位、年代
《乙》	《殷虛文字乙編》	中研院歷史語言研究所，1948～1953年
《丙》	《殷虛文字丙編》	中研院歷史語言研究所，1957～1972年
《外》	《殷虛文字外編》	臺灣光文印書館，1956年
《存真》	《殷虛文字存真》	河南省博物館，1931年
《京》	《戰後京津新獲甲骨集》	群聯出版社，1954年
《寧》	《戰後寧滬新獲甲骨集》	來熏閣書店，1951年
《歷博拓》	《中國歷史博物館甲骨文拓》	國家博物館拓本冊
《考郭》	《中國社會科學院考古研究所郭若愚》	考古研究所藏拓本冊
《歷拓》	《中國社會科學院歷史研究所藏拓本》	歷史研究所藏拓本冊
《國文》	《中國文字》	臺灣大學文學院古文學研究室編印油印本1961年，現鉛印本由藝文印書館出版

參考文獻

1. 郭沫若：《卜辭通纂考釋》，科學出版社，1983年。
2. 郭沫若：《殷契粹編考釋》，科學出版社，1965年。
3. 郭沫若主編：《甲骨文合集》，中華書局，1978~1982年。
4. 中國社會科學院考古研究所：《小屯南地甲骨》，中華書局，1983年。
5. 許進雄：《懷特氏等收藏甲骨文集》，加拿大皇家安大略博物館，1979年。
6. 王宇信、楊升南、聶玉海主編：《甲骨文精粹釋譯》，雲南人民出版社，2004年。
7. 姚孝遂等：《殷墟甲骨刻辭摹釋總集》，中華書局，1988年。
8. 姚孝遂等：《殷墟甲骨刻辭類纂》，中華書局，1989年。
9. 于省吾：《甲骨文字釋林》，中華書局，1979年。
10. 于省吾主編：《甲骨文字詁林》，中華書局，1996年。
11. 徐中舒：《甲骨文字典》，四川辭書出版社，1998年。
12. 胡厚宣等：《甲骨文合集材料來源表（上、下編）》，中國社會科學出版社，1999年。
13. 胡厚宣、王宇信、楊升南等：《甲骨文合集釋文》，中國社會科學出版社，1999年。
14. 王宇信、楊升南主編：《甲骨學一百年》，社會科學文獻出版社，1999年。

後　記

　　我與甲骨文結緣於 2003 年，當時正讀大二，因一次偶然的機會對甲骨文産生了濃厚興趣，并有幸獲得古文獻研究專家劉奉光教授的賞識和栽培，參與并完成了由他承擔的山東省文化廳重點項目《甲骨文仿刻藝術研究》課題部分章節的撰稿工作。在山東大學歷史文化學院讀研期間，我師從方輝教授繼續研習甲骨文，以《甲骨卜辭所見商王國對外戰争過程及行爲的研究》一文順利完成了碩士畢業答辯，并獲評優秀論文。方輝教授是著名的考古學家，而他的《明義士和他的藏品》，却與甲骨文有着密切聯系。明義士 1914 年以來在安陽收集到的大批甲骨文，如今被國内不少大型博物館收藏，其中山東博物館所藏甲骨就是其中重要部分。方輝教授在其著作中科學而客觀地肯定了明義士在甲骨學發展史上的地位和貢獻，也由此和明義士的後人結下了深厚友誼。在 21 世紀初，明義士的後人將明義士生前的一批藏品捐贈給山東大學，交由方輝教授負責整理和研究，并讓我參與整理了其中一批甲骨拓片，從中發現了幾片未曾發表過的新片。2007 年，方教授推薦我加入了山東省甲骨文國際交流中心（即中國殷商文化學會山東分會），成爲甲骨文書法家李來付先生的助手，協助他編輯出版了《甲骨文集聯》《甲骨文國際書法大展集粹》《甲骨文書法〈論語〉精選》《〈甲骨文精粹釋譯〉書法選集》等多部甲骨文書法集。我碩士畢業後，經李先生引薦，被招聘到山東省大舜文化研究會學術部就職。在研究會工作期間，我協助謝玉堂會長撰寫了《甲骨文的由來與發展》一書，不僅自己學到了不少系統的甲骨學知識，也爲普及和弘揚甲骨文化做了一些工作。2012年在王懿榮的故鄉煙臺福山，我榮幸地被甲骨學家王宇信先生收爲關門弟子。王宇信先生多部甲骨學著作和學術論文爲學術界所熟知，能成爲他的弟子，對我來說是很難得的學習和提高甲骨學研究水平的機遇，將引導我沿着前輩學者所開拓的甲骨文研究之路繼續走下去。2013年9月，我考入了濟南市博物館，成爲保管部的一名職工。館領導李曉峰先生、李晶女士見我對甲骨文情有獨鍾，特意派我前去山東博物館學習了傳拓甲骨。這是一項由中國社會科學院甲骨學殷商史研究中心和山東博物館聯合承擔的項目，我能有幸參與其中，得感謝館領導給我提供這樣難得的學習機會。此次學習得以讓我平生第一次接觸到了真正的甲骨片。2013年10月，王宇信先生建議我從鑽研甲骨文原片開始，全面深入學習甲骨文基本知識。希望我以他們的《甲骨文精粹釋譯》一書所選的名片、典型片爲基礎，在此書各片片形部位釋文及白話譯文的基礎上，結合郭沫若《卜辭通纂考釋》《殷契粹編考釋》及于省吾《甲骨文字釋林》《甲骨文字詁林》等文字學家考釋文字的最新成果，研讀明白《精粹》每片甲骨片上的字、單詞、文句的確切含義。我原來協助甲骨文書法家編輯書法作品集時，雖然接觸了一些"甲骨"字，但我發現，用這些自認爲已經熟悉的"甲骨"字去識讀甲骨原片，却根本讀不通。但在認真研讀了《精粹》各片以後，再結合甲骨學的基本理論，諸如《甲骨學通論》《中國甲骨學》以後，覺得收穫很大，這才明白了王宇信先生的初衷是給我指出一條甲骨文研究入門之路！我把自己的收穫向王先生匯報後，先生很是高興。王先生正在爲文物出版社策劃一套"中國古文字導讀"叢書，他自己原擬在《精粹》所作選

後 記

片、片形部位釋文和白話譯文的基礎上，再加上每片的著錄、現藏、分期、字詞解析和價值等，再經過選精，作爲"導讀"，較爲全面系統地提供給甲骨文愛好者及初學者。因先生較忙，還沒着手進行。當他知我認真讀完《精粹》并頗有體會時，不失時機地讓我幫他完成此書的工作。但我不知道這些甲骨片的來源及現藏等，經王先生點撥，讓我參考《甲骨文合集材料來源表》，就得到了解決。而一些甲骨片在研究中的重要價值，就要留給先生去評論了。我感謝王先生對我的垂愛和信任，利用工作之餘，開始了《殷墟甲骨文導讀》一書的撰稿、編排和校對工作，歷經一年多的反復修改終得以完稿。可以説，這是對我前一段學習甲骨文的總結。因爲本書的編寫過程，對我來説也是一個很好的再學習過程，不僅學到了不少新知識和使用工具書等，也進一步夯實了我的甲骨文研究基礎，特別是體會到，本來我自以爲一些甲骨片能懂了，但在具體形成文字過程中，還頗費斟酌，以求詞句表達得更爲準確。前後四次把書稿寄給王先生，請先生酌定。每次先生都在書稿上認真推敲、改定。我把修改意見再與我原來的看法對比，覺得受益匪淺。

　　本書作爲一本甲骨文入門的普及性讀物，借鑒和引用了不少前人的研究成果。書中所選甲骨拓片都是從《甲骨文精粹釋譯》中選出的比較經典的、有代表性的甲骨，甲骨摹片也是《精粹》所作。可以説，本書所收這241版甲骨，是當年初涉甲骨之門的學子，從《甲骨文合集》等書中數萬片甲骨中精選出692版甲骨的精中之精。我感謝《精粹》一書的原編者，我的師兄朱彦民、郭旭東、李雪山、韓江蘇、劉學順、王義印等教授當年所作的努力！三十多年前，師兄們從《甲骨文精粹選讀》開始，步入甲骨學堂奥。但限於當時條件，只作了選片摹本和片形部位釋文，無甲骨拓本和每版辭條的標點釋文。雖然此書受到初學者的歡迎，先後重印了三次，但還給初學者留下識讀甲骨辭條的種種不便。而在十多年前出版的《甲骨文精粹釋譯》，雖然加上了甲骨拓本、標點釋文和白話翻譯，使初學者便於了解所收甲骨片的內容，但對初學者進一步認識每一片甲骨上的文字及單詞，還是有很大困難。這次的《殷墟甲骨文導讀》，應是《精粹》一書的繼續和完善，本書不僅對每一片甲骨講明其來源（著錄、現藏）、分期、譯文、釋文、價值，還充分利用前人成果作了較為詳細的字詞解析，這對初學者認識和了解甲骨文當有所裨益。閱讀本書，不僅可以見到一些典型的甲骨，還可以初步掌握和認識一些常見的甲骨文字。在此基礎上，通過甲骨片的識讀了解商代的社會萬象。本來，原擬對《精粹》全書都作一導讀，但限於出版社原定篇幅，只得一再壓縮，僅讀了這241版（其實，基本全讀完了）。將來如有可能，我將繼續導讀下去。鑒於我亦為初學者，水平有限，書中難免有疏漏和錯誤之處，歡迎廣大讀者批評指正！我也希望，自己能像諸位師兄一樣，經過本書的訓練和今後的努力，能在甲骨文研究和弘揚方面作出自己的貢獻！

在本書的撰著過程中，不僅得到了恩師中國社科院榮譽學部委員、中國殷商文化學會名譽會長王宇信先生和山東大學歷史文化學院院長、文化遺產研究院院長方輝教授的大力支持和耐心指導，也得到了師母朱月萍女士（王宇信先生夫人），山東省大舜文化研究會會長謝玉堂先生和副會長孟祥才、王魁章先生，山東省甲骨文國際交流中心理事長李來付先生、副理事長張希振先生，曲阜師範大學文學院教授、山東孔子專修學院院長劉奉光先生，山東省文物考古研究所副書記劉延常先生，山東博物館副館長楊波女士，濟南空軍氣象中心副主任、高級工程師武玉祥先

後　記

生、大衆日報社主任編輯楊曉先生和濟南市博物館館長李曉峰先生、副館長何民先生、副館長張雯女士、副館長李晶女士、保管二部主任於立先生以及我的攝影老師孫忠梁先生、同事趙智强先生等諸位的熱心鼓勵和幫助，還得了文物出版社許海意先生的熱情幫助，特別是在版式的調整和再編排方面又做了很多工作，在此一并致以崇高的敬意和誠摯的謝意！此外，還要特別感謝愛人陸川女士，工作之餘我忙於撰稿和編排，家中瑣事多由她擔當，正是她的無私付出才保证了我的工作時間，正是她的寬容、理解與支持才得以使我最終完成書稿。

　　千里之行，始於足下。願與爲弘揚中華優秀的甲骨學文化而努力的朋友們共勉！

王紹東
2015 年 1 月 1 日於濟南